# ¡Respuestas!

# Paidós Empresa

Títulos publicados

11. E. G. Flamholtz e Y. Randle - *El juego interno del management*
12. J. H. Donnelly - *Cómo conquistar al cliente*
13. E. De Bono - *Seis pares de zapatos para la acción*
14. C. Altschul y E. Fernández - *Todos ganan*
15. A. F. Acland - *Cómo utilizar la mediación para resolver conflictos en las organizaciones*
16. S. R. Covey - *Los 7 hábitos de la gente altamente efectiva*
17. L. Leritz - *Negociación infalible*
18. C. Manz y H. P. Sims - *Superliderazgo*
19. J. Wareham - *Anatomía de un gran ejecutivo*
20. M. Bazerman y M. Neale - *La negociación racional*
21. E. De Bono - *Más allá de la competencia*
22. S. R. Covey - *El liderazgo centrado en principios*
23. E. De Bono - La revolución positiva
24. B. Fromm - *Los diez mandamientos de los negocios y cómo quebrantarlos*
25. P. L. Townsend y J. E. Gebhardt - *Calidad en acción*
26. R. McKenna - *Marketing de relaciones*
27. B. y C. Holton - *Curso breve para gerentes*
28. E. De Bono - *El pensamiento creativo*
29. C. Burton y N. Michael - *Guía práctica para la gestión por proyecto*
30. K. Albrecht - *Todo el poder al cliente*
31. G. de Sainte-Marie - *Dirigir una PYME*
32. S. R. Covey y otros - *Primero, lo primero*
33. S. R. Covey - *Meditaciones diarias para la gente altamente efectiva*
34. J. C. Collins y J. I. Porras - *Empresas que perduran*
35. M. E. Douglass y D. N. Douglass - *El management del tiempo en el trabajo en equipo*
36. J. W. Jones - *Management de alta velocidad*
37. J. Whitmore - *Entrenando para el desempeño empresarial*
38. A. Semprini - *El marketing de la marca*
39. F. Pacetta y R. Gittines - *No los despida, motívelos*
40. V. A. Howard y J. H. Barton - *Pensemos juntos*
41. A. de Ansorena - *15 pasos para la selección de personal con éxito*
42. R. M. Tomasko - *Repensar la empresa*
43. TH. M. Siebel y M. S. Malone - *La venta virtual*
44. K. Albrecht - *La misión de la empresa*
45. M. E. Gerber - *El mito del emprendedor*
46. B. Harrison - *La empresa que viene*
47. B. Tracy - *Estrategias eficaces de ventas*
49. R. Benfari - *Cambiando el estilo de gestión*
50. S. Campbell - *Del caos a la confianza*
51. J. Slywotzky - *La migración del valor de la empresa*
52. The Hay Group - *Personal, rendimiento y sueldo*
53. A. Brooking - *El capital intelectual*
54. J. Musgrave y M. Anniss - *La dinámica de las relaciones personales*
55. J. James - *Pensando en el tiempo futuro*
56. R. Tomasko - *En busca del crecimiento*
58. M. H. Meyer y A. P. Lehnerd - *El poder de las plataformas de productos*
59. S. Ghoshal y Ch. A. Bartleff - *El nuevo papel de la iniciativa individual en la empresa*
60. F. Hilmer y L. Donaldson - *La gerencia rescatada*
61. I. Morrison - *La segunda curva*
62. L. K. Geller - *¡Respuestas! Una guía completa del marketing directo efectivo*
63. F. Cairncross - *La muerte de la distancia*
64. R. Moss Kanter - *Las nuevas fronteras del management*

**Lois K. Geller**

# ¡Respuestas!

## Una guía completa del marketing directo efectivo

PAIDÓS
Barcelona • Buenos Aires • México

Título original: *Response. The Complete Guide to Profitable Direct Marketing*
Publicado en inglés por The Free Press, a Division of Simon & Schuster Inc., Nueva York

Traducción de Fernando Inglés Bonilla

Cubierta de Víctor Viano

*1ª edición, 1998*



ISBN: 84-493-0583-7
Depósito legal: B. 42.530-1998

Impreso en Gràfiques 92, S.A.,
Av. Can Sucarrats, 91 - 08191 Rubí (Barcelona)

Impreso en España- Printed in Spain

# SUMARIO

# AGRADECIMIENTOS

Escribir este libro me ha brindado la ocasión de reflexionar sobre todos los programas de marketing directo en los que he participado y de recordar a tantas personas fascinantes con las que he trabajado y de las que tanto he podido aprender a lo largo de veinticinco años.

A mis mentores, grandes autoridades del marketing directo: a Richard Landsman, a Jules Rossini, a Larry Chait y a Nat Ross. Tuve la inmensa suerte de trabajar para todos ellos.

A mi equipo, dirigido por Mike McCormick, ganador de incontables premios por su trabajo de tantos años en el campo de la publicidad directa y merecedor del premio mayor por trabajar conmigo todo este tiempo. Es la persona de la que dependo en el día a día. Y a Pepper Huff, que siempre está ahí para entregar un trabajo mucho mejor de lo que yo pudiera soñar (se empleó a fondo para conseguir los permisos de este libro). A Bob Ehlers, David November y Jiri Matousek, que tan bien presentan nuestros programas; a Tom Amoriello, que pone en marcha las bases de datos para que suba vertiginosamente el índice de respuestas; y a Al Goodloe, siempre al tanto de los retos internacionales que se nos presentan (y que tanto contribuyó en este libro).

A mi amiga Andrea Nierenberg, que tan buen sentido del humor tiene y que me ha enseñado a reírme de mí misma. Y a George McGreal, mi *supermán* desde hace tantos años en las duras y en las maduras. A Norman Amiel, a Joe England, a Tom Amoriello y a mi hermana Margot, socios todos de mi club especial. Y a las dos estrellas particulares que se me han ido este año, Richard Newsom y Justin Charbonneau.

Gracias muy especialmente a Beth Anderson, cuyo entusiasmo y fe en esta obra han sido tan obvios desde el principio y me han dado tanto aliento. Sus comentarios y sus interrogantes han contribuido a que el resultado de este libro fuese mejor de lo que nunca hubiera imaginado.

Guardo lo mejor para el final, para mi hijo Paul, que ha dado auténtico sentido a mi vida. Ha sido mi compañero, mi fuerza, mi orgullo y mi júbilo. Y tiene la gran suerte de tener a su lado a Joan Beestman, a la que todos adoramos. La vida contigo es maravillosa, Paul.

# AGRADECIMIENTO ESPECIAL

A Sharyn Kolberg, que se entregó a este libro desde el primer día. No se limitó a asistir sin más a mi curso de la Universidad de Nueva York; además volcó todo su entusiasmo en la evaluación de sus propios programas para descubrir cuáles eran los que funcionaban bien. Escuchó montones de cintas con la grabación de mis charlas, consiguió poner orden en ellas y se quedó corrigiéndolas hasta las tantas de la mañana. Y lo más importante: consiguió que yo conservase la calma durante todo el proceso. Nos hicimos amigas.

# PRÓLOGO

Cuando trabajaba en el departamento de difusión de Time Inc., el director de promociones de la revista *Time* era Nick Samtag, un experto en marketing con el que mantenía frecuentes charlas sobre conceptos estratégicos para conseguir aumentar las ventas. En una ocasión, Nick resumió en tres palabras la esencia de toda actividad promocional: persuadir para ganar.

Ése es el tema que Lois Geller nos presenta reiteradamente en este libro fundamental sobre el mundo del marketing directo, actividad que ella entiende como una sutil estructura en la que se combinan múltiples factores que dan como resultado el método más eficaz y rentable para conseguir relaciones duraderas con los clientes, relaciones que vayan más allá de la mera venta ocasional. Además, deja bien sentado que *el marketing directo es una forma de pensar*.

En los últimos treinta y cinco años se han producido de forma simultánea cuatro adelantos que han resultado cruciales para el marketing directo:

- El ordenador, con la posibilidad de crear y utilizar bases de datos.
- La tarjeta de crédito, que nos permite disponer de dinero al instante.
- Las comunicaciones, con las líneas de llamada gratuita.
- La incorporación de la mujer al mundo laboral.

Hemos tardado mucho en valorar la importancia capital de estos cuatro factores, y aún hemos tardado más en utilizar sus capacidades de forma conjunta para lograr la máxima eficacia.

En la actualidad, nos vemos inundados por informaciones sobre las maravillas de las nuevas tecnologías que se ha dado en llamar «interactivas». La cuestión crucial para los profesionales del marketing directo sigue siendo la misma: ¿conseguiremos con estos adelantos nuevos mercados para nuestros productos y para nuestros servicios, como ocurrió con los anteriores?

Aún queda mucho por averiguar sobre la disposición de los consumidores a aceptar los diversos servicios que agrupan la televisión, el teléfono y el ordenador bajo muy diversos envoltorios. Pero, sin lugar a dudas, habrá más innovaciones aunque al final la tecnología interactiva no consiga imponerse en el marketing directo.

El del marketing es un mundo de eternas arenas movedizas en el que siempre hay que estar intentando comprender el significado del cambio. No es tarea fácil, como se puede ver por las bochornosas experiencias personales que paso a relatar.

Allá por 1950, durante una sobremesa en el restaurante Keene's Chop House de Nueva York, trataba yo de convencer a los fundadores de la Diner's Club –el primer intento serio de tarjeta de crédito universal– de que no tenía mucho sentido que accediese a hacerles una campaña de promoción porque la tarjeta no iba a funcionar.

Por suerte para todos los que nos dedicamos al marketing, aquellos clarividentes fundadores, Al Bloomingdale y Ralph Schneider, no eran de la misma opinión que yo. El director y editor del prestigioso boletín del sector de las tarjetas de crédito calcula que el volumen anual de pagos por este medio ascenderá a 1,3 billones de dólares en el año 2000.

Mi estrechez de miras se puso una vez más de manifiesto cuando empezó sus actividades la empresa de trabajo temporal Manpower. Los fundadores de la firma, Elmer Winter y Aaron Scheinfeld, me ofrecieron la oportunidad de comprar 1.000 acciones a 15 dólares cada una. La acción subió en seguida a 35 dólares. Yo vendí mi participación, me embolsé los beneficios y tan contenta. Fue un error. Manpower da trabajo en la actualidad a un millón y medio de trabajadores cualificados y especialmente formados en todo el mundo y trabaja para muchas de las grandes multinacionales como «socios nacionales».

La lección que se puede sacar de experiencias como éstas es que la visión de futuro ante las nuevas oportunidades que se vayan presentando será crucial para el progreso personal y empresarial. Por ejemplo, hace poco el diario *The New York Times* publicaba un artículo titulado: «Cada vez es más fácil montar una empresa en casa: nuevos distritos revisan sus leyes para los empresarios que se instalan en ellos». Pensé que se podía estar abriendo un nuevo hueco en el mercado. Pregunté en Link Resources Corporation, una empresa de documentación e investigación de mercados, y me enteré de que «para finales de 1995 se espera un aumento del número de teletrabajadores cercano a los 14 millones, cifra en la que se incluyen las empresas domiciliadas en el propio hogar, los profesionales autónomos y los contratistas». La revista *Home Office Computing* calcula que hay en la actualidad 12 millones de empresas declaradas instaladas en hogares particulares.

Ambas fuentes indican que en breve plazo el número de familias que trabajarán en su hogar, incluyendo teletrabajadores, autónomos del sector primario, autónomos a tiempo parcial y trabajadores que hacen horas extras en casa para su empresa, sumará un total de 40 millones. No es mal hueco de mercado.

Una empresa llamada Seminet Inc. ha desvelado otro mercado emergente. Anuncian seminarios sobre oportunidades de negocio en Internet con textos como éste:

> Aprenda a acceder a Internet y a hacer negocios en él –25.000.000 de usuarios en todo el mundo–, a generar ventas, a reducir gastos, a realizar estudios de mercado, a sondear a sus clientes.

Los mercados emergentes son apasionantes, pero también es importante estudiar el potencial de crecimiento de los mercados ya existentes. Uno de los principales es el de los jubilados. Según cálculos recientes de la Senior Academy de la Universidad de Arizona, más de 33 millones de personas tienen en nuestra sociedad 65 años o más.

Hace unos treinta años, cuando mi agencia de publicidad preparaba su primera campaña de captación de socios para la Asociación Estadounidense de Jubilados, en el sector del marketing eran pocos los que tenían algún interés en llegar a este grupo de la población. Fue un ejecutivo del sector asegurador, Leonard Davis, presidente de la Colonial Penn Insurance Company, quien tuvo la intuición de estudiar el poder adquisitivo de los jubilados.

La búsqueda de mercados nuevos y en auge ha adquirido una importancia fundamental. Como pone de manifiesto Lois Geller en esta obra, los profesionales del marketing directo tenemos siempre en mente ciertas exigencias que guían de manera constante nuestros esfuerzos:

- Eliminar lo superfluo en toda campaña.
- Ligar los costes específicos del marketing a sus resultados tangibles.

- Ofrecer a los sectores y a los individuos más receptivos los productos apropiados, a los precios apropiados y en el momento apropiado.
- Ser especialmente sensible a los avances del conjunto de la sociedad, pues el marketing es un fenómeno social.

Para que el marketing directo sea eficaz, sus profesionales tienen que llevar a cabo complejas evaluaciones para aislar e identificar aquellos grupos e individuos que responden positivamente a ofertas concretas. Con estos análisis se obtienen múltiples combinaciones de factores –como hábitat, profesión, posesión de determinados productos, endeudamiento y hábitos de compra– que luego se utilizarán para orientar la oferta.

Estos mecanismos permiten a los profesionales proporcionar bienes y servicios al menor coste posible. Hace unos años me preguntaba sobre la posible existencia de ciertas leyes que validasen la tesis general de que los comportamientos de compra son predecibles.

Con el tiempo, y gracias a la discusión con muchos colegas, llegué a formular este concepto teórico como sigue:

1. Los ingresos familiares, o los individuales, son un determinante capital de la naturaleza y el volumen de toda compra.
2. Los mejores clientes para cualquier tipo concreto de producto son casi siempre los que ya habían comprado antes uno similar.
3. Muchos productos tienen un ciclo vital que obliga a repetir su compra.
4. La fidelidad a una marca es un factor importante en toda compra.
5. Las presiones socioeconómicas son un factor importante en toda compra, por ejemplo, el deseo de emular a amigos y vecinos y a quienes son un modelo para la comunidad.
6. Los clientes de cada tipo de productos tienden a agruparse.
7. La fidelidad a una escala de precios es un factor importante en toda compra; así, por ejemplo, todo consumidor tiende a formar un patrón de compra dentro de unos determinados límites de precios.
8. El valor percibido de un producto y cómo lo utilizarán los compradores son los principales determinantes de cómo se venderá en el comercio.
9. Quien más cambia de casa más gasta. Los estudios realizados demuestran que quienes se trasladan a una nueva vivienda son

los mejores consumidores. Cuando se hace una mudanza, siempre se compran cosas nuevas para el nuevo hogar. Los mejores consumidores son quienes hacen traslados frecuentes, incluidos los miembros de las fuerzas armadas.

10. La envergadura y la naturaleza del mercado de un producto dado pueden ser proyectadas tras una evaluación inicial.

Estos principios han resultado especialmente útiles para la planificación estratégica en Estados Unidos.

Nuestro siguiente reto es estudiar la influencia del nuevo orden económico en el marketing a escala internacional. Cada país tiene su propia personalidad en lo que al marketing directo se refiere; las normas y los reglamentos cambian cada vez que se cruza una frontera, igual que los patrones culturales. Las posibilidades de comercio mundial son inmensas, pero esto supone que tenemos que contrastar la validez de todos estos principios dentro de los nuevos límites geográficos. De hecho, quizá tuviésemos que enunciar principios nuevos para algunos países.

En América del Norte y en Europa, estamos acostumbrados a una infraestructura de marketing directo muy sofisticada que se ha ido desarrollando durante el último medio siglo. Pero hasta naciones tan desarrolladas como Japón tienen recursos limitados en este ámbito. Hace unos años, me enviaron a Japón a estudiar la situación del marketing directo en ese país. En el informe que hice para la corporación industrial que había contratado mis servicios sostenía que la promesa de futuros beneficios era sólida, pero que eran muy importantes las bases que había que sentar y mucho el capital a invertir para que tal promesa se hiciese realidad. El futuro desarrollo del marketing directo en la India, Indonesia, China y otras partes del mundo tampoco va a ser rápido ni fácil, pero la verdad es que merece la pena analizar las oportunidades que se presentan.

A medida que aumenta la población mundial, y conforme se van desarrollando económicamente las regiones más pobres, nuestro mercado potencial crece. El crecimiento demográfico en las regiones menos desarrolladas es el doble que en las desarrolladas. Según la Oficina del Censo de Estados Unidos, el 76% de la población mundial vive en «regiones menos desarrolladas». Los demógrafos calculan que en el año 2000 la población mundial será de 6.500 millones de personas, de las cuales 5.000 millones vivirán en las zonas menos desarrolladas y 1.500 millones en las más desarrolladas. Tenemos una cierta tendencia a dirigir el marketing a los consumidores de las zonas más desarrolladas del mundo y, para mí, esto es de miopes.

Los profesionales del marketing han hecho grandes progresos en los últimos cincuenta años, pero tales avances no se pueden comparar ni de lejos con los que se han registrado en las disciplinas científicas. Yo creo ahora que estamos inmersos en el cambio más relevante que se haya dado jamás en los métodos del marketing: la revolución de la información. Los ordenadores nos proporcionan toda la información personal necesaria para afrontar la era mundial de marketing totalmente personalizado que se avecina. Como sostiene Peter McGrath en un profundo ensayo titulado «Info Snooper-Highway»:[1] «Vamos dejando rastros de nuestra vida por bases de datos de medio mundo. La misión de los ordenadores es reconocer patrones, buscar la coherencia en detalles que por sí solos son irrelevantes».

El mensaje más importante que contiene este libro es que todos los avances tecnológicos que nos permiten identificar mercados cada vez más definidos y más específicos sólo serán útiles si usamos esa tecnología para hablar con nuestros clientes de manera personalizada. Los preceptos del marketing directo aquí propuestos nos demuestran que, aunque los ordenadores nos permitan hablar con miles de personas de similares características, cada cliente y cada clienta tienen que sentir que estamos hablando sólo con él o con ella. Y todos ellos han de sentir, al hablar con nosotros, que hablan con alguien a quien conocen, a quien respetan y en quien confían.

La próxima década nos abre posibilidades ilimitadas de crecimiento y de éxito; y no sólo para las grandes empresas, sino también para las pequeñas y medianas. Estas posibilidades son las que se analizan y se explican en esta interesante y completa obra de Lois Geller.

LAWRENCE G. CHAIT, ex presidente
de la Asociación de Marketing Directo
y del Club de Marketing Directo de Nueva York.

1. Una posible traducción sería «Superautopistas de la intromisión». (*N. del t.*).

# INTRODUCCIÓN

## GRACIAS A MIS ESTRELLAS DE LA SUERTE

Ahí estaba yo, una madre soltera criando a un hijo. Tenía un trabajo a tiempo completo relacionado con el marketing: la organización de un club de lectores para una editorial neoyorquina. Pero había que pagar las ortodoncias, se me amontonaban las facturas de la calefacción y no había forma posible: necesitaba ingresos extra. Un buen día me metí en Macy's y me puse a mirar las vitrinas de la sección de joyería. Vi un collar que me encantó. Llevaba siete estrellas de oro y plata colgadas de una fina cadena; y tuve una idea. Si el marketing directo le da tan buen resultado a las editoriales –pensé– ¿por qué no me va a funcionar a mí?

Pregunté quién era el fabricante del collar. La encantadora dependienta rubia me dijo que no estaba autorizada a facilitar esa información. Al día siguiente volví a Macy's y le hice la misma pregunta a la vendedora morena. Se metió en el almacén y al poco volvió con el nombre. Tuve suerte; era una empresa local que estaba a sólo dos manzanas de mi oficina.

Llamé al fabricante, le dije que estaba interesada en vender por correo los collares de las estrellas colgantes y él se mostró encantado de vendérmelos. Compré 144 unidades. Para dar a los collares un atractivo añadido inventé una historia relativa a ellos. Decía que de ese collar colgaban siete estrellas de la suerte; una por cada día de la semana. Era una buena historia y un producto sugerente, pero no tenía dinero para publicidad.

Entonces advertí que varias de las revistas que yo solía leer llevaban columnas sobre productos nuevos. Les pregunté por teléfono qué había que hacer para que saliese mi producto. Me dijeron que tenía que enviar una foto y un texto publicitario. Sabía que podía escribir el texto, pero ¿de dónde sacaba la fotografía? Mi amigo fotógrafo Bob y yo hicimos un trato (un contrato firmado, de hecho): él me hacía la foto gratis, pero en cuanto le sacase dinero a los collares yo le pagaba el doble de su tarifa habitual, que suele ser 150 dólares.

Envié a varias revistas la foto y mi texto publicitario, que incluía el apartado de correos al que podían escribir los compradores. Durante la hora de la comida me dedicaba a llamar a todas las revistas para ver cómo iba mi anuncio. El texto y la foto aparecieron en *Family Circle* y la primera semana recibí 350 pedidos.

En total vendí varios miles de collares gracias al marketing directo. Bob ha cobrado muchas más veces por sus fotos, porque aún trabaja para mi empresa. Conseguí más dinero extra del que necesitaba, mucho más. Nunca me he emocionado tanto en toda mi vida –ni cuando monté mi primera empresa– como el día que abrí aquel apartado de correos y los cheques empezaron a manar de él.

Ésa fue la primera vez que constaté que los principios del marketing directo que tan eficaces resultaban para las grandes empresas podían funcionar igual de bien en el caso del pequeño empresario. A medida que el marketing directo ha ido creciendo hasta convertirse en una actividad que mueve 95.000 millones de dólares, mi convicción de que estas técnicas son apropiadas para cualquier tipo de negocio ha ido acrecentándose de forma pareja.

## ATRAPE LA SUERTE USTED TAMBIÉN

No conozco a nadie que no compre a través del marketing directo. Desde las lentes de contacto que Lens Express les manda por correo a los ramos de flores que encargan a 1-800-FLOWERS, pasando por las suscripciones a Publishers Clearing House o por los productos de las decenas de catálogos que les echan al buzón.

Los amigos siempre me dicen que deberían haberse metido en el marketing directo antes de que se estableciesen todas estas grandes empresas, o cuando los índices de respuesta eran mayores, o cuando todos los grandes pioneros aún estaban en el negocio. Y yo les digo: «Siempre podréis poner alguna excusa. Siempre encontraréis alguna razón para *no* aprovechar la oportunidad. Pero si de verdad queréis hacer esto, si creéis en vuestro producto o vuestro servicio, aún queda mucho sitio en este negocio para todo aquel que esté deseoso de ponerse manos a la obra y comprometerse. Si queréis una prueba, abrid vuestro buzón. Todos los días encontráis ofertas de venta directa, de empresas grandes y pequeñas. Estas empresas no se gastarían millones de dólares en venta por correo si no les resultase rentable».

Y siempre hay quien dice que nunca responde a la venta por correo. A éstos les digo: «De acuerdo». De hecho, el 98% de las personas a las que les envío publicidad *no* responden. Y yo me alegro de que así sea. ¿Por qué? Porque eso significa que el 2% sí respondió, y eso es un éxito.

Después de veinticinco años en el negocio del marketing directo, aún me emociono cada día cuando empiezo la jornada. No sé de muchas personas que puedan decir lo mismo de su trabajo. No todos los días son perfectos, pero siempre son interesantes.

Por eso decidí escribir este libro. Adoro este trabajo y quiero crecer y prosperar. Quiero que las empresas crezcan a través del marketing directo. Quiero que los empresarios conviertan sus negocios en grandes historias de éxito. Quiero que usted que ahora lee mi libro se entusiasme también con esta empresa, y que aplique los conceptos que aquí aprenda a su propia situación con competencia y seguridad.

*Y después quiero que me lo cuente.*

Hay un formulario al final del libro que pueden rellenar para hacerme saber cómo piensan utilizar el marketing directo en su trabajo, para hacerme llegar sus preguntas o para contarme cualquier situación concreta por la que atraviese su empresa. Es tan sencillo como meterlo en un sobre, ponerle un sello y echarlo al correo. Estaré encantada de contestar cualquier pregunta.

Ya ven. Me interesan ustedes y sus progresos, así que sigan leyendo y no se olviden de mandarme unas líneas. ¡Buena suerte a todos!

LOIS K. GELLER

# 1
# ¿POR QUÉ IR TAN DIRECTO?

Desde hace cinco años, un grupo de estudiantes suele abarrotar cada semestre una pequeña aula de la Universidad de Nueva York donde el calor se hace insoportable. No es el tipo habitual de alumnos que van en busca de un título; se trata de innovadores, inventores, importadores, gestores de presupuestos para publicidad, editores de catálogos, grandes y pequeños empresarios. Todos llegan a mi curso para aprender lo que ya sabemos los que estamos en este negocio: que el marketing directo es hoy por hoy el método que más rápido crece y el que resulta más rentable para vender productos y servicios en nuestro país.

El marketing directo, un método de ventas mensurable y analizable por el cual se ofrecen productos o servicios a un público seleccionado del que se solicita una respuesta inmediata, mueve en la actualidad 95.000 millones de dólares. Cada vez que recibimos por correo una carta de suscripción, una solicitud de ayuda económica o un catálogo, o cada vez que respondemos a un anuncio aparecido en prensa, radio o televisión, estamos participando en una campaña de marketing directo.

Quienes asisten a mi curso de la Universidad de Nueva York (como la mujer que hace juguetes y ropa infantil en su casa y quiere montar una empresa de venta por correo, o como el contratista de obras cuyo único éxito publicitario anterior era un anuncio en las páginas amarillas) no disponen de miles de millones de dólares. Por otra parte, también tenemos alumnos que son altos ejecutivos de IBM, de AT&T y de otras grandes empresas que quieren labrar la confianza de sus clientes, que quieren dar reputación a una marca y que quieren aventurarse en nuevas áreas del marketing.

Este libro va dirigido a todos estos alumnos: a los pequeños empresarios y a los responsables de marketing de grandes empresas que quieren ampliar sus actividades utilizando métodos de marketing directo; a cualquiera que desee adentrarse en las eficaces estrategias y conceptos que emplean las empresas de Fortune 500. Lo que este libro les enseñará es cómo pueden usar las mismas tácticas de marketing directo que están aplicando ahora mismo los expertos; y sin salirse de su propio presupuesto.

En esta obra encontrarán:

- Instrumentos y técnicas probados de marketing directo explicados paso a paso, planificados científicamente y evaluados que se pueden emplear en cualquier tipo de negocio.
- Estudio de casos y ejemplos que demuestran cómo se han usado con éxito en distintas empresas estos instrumentos y estas técnicas (incluyendo muestras de cartas personalizadas, sobres de respuesta, prospectos, cupones, anuncios y campañas en radio y televisión).
- Descripciones sobre cómo se pueden adaptar estas mismas tácticas a presupuestos más reducidos sin que pierdan capacidad de impacto ni eficacia.
- Entrevistas con profesionales de todas las áreas del marketing directo, como directores creativos, especialistas en informática, redactores de textos publicitarios, expertos en servir pedidos, impresores y, sobre todo, comerciantes, propietarios de empresas y profesionales que han iniciado y desarrollado con éxito sus propias empresas de marketing directo. Estos relatos de expertos demostrarán la eficacia de las sugerencias y las técnicas que se ofrecen en este libro, y ayudarán al lector a comprender cómo poner en práctica estas ideas en su propia situación.

## Las ventajas del marketing directo

Puede parecer que el marketing es un fenómeno reciente, y en realidad empezó en la década de los noventa, pero del siglo XV. En su obra *A History of Direct Marketing* (editada por la Asociación de Marketing Directo), Nat Ross sostiene que la existencia de catálogos se remonta a la Edad Media, y que aparecieron poco después de que Gutenberg inventase la imprenta. El catálogo más antiguo del que se tiene noticia data de 1498, año en que Aldus Manutius, de Venecia, ofrecía quince libros de autores griegos y latinos que él mismo había publicado.

El primer documento de «garantía de satisfacción del cliente», elemento básico hoy en día del marketing directo, procede nada más y nada menos que de Benjamin Franklin, que imprimió un catálogo de más de 600 libros con la siguiente leyenda: «Quienes viviendo lejos envíen sus pedidos y su dinero a B. Franklin gozarán de iguales derechos que si lo hicieren en persona».

Fue en 1872 cuando Aaron Montgomery Ward elaboró su primer catálogo, con el que nació la era de la venta por correo tal como la conocemos hoy en día. A Ward se le ocurrió comprar género en grandes cantidades, con lo que obtenía un descuento de los fabricantes, y después lo vendía por correo a los granjeros. Pero hacia 1904 Richard Warren Sears y Alvah Curtis Roebuck se habían hecho ya con el liderazgo de la venta por correo y su catálogo llegaba a más de un millón de personas. Los pioneros del viejo Oeste confiaban todas sus necesidades al catálogo de Sears y Roebuck: ropa, herramientas para la granja, útiles domésticos, juguetes, vajillas y menaje. Todo lo imaginable lo podían encontrar en ese único catálogo. Con el correr de los años, el marketing directo se diversificó y empezó a emplear nuevos canales, como las campañas de correo personalizado, los anuncios impresos con formulario para respuesta directa, la televisión, la radio y los programas informáticos interactivos.

Puede que en la actualidad tengamos que recurrir a diversas fuentes, pero aún se puede comprar de todo mediante catálogos, publicidad personalizada y anuncios de respuesta directa. Incluimos a continuación *unos pocos* artículos –muy comunes unos y otros no tanto– que se pueden obtener gracias al marketing directo sin moverse de casa (casa que, por cierto, también podríamos comprar a través del canal de televisión por cable especializado en venta de inmuebles). Algunos de estos artículos los comercializan grandes empresas. Muchos de ellos proceden de diminutas empresas especializadas en un tipo de productos o incluso en uno solo.

> Ordenadores, programas informáticos, especias, seguros, limpiadores de fosas sépticas, CD-ROMs, muebles, comida, joyas, la fruta del mes, la cerveza del mes, el café del mes, la patata del mes, cebollas Vidalia, servicios telefónicos, tarjetas de crédito, revistas, el boletín *La urología y tú*, fondos de inversión, multipropiedad, más seguros, libros, vacaciones, música, té, avellanas, albaricoques, colchones, huesos de dinosaurio, aparatos de gimnasia, filetes, productos para animales domésticos, arte, cañones de carburo (la munición aparte), ositos de peluche, muebles, gárgolas.

Lo que resulta obvio, a juzgar por esta lista, es que prácticamente cualquier producto se puede vender empleando técnicas de marketing directo. Es el método más eficaz para dar a conocer un producto y para acercárselo a aquellas personas más predispuestas a comprarlo. Algunas de las razones de esta eficacia son:

★ **Mensurabilidad**. Carole Ziter, fundadora y presidenta de Sweet Energy, una empresa de Vermont especializada en la venta de albaricoques, frutos secos, nueces y chocolate por correo, fundó su empresa en su propia casa y con una inversión inicial de 200 dólares. Ahora que mueve dos millones, Ziter se manifiesta en los siguientes términos: «Me encanta el marketing directo porque es una situación absolutamente controlable. Yo no podría vender al por menor. Con el marketing directo sé que si echo una cosa al correo obtengo una respuesta. Si no la echo, no la tengo. Puedo controlar mi negocio. Y no sólo eso: puedo hacer un seguimiento de todo, con lo que sé en qué me gasto mi dinero».

El marketing directo es la única forma de publicidad que se puede medir. Se sabe con exactitud el número de respuestas recibidas y de dónde proceden esas respuestas. Esa información se puede utilizar para tomar decisiones sobre las continuidad, la expansión o la reforma de nuestros planes de marketing.

★ **Evaluación**. La razón de que las grandes empresas consigan tanto éxito con su marketing directo es que, como en la experimentación científica, cada paso se evalúa minuciosamente y se analizan sus resultados antes de dar otro paso importante. Las grandes empresas como L.L. Bean, Lands' End y Victoria's Secret evalúan diferentes estructuras de oferta (una oferta representa las condiciones en que se promociona un producto o un servicio específicos, por ejemplo, un nivel de precios concreto, un descuento, un obsequio a modo de incentivo o un precio de venta). El mismo catálogo de Lands' End podría llevar un tipo de oferta en la costa Este estadounidense y otra oferta distinta en la costa Oeste.

Una pequeña empresa también puede realizar evaluaciones. Muchos propietarios y directivos de pequeñas empresas envían una carta o publican un anuncio, obtienen un resultado decepcionante y abandonan el empeño. Quizá si enviasen esa misma carta con un pequeño cambio en el texto podrían obtener grandes resultados. Si tuviésemos un restaurante podríamos enviar una carta ofreciendo un vaso de vino gratis con la cena. En otro envío se podría hacer un descuento del 10% en cenas entre semana. Y podríamos seguir utilizando cualquier otra oferta que fuese a originar la mejor respuesta. El método más efectivo para hacer que el marketing directo funcione es realizar pequeñas evaluaciones de varias versiones, determinar cuál es la que produce mejores resultados y entonces hacer un envío de cartas más numeroso utilizando estos resultados. Empleando las herramientas correctas, una empresa de cualquier tamaño puede llevar a cabo evaluaciones de pequeño volumen que le permitirán conocer qué tácticas tienen más posibilidades de éxito.

★ **Aumentar el número de clientes**. Lillian Vernon empezó vendiendo unos cuantos productos desde su garaje. Banana Republic empezó con unos pocos artículos excedentes del ejército y la marina. Sears & Roebuck, Sharper Image o Domestications no son más que tres de los miles de empresas mayoristas y minoristas que empezaron de forma muy modesta y adquirieron asombrosas proporciones mediante el marketing directo. Quizá no se espere tal clase de crecimiento ni se llegue a experimentar nunca, pero el marketing directo puede ser la clave para ampliar nuestra base de clientes e incrementar nuestros beneficios.

★ **Relaciones duraderas**. Como nos diría cualquier manual de ventas y marketing, es mucho más caro conseguir un cliente nuevo que conservar otro antiguo. Una vez que se interrumpe la comunicación con un cliente, es muy difícil restablecerla. El marketing directo es el método perfecto para forjar relaciones duraderas con los clientes y mantenerlas. Soy mucho más consciente de este fenómeno desde que abrí mi propia empresa. Cada tres o cuatro meses enviamos tarjetas personalizadas a nuestros clientes aunque no hayamos tenido relación comercial alguna desde hace tiempo. Con esto sabemos que nos tendrán presentes si nos necesitan para un programa. Y hemos advertido que, aunque en el momento de recibir nuestra comunicación no tengan ningún encargo para nosotros, al menos no dejan de remitirnos clientes nuevos.

Cualquier pequeña empresa puede enviar un prospecto o una tarjeta postal cada cierto número de meses anunciando unas rebajas, presentando un producto nuevo o a un nuevo directivo. Esta técnica se utiliza desde hace muchos años. Hace poco me encontraba en un anticuario mirando viejas postales de Nueva York cuando di con una sellada el 11 de febrero de 1928 (fig. 1.1) que constituye un ejemplo temprano de marketing directo: Fannie Goldberg, propietaria de una tienda de la localidad pensilvana de Waynesboro llamada Kirson's, enviaba una postal a una clienta contándole que había ido a Nueva York a comprar género. Puedo garantizar que los dos centavos que se gastó la señora Goldberg en aquella postal fueron tan eficaces como cualquier campaña informatizada de marketing que pueda costar hoy en día un millón de dólares.

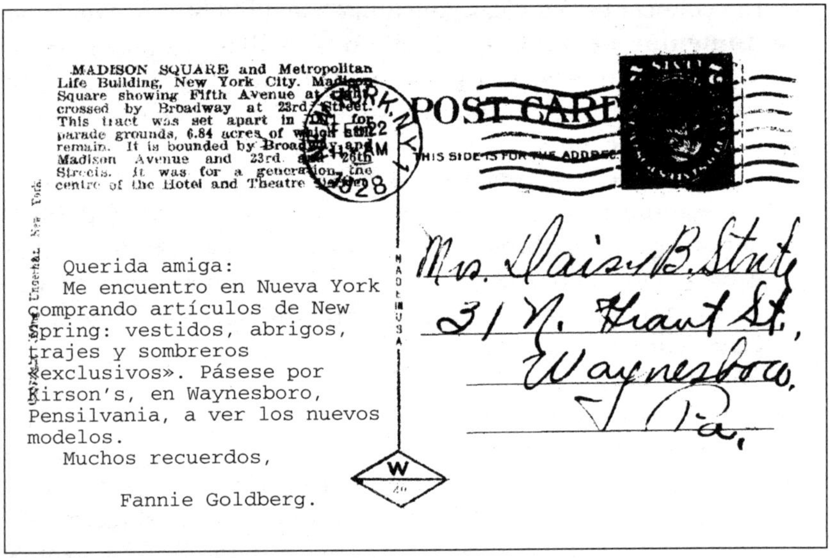


**Figura 1.1.** Mensaje personalizado de marketing directo en una postal fechada en febrero de 1928.*

Soy por regla general una clienta fiel, pero si no oigo hablar de una tienda durante mucho tiempo empiezo a plantearme si se preocupan de mí como clienta. Me imagino que han cerrado el negocio y busco otro sitio donde comprar. Me sentiría más inclinada a entrar en una tienda y comprar algo en ella si me enviasen de vez en cuando una nota personalizada, aunque fuese tan sencilla como la de la señora Goldberg. Cuando tu trabajo consiste en tratar de establecer relaciones duraderas a través del marketing directo, te das cuenta de que el dinero que empleas en conservar un cliente a la larga siempre es rentable.

* Se han traducido los textos de las ilustraciones. (*N. del e.*)

## DESTERREMOS LOS MITOS DEL MARKETING DIRECTO

En Lois K. Geller Company Inc. nunca utilizamos la palabra «basura» para referirnos a las toneladas de correo que recibimos ofreciendo productos y servicios. Nosotros sabemos que hay quien lo considera basura y habla despectivamente del marketing directo. Pero es sólo porque no tienen datos y cifras a mano ni tienen los más de veinte años de experiencia que tenemos nosotros en este campo. Nuestra experiencia en el marketing directo nos permite desterrar varios mitos:

*Mito nº 1: «Nunca respondo al marketing directo».*

Eso es lo que siempre me dice la gente. Se quejan de que reciben mucho «correo basura» y dicen que lo cogen y lo rompen directamente. Pero cuando empiezas a hablar con ellos te cuentan los regalos que han pedido por correo, las tarjetas de crédito que han solicitado cuando los ha llamado por teléfono un comercial y los cupones que han recortado de revistas o periódicos. O te hablan del producto que acaban de encargar después de ver un anuncio en televisión o un programa de una cadena de televenta. Lo cierto es que en todos los casos se trata de formas de marketing directo, y éste ya ha entrado en nuestra forma de vida. Ahora que ambos cónyuges suelen trabajar fuera de casa, la gente cada vez dispone de menos tiempo para salir de compras. Casi todos los consumidores usan el marketing directo en un momento u otro como alternativa a la compra en comercios.

*Mito nº 2: «Es más fácil venderle a una tienda».*

Eso podría parecer. Pones el producto en el establecimiento y se vende o no se vende. Pero sobre esa venta no se tiene control. Así no se consigue información sobre cómo comercializan nuestro producto, en qué lugar de la tienda se coloca o la cantidad de tiempo que pasa en las estanterías. Otro inconveniente es que, para el comercio minorista, hay que fabricar todos los productos por adelantado. Y lo que no se vende te lo devuelven. En el marketing directo se pueden ir fabricando a medida que se necesitan. ¿Y qué pasa si el minorista cierra el negocio? Aunque se utilice el marketing directo como vía secundaria para la distribución de un artículo, así se consigue una base mucho más sólida para posteriores ventas. Si el comerciante cierra, o si ya no quiere el producto, siempre dispondremos de un listado de clientes a los que seguir vendiéndoles.

*Mito nº 3: «El anuncio que saco en el periódico local funciona muy bien. Yo no necesito el marketing directo».*

¿Cómo sabemos si el anuncio nos está trayendo clientes? ¿Cómo sabemos cuántas personas entraron en nuestra tienda por el anuncio, cuántos porque pasaron por delante y cuántos porque un amigo les había hablado de nosotros? Con el marketing directo sí se sabe. Si hacemos un envío de publicidad por correo o ponemos un anuncio en el periódico con un cupón que diga: «Traiga este cupón a la tienda y le haremos un 20% de descuento», sabremos cuántas personas respondieron por el número de cupones que recibamos. Así tenemos un método inmediato para calcular los resultados del dinero que invertimos en marketing.

*Mito nº 4: «Yo probé el marketing directo y no me dio resultado».*

Estamos otra vez en el concepto de la evaluación (del que me ocuparé a fondo en el capítulo 2). Puede que hayamos enviado nuestra oferta a las personas equivocadas. O una oferta equivocada a las personas apropiadas. Son muchas las variables que intervienen, y el que un intento no diese buen resultado no significa que el siguiente tampoco vaya a tener éxito. Mientras leamos este libro iremos descubriendo cómo seleccionar a los clientes adecuados, y así les haremos una oferta que no podrán rechazar.

## Un ejemplo de marketing directo eficaz

En este libro encontraremos ejemplos de campañas auténticas de marketing directo realizadas con éxito por grandes y pequeñas empresas de Estados Unidos y Canadá. Con ellos se ilustrará cómo funcionan en el mundo real los instrumentos y las técnicas que se describen en cada capítulo. Para dar una visión global de una campaña que tuvo muchísimo éxito, empezaremos con lo que se conoció como la campaña de Ford para mujeres.

En 1986 yo trabajaba en la empresa canadiense Vickers & Benson Direct. Ken Harrigan, por aquel entonces presidente de Ford en Canadá, nos llamó porque tenían problemas para hacer que las mujeres entrasen en los concesionarios de Ford de ese país. No tenían una formación adecuada para vender coches a mujeres, y estaban perdiendo cuota de mercado frente a General Motors, que estaba empleando con éxito un programa de formación específico. En Ford Canadá se habían quedado atrasados.

Ford ya había intentado hacer unas cuantas promociones, incluso una en la que ofrecían un plato de cristal tallado a las mujeres que entrasen en la exposición. ¡Las mujeres aparcaban en doble fila en la puerta del concesionario, entraban, pedían el plato y se iban! Así que ofrecer un obsequio no resultó, obviamente, el método más eficaz.

Nuestra investigación detectó que la mayoría de las mujeres detestaba ir a los concesionarios de coches. No era sólo que no les diesen el trato más conveniente o que las ignorasen por completo, es que además ellas pensaban que los coches eran algo de lo que no sabían nada de nada. Lo curioso del caso es que en la misma investigación observamos que los hombres tampoco sabían nada de coches, aunque jamás lo reconocerían. Pero comprar un coche producía ansiedad a las mujeres, que en este terreno son muy prudentes. Estudian mucho el tema en casa y suelen visitar varios concesionarios antes de realizar una compra.

## Y NUESTRO ESTUDIO DICE QUE...

Nos dimos cuenta de que la forma de persuadir a las clientas era entablar conversación con ellas y seguir charlando hasta que estuviesen preparadas para adquirir un coche. Después, en el preciso momento en que estuviesen dispuestas a comprar, las invitaríamos a entrar en el concesionario. ¿Pero cómo sabríamos cuándo están preparadas? Preguntándoselo. Decidimos enviar una encuesta a 200.000 mujeres de todo Canadá. En aquel momento no había muchas listas confeccionadas en el país (véase en el capítulo 3 un tratamiento detallado de las listas), por lo que utilizamos los segmentos canadienses de los listados que teníamos en Estados Unidos y nos dirigimos a las mujeres que estaban suscritas a la revista *Money* y a *Working Woman*, a mujeres que estuviesen en listas de inversores y a profesionales. También enviamos cartas a aquellas mujeres que habían hecho compras importantes –como grandes electrodomésticos o camas Craftmatic– poco tiempo antes.

Preguntamos a estas mujeres por el tipo de coche que tenían en ese momento, su nivel de ingresos, lo que buscaban en un coche nuevo y cuándo pensaban cambiar de coche. Se adjuntaba una carta de Ken Harrigan donde les explicaba que le interesaba mucho su respuesta. Como obsequio por rellenar el cuestionario les ofrecíamos un libro titulado *Guía rápida para la compra de coches y furgonetas*.

En el marketing directo, un 2% de respuestas se considera un porcentaje muy elevado. Tuvimos cerca del 30%. La campaña había funcionado no sólo como procedimiento para la recogida de información, sino como el comienzo de un programa de establecimiento de relaciones. Las mujeres remitieron las encuestas junto con fotografías suyas, de su familia y de su coche y con tarjetas que decían: «Gracias por el interés que se han tomado. Éste es el coche que tenemos». Sabíamos que era un buen principio, pero teníamos que traducir esos resultados en ventas de coches.

### Un cheque de 200 dólares a modo de incentivo

De la encuesta tabulamos e incluimos en una base de datos tres elementos básicos de información: los nombres y direcciones de las clientas, el tipo de coche que tenían en ese momento y cuándo tenían previsto cambiarlo. Las dividimos en tres categorías: caliente, templado y frío. «Caliente» significaba que iban a comprar un coche nuevo en un plazo máximo de tres meses, «templado» significaba de tres a seis meses y «frío» significaba de seis meses a un año.

Enviamos a las mujeres de la lista «caliente» un incentivo en forma de cheque de 200 dólares, con una carta firmada por Ken Harrigan agradeciéndoles una vez más su colaboración al contestar la encuesta (fig. 1.2). Les decíamos que entrasen al concesionario, que hiciesen el mejor trato posible con el vendedor y que entonces le entregaran el cheque de 200 dólares. Obtuvimos otra vez una gran respuesta y además conseguimos reforzar nuestras relaciones con las clientas. Cerca del 50% de las personas que recibieron cheques nos enviaron notas de agradecimiento. ¡Y más del 8% de esas mujeres compraron un Ford!

Después tuvimos que decidir lo que íbamos a hacer con la lista templada y con la fría. Sabíamos que las personas de esas listas no estaban muy decididas a comprar un coche, pero no queríamos perderlas, así que les enviamos un boletín titulado *Noticias de Ford para el conductor canadiense*. La editora jefe era Lyn St. James, piloto estadounidense y propietaria de un taller (fig. 1.3). El boletín incluía artículos del tipo de «Cómo conseguir que su coche arranque sin pro-

Estimada señora:

En el otoño pasado contestó usted nuestra «Encuesta para conductores de coches y furgonetas». Permítanos agradecerle una vez más el tiempo que dedicó a hacernos llegar sus opiniones sobre el vehículo que tiene actualmente y sobre lo que le gustaría encontrar en los coches y furgonetas del futuro.

También señalaba usted que quizás para estas fechas se plantease cambiar de vehículo. Si así es, le vendrá bien el bono de 200 dólares que le adjuntamos. Usted, o cualquier miembro de su familia, puede canjearlo en el momento de comprar su nuevo vehículo Ford o Mercury.

Ya he notificado a todos los concesionarios Ford y Mercury de Canadá que su certificado tiene el mismo valor que si pagase en efectivo al comprar cualquier coche o furgoneta nueva de las gamas del 88 de nuestras dos marcas. Éste es un certificado especial que puede utilizar junto con cualquier otra oferta de Ford Canadá que esté vigente en el momento de la compra. Le ruego lo acepte como muestra de mi agradecimiento personal por su colaboración al cumplimentar la encuesta.

Dispone usted de 200 dólares que muy pocas personas más van a recibir.

(vuelva la página, por favor)

**Figura 1.2.** Quienes devolvieron cumplimentada la «Encuesta Ford para conductores de coches y furgonetas» recibieron algo más que una simple carta de agradecimiento; se les mandó además un bono de 200 dólares para la compra de un vehículo Ford nuevo.

**ESCOJA UNA DE LAS OPCIONES QUE FIGURAN A CONTINUACION Y FIRME EN LA CASILLA APROPIADA.**

REINTEGRO AL CLIENTE.
*UTILICE ESTA SECCIÓN SI QUIERE QUE FORD LE PAGUE DIRECTAMENTE.*

Certifico que me ha sido entregado el coche cuyos datos figuran abajo según las condiciones de la promoción de Ford Canadá. Les ruego me hagan llegar el pago de 200 dólares.

30 Firma del cliente Fecha

He leído y comprendido las normas y requisitos de la promoción y acepto las condiciones que se establecen. Certifico que el cliente cuyos datos se especifican puede acogerse al descuento promocional. Este concesionario conserva en su poder los documentos que prueban la validez de esta petición, quedando a disposición de Ford Canadá o sus representantes legales para cualquier comprobación.

Firma del cliente Fecha

PAGO AL CONCESIONARIO
ÚSESE ESTA SECCIÓN PARA TRANSFERIR EL PAGO AL CONCESIONARIO
Certifico que me ha sido entregado el coche cuyos datos figuran abajo según las condiciones de la promoción de Ford Canadá. Por la presente transfiero al concesionario el pago del bono de 200 dólares.

20 Firma del cliente Fecha

He leído y comprendido las normas y condiciones de la promoción y accedo a los requisitos que se establecen en las mismas. Certifico que el cliente cuyos datos se especifican puede acogerse al descuento promocional. El cliente ha transferido el descuento a este concesionario. Este concesionario conserva en su poder los documentos que prueban la validez de esta petición, quedando a disposición de Ford Canadá o sus representantes legales para cualquier comprobación.

Firma del cliente Fecha

INFORMACIÓN SOBRE EL VEHÍCULO Número de bastidor
12 F12 Fecha de entrega Código del concesionario (ILEGIBLE) mes día año

so, if you can't use it yourself, feel f
a gift. It's sure to be appreciated.

¡Úselo y ahorre dinero! Puede emplearlo como mejor guste: para pagar en efectivo, para financiar su compra o para un paquete de accesorios; si lo desea, también puede optar por recibir un cheque por valor de 200 dólares de Ford Canadá.

De usted depende. Lo único que tiene que hacer es comprar o financiar un coche nuevo o una furgoneta de las marcas Ford o Mercury antes del 30 de julio de 1988 y se ahorrará 200 dólares.

Gracias de nuevo por participar en nuestra encuesta y por la valiosa información que ha tenido a bien compartir con nuestros técnicos y diseñadores.

Atentamente,

Kenneth W. Harrigan
Presidente

P.D.: Estos 200 dólares pueden ser transferidos a cualquier miembro de su familia. Si no desea utilizarlos usted misma, regálelos; se lo agradecerán.

**Figura 1.2.** (Continuación.)

# NOTICIAS DE FORD PARA EL CONDUCTOR CANADIENSE

Oakville, Ontario, L6J 5E4

## ¡NOS SORPRENDIERON!

43.000 canadienses contestaron la Encuesta del Conductor Canadiense de 1997. Y nos hicieron una cantidad enorme de preguntas.

Tantas fueron las preguntas que hemos decidido editar el boletín informativo **Noticias de Ford para el Conductor Canadiense**, dirigido a todas aquellas personas que se tomaron la molestia de escribirnos.

Trataremos todos aquellos temas que tengan que ver con coches y camiones; nos ocuparemos también de la conducción, el mantenimiento de los vehículos y su financiación, y daremos ideas para las vacaciones.

Si hay algún tema concreto que quiera ver recogido en las páginas de **Noticias de Ford para el Conductor Canadiense**, escríbanos e intentaremos dar respuesta a las preguntas que nos hagan. La dirección es: Noticias de Ford para el Conductor Canadiense, The Canadian Road, Oakville, Ontario, L6J 5E4.

## ¿LE TOCA REVISIÓN?

Las revisiones nos ayudan a mantener los niveles de seguridad y fiabilidad de nuestro vehículo. Además protegen la inversión que hemos hecho.

Es cuestión de matemáticas. En Canadá, un coche nuevo cuesta por término medio entre 14.500 y 15.500 dólares. Muchas personas no cambian de coche hasta que éste tiene ocho años. Una revisión normal (con cambio de aceite, sustitución del filtro del aceite y de las bujías, control de niveles, engrase de cerraduras y puertas y comprobación de la presión de los neumáticos) cuesta de 35 a 40 dólares. Habría que hacer una revisión cada seis meses aproximadamente, de lo cual resulta que proteger nuestra inversión de 15.000 dólares nos costaría como máximo 640. ¿Merece la pena? ¡Claro que sí! Nuestro coche será más seguro, más fácil de conducir, consumirá menos. Nunca necesitará reparaciones y su valor de reventa será mucho más alto. Veamos las revisiones como una inversión y no como un gasto y notaremos que valen la pena.

**UNA PISTA PARA LAS REVISIONES**: Esté atento a las ofertas especiales. A veces nos podemos ahorrar hasta el 25% o más. Si su coche aún está en garantía o está cubierto por alguna garantía especial haga siempre las revisiones en un servicio autorizado. De no ser así podría quedar invalidada.

# The News

SUMMER 1988

SUMMER 1988

## Meet Lyn St. James

*Piloto de competición, empresaria, consejera*

Compitiendo en una carrera, cuando voy pegada a la rueda de otro coche, soy un corredor más, no una mujer. Eso no tiene nada que ver con quién va a cruzar primero la línea de meta. Es como cuando vas a comprar un coche: quieres que te traten con seriedad independientemente de tu sexo. Hoy en día, las mujeres representamos el 42% del total de compradores de coches, y sin embargo a veces los concesionarios no nos dan el servicio y la atención que merecemos. Por eso Ford me ha pedido que trate temas como la manera de acercarse a un concesionario a comprar un coche o a que lo revisen, y que ofrezca consejos prácticos sobre cómo tratar con ellos de manera eficaz. No hay mucho que yo no sepa aún sobre coches. Aparte de ser piloto profesional, también tengo mi propia empresa de automoción en Florida y Ford me contrató como consultora para que averigüe lo que la gente le pide realmente a un coche. Así que cuando entro en un concesionario y quieren empezar a marearme –sobre todo si noto que es porque soy una mujer– en seguida me doy cuenta. Y no lo consiento.
Mi trabajo consiste en viajar por Estados Unidos y hablar con todo tipo de personas. Hablo con concesionarios, con clientes y con personas como usted para poder identificar aquellas áreas donde se pueden introducir cambios o mejoras y después informo a Ford de mis conclusiones. Ford también escucha. Después de todo, saben lo importante que es su satisfacción para el éxito de su empresa.
En próximas ediciones de este boletín contaré las experiencias que he vivido en estos viajes, las situaciones en que me he encontrado y lo que he aprendido. Les daré información sobre lo que está ocurriendo en la industria del automóvil y de lo que se debe buscar al comprar un coche. Y les hablaré sobre cómo conseguir la atención y el respeto que merecen.

*Trabaja en cuatro campos distintos de claro dominio masculino: es piloto de carreras, tiene una empresa de venta al por mayor de repuestos de automóviles, es autora de un manual para propietarias de vehículos y viaja por todo el país hablando de coches para Ford Motor Company. Se llama Lyn St. James y ya tiene un quinto trabajo: consejera de Noticias de Ford para el Conductor Canadiense.*

**Figura 1.3.** Ford mantuvo la relación con sus futuras clientas mediante un boletín informativo.

blemas durante el invierno en Canadá» y «Cómo salir de un charco helado». Así fue como continuamos nuestra relación con las mujeres que habían respondido a nuestra encuesta hasta que se decidieron a comprar.

A medida que pasaban los meses fuimos moviendo la base de datos: a los tres meses enviamos el cheque de 200 dólares a las mujeres que en un principio estaban en la lista templada. Y lo mismo hicimos seis meses después cuando se calentó la lista fría.

De esta promoción sacamos otra lección interesante. Nuestros propios prejuicios nos hicieron pensar que las mujeres iban a comprar mayoritariamente el modelo Ford Escort y otros más económicos. Estábamos equivocados. Un gran porcentaje se decidió por las furgonetas y por los coches más caros, así que no sólo conseguimos gran número de respuestas y un índice muy alto de inducción a la compra: además vendimos los productos de precio más elevado.

## ADAPTEMOS LOS CONCEPTOS A LAS PECULIARIDADES DE NUESTRA EMPRESA

Si se es un pequeño o mediano empresario, quizá no sea posible enviar 200.000 cartas. Pero se puede hacer un programa similar, aunque a una escala mucho más modesta, para captar clientes. Supongamos, por ejemplo, que tenemos una pequeña tienda que se llama La Galería del Regalo, especializada en artículos para obsequio y tiempo libre y que queremos atraer más clientela masculina. Podríamos comprar una lista de correo de 5.000 nombres (que suele ser lo mínimo) de hombres de nuestra zona que estuviesen suscritos a revistas especializadas en distintas aficiones, que perteneciesen a determinados clubes o equipos deportivos o que cumpliesen cualquier otro criterio apropiado a nuestras necesidades. No habría que escribir a las 5.000 personas de una sola vez; se podrían hacer varios envíos más reducidos.

Quizá se quiera hacer una encuesta como la de Ford. Lens Express, una empresa que vende lentes de contacto mediante marketing directo, incluye la encuesta de la figura 1.4 cuando sirve los pedidos. A la gente le encanta que le pidan su opinión, así que se les puede enviar una carta o una postal que diga: «En La Galería del Regalo estamos pensando en ampliar nuestro departamento de artículos para el tiempo libre y nos gustaría saber lo que busca usted cuando compra

## Queremos servirle mejor

Para nosotros es sumamente importante que usted esté satisfecho con nuestros productos y que se sienta a gusto con ellos. Le rogamos dedique unos minutos a cumplimentar el cuestionario adjunto para que podamos seguir ofreciéndole los mejores productos y servicios.

1. ¿Durante cuánto tiempo suele usar las mismas lentes de contacto antes de cambiarlas?
   - ❑ de 1 a 2 semanas ❑ de 2 a 4 meses
   - ❑ de 5 a 6 meses ❑ de 7 a 12 meses
2. ¿Ha sido éste su primer pedido a Lens Express?
   - ❑ Sí ❑ No
3. ¿Le entregaron con puntualidad sus lentes de contacto?
   - ❑ Sí ❑ No
4. ¿Le parecieron atentos y serviciales nuestros vendedores?
   - ❑ Sí ❑ No
5. Para usted la principal ventaja de comprar en Lens Express es...
   - ❑ La comodidad ❑ Los precios
   - ❑ La rapidez en el servicio ❑ Otros .................
6. ¿Dónde compraba hasta ahora sus lentes de contacto?
   - ❑ En el oftalmólogo ❑ En una óptica
   - ❑ Por correo ❑ Otros.................
7. ¿Piensa volver a utilizar el servicio de Lens Express cuando necesite cambiar las lentes de contacto?
   - ❑ Sí ❑ No
8. ¿Le gustaría formar parte de nuestro «Club» si aún no es socio?
   - ❑ Sí ❑ No
9. Si aún no lo ha hecho ¿le gustaría adherirse a nuestro nuevo «Programa de sustitución automática»?
   - ❑ Sí ❑ No

Observaciones: ________________________________

Remítalo cumplimentado a Lens Express
350 S.W. 12th Avenue
Deerfield Beach, FL 33442

LENS EXPRESS Inc.
*America's # 1 Vision Care Service*

Gracias

**Figura 1.4.** Lens Express adjunta con cada pedido este cuestionario que luego utiliza para la mejora continua del servicio y para mantener abiertas las líneas de comunicación con los clientes.

algo relacionado con sus aficiones». Se podrían hacer preguntas como: «¿Cuáles son sus aficiones en este momento?». «¿Dónde compra artículos para sus aficiones?». «¿Hay algo que le resulte difícil encontrar?». «¿Qué artículos le gustaría encontrar en nuestro departamento de tiempo libre?». Junto con el cuestionario se podría ofrecer un obsequio no muy caro o un descuento especial para quien lo cumplimentase.

Para llevar un poco más allá este procedimiento, se pueden dividir las respuestas en distintas categorías. La encuesta nos ha dado información específica sobre las aficiones de nuestros clientes, por lo que podríamos hacer una lista con los aficionados a construir casas de muñecas, otra con los coleccionistas de soldaditos de plomo y otra con los fanáticos de los trenes eléctricos. De este modo, si vamos a hacer una oferta de miniaturas para casas de muñecas podremos realizar un envío de publicidad selectivo a aquellas personas de nuestra lista que pertenezcan a esa categoría.

Las respuestas que obtengamos nos pueden ayudar, por tanto, de dos maneras: en primer lugar, podremos tomar decisiones más documentadas sobre el abastecimiento y la promoción de nuestro departamento de tiempo libre; en segundo lugar, elaboraremos una lista de correo con los nombres de aquellas personas que han mostrado un interés concreto en lo que nosotros vendemos. Con esta lista podremos construir relaciones duraderas. Ford creó un boletín informativo para mantener sus relaciones. En lugar de un boletín, en nuestro caso podríamos enviar postales anunciando un producto nuevo, una rebaja especial para quienes respondan a la encuesta o un simple recordatorio de que en La Galería del Regalo se puede encontrar todo lo necesario para cualquier afición.

## Elección del producto que vamos a vender

El marketing directo se usa a veces para aumentar las ventas de un servicio o un producto que ya lleva un tiempo a la venta. En otras ocasiones se usa para empezar a vender y lo que hay que decidir entonces es qué se va a vender y a quién.

¿Cómo encontramos un producto para vender? Algunas personas que creen que van a amasar una fortuna con la respuesta directa parecen estar convencidas de que cualquier producto vale. He tenido clientes que cuando llegan por primera vez a mi despacho me dicen: «¡He encontrado en la feria un producto fantástico que se va a vender como churros!». Pero en realidad no saben nada de él. No conocen su valor. No saben quién podría estar interesado en comprarlo ni saben cuánta competencia tiene.

**CONSEJO:** Al evaluar un producto que se quiera comercializar, hagámonos las siguientes preguntas:

- ¿Es un producto único?
- Si es similar a otros productos, ¿es mejor que ellos? ¿Es más atractivo? ¿Tiene más calidad?
- ¿Satisface una necesidad que tenga la gente?
- ¿Soluciona un problema habitual?
- ¿Si no soluciona un problema ni satisface ninguna necesidad, ¿es estéticamente atractivo? ¿Es entretenido? ¿Es divertido?
- ¿Tiene detrás una historia interesante? (Por ejemplo: «Cada figura está pintada a mano con símbolos auténticos de los originarios indios americanos que representan los espíritus de la tierra y el cielo».)
- ¿Se trata de algo que yo compraría para mis amigos, para mi familia o para mí mismo?

Joseph England, veterano profesional del marketing directo y creador de cientos de estupendos anuncios de respuesta directa, aconseja lo siguiente: «Si alguien tiene un negocio ya en marcha, lo más sensato sería recomendarle que no se apartarse demasiado de su propio portal. Ya conoce sus productos, conoce sus mercados y puede encontrar algo especial que resulte atractivo a los clientes que ya tiene. Si una persona quiere anunciar un producto del que no sabe mucho, en un mercado del que no conoce nada... está abonando el terreno al desastre».

Una de las campañas de respuesta directa más rentables en las que he trabajado tuvo lugar por la época de la boda de Diana y Carlos de Inglaterra. Un filatelista muy entendido se hizo con unos sellos exquisitos emitidos por la isla de Guernsey en los que aparecían los recién casados. Como este coleccionista conocía el valor y el atractivo de estos sellos, y como sabía cómo estaba el mercado, vendimos varios miles con pequeños anuncios modulares en la contraportada de varias revistas de consumidores y de filatelia.

Para que una campaña de marketing directo tenga éxito hay que conocer a fondo el mercado. Tenemos que visualizar el público al que va dirigida. ¿Qué tipo de personas serán más proclives a comprar nuestro producto? ¿Quién, por ejemplo, podría comprar el colgante del cervatillo, otra creación de Joe England y perenne éxito de

**Figura 1.5.** Imaginar cuál puede ser el cliente ideal del colgante del cervatillo ayuda a decidir dónde se puede insertar este anuncio de respuesta directa.

ventas (fig. 1.5)? Este producto es además el tipo de género perfecto para reducir gastos de almacenamiento. Intentemos hacernos una imagen del cliente ideal. Hagamos una lista de sus características. El comprador del colgante del cervatillo podría ser más o menos así:

- Madre joven con varios hijos.
- Nivel de renta medio o bajo.
- Conduce un Ford o un Chevrolet (nunca un coche importado).
- Vive en una zona suburbana o rural.

Una vez completado este primer retrato, el paso siguiente sería ensanchar nuestra base de clientes potenciales y pensar en quién más podría comprar nuestro producto. Por ejemplo, el cervatillo podría también llamar la atención de los abuelos, sobre todo porque hay un descuento especial por comprar varias unidades. Y así podríamos seguir con la lista hasta agotar el número de posibles clientes para nuestro producto.

Se pueden usar las tácticas empleadas en las encuestas de Ford y de Lens Express, pero a menor escala. Preguntemos a conocidos nuestros lo que piensan de nuestro producto y cuánto estarían dispuestos a pagar por él. Una vez que identifiquemos a nuestros clientes potenciales podemos diseñar una campaña de marketing directo dirigida específicamente a ellos.

## La ventaja de la pequeña empresa

Pudiera parecer que una empresa como Ford lo tiene todo a su favor en lo tocante al diseño y realización de una campaña de marketing directo. Pero no es necesariamente el caso. En las grandes empresas, la política de despachos entorpece a menudo la coherencia de los planes de marketing.

Quienes reparten el presupuesto para marketing no se ponen de acuerdo sobre cómo gastarlo; los departamentos suelen discutir sobre tácticas concretas. Se pueden llegar a producir auténticas batallas entre los responsables de las distintas áreas por defender sus respectivos dominios: la publicidad, la promoción, las relaciones públicas y el marketing directo. Cada una de estas especialidades tiene su propio objeto y su propia función:

- ★ La función de la publicidad es situar en el mercado un producto o una empresa, crear una imagen que permanezca en la mente de un cliente.
- ★ El trabajo de promoción consiste en encontrar formas originales para hacer que la gente entre en nuestro establecimiento o pruebe nuestro producto.
- ★ Las relaciones públicas existen para dar a nuestro producto una proyección pública gratuita. Esto supone, por ejemplo, conseguir un reportaje en un periódico o en una revista y/o una aparición especial en un programa de radio o televisión. Cuando trabajé en la campaña de la moneda olímpica, conseguimos que en la Super Bowl se lanzase al aire una de nuestras monedas. Cuando los locutores lo comentaron, conseguimos unos dos millones de dólares de publicidad gratuita.
- ★ La función del marketing directo es conseguir una venta inmediata, hacer que la gente coja el teléfono para hacer un encargo o que envíe un cupón o un impreso de pedido incluyendo el dinero.

Cada una de estas especialidades tiene su lugar en una campaña de marketing planificada, pero en las grandes empresas suele ser más difícil hacer que todas las partes interesadas cooperen. De hecho, a menudo intentan competir entre sí y los resultados que consiguen al final distan mucho de ser los mejores.

Yo estoy convencida de que al pequeño empresario le resulta mucho más fácil diseñar un programa de marketing coherente y equilibrado. Normalmente, un pequeño empresario que tenga las ideas claras puede hacer mucho más con una pequeña cantidad de dinero que muchas grandes empresas con sus enormes presupuestos y sus intrigas políticas internas.

### Ponga en juego su personalidad

El principal activo que tiene cualquier empresa es su propia personalidad única. Aunque a las pequeñas empresas esto puede resultarles más fácil, Frank Purdue, Orville Redenbacher y Ben y Jerry se han esforzado por dotar a sus grandes empresas de una personalidad propia de las pequeñas. El marketing directo nos da la oportunidad de que nuestros clientes lleguen a saber exactamente quiénes somos, lo que nos permitirá construir nuestra empresa sobre la fuerza de esa imagen.

Cuando hacemos un envío publicitario que representa a nuestra empresa, es como si enviásemos un contingente de cientos de vendedores a los hogares de nuestros clientes para venderles nuestro producto o servicio. Y estos vendedores reflejan la imagen de nuestra empresa, ya sea de sencillez, de sofisticación, de profesionalidad o de hospitalidad.

Los doctores Jan Teitelbaum y Siri Smith (matrimonio y equipo profesional) dirigen una consulta de quiromasaje en un barrio neoyorquino. Al natural son personas cariñosas y acogedoras, lo que queda muy bien reflejado en su publicidad (véanse las figs. 1.6 y 1.7). En diciembre organizan una campaña de recogida de juguetes para niños portadores del virus VIH o que tienen sida. Su envío publicitario se centra en la recogida de juguetes, pero (como estos doctores son también hábiles comerciantes) además incluye una oferta de visita gratuita para nuevos clientes e información sobre los pinzamientos de nervios.

Los doctores no incluyen ningún otro anuncio. Basan su nuevo negocio en los pacientes que frecuentemente les llegan como resultado de la publicidad que remiten de cuatro a seis veces por año. El doctor Jan (como le llaman sus pacientes)[1] hace dos tipos de envío. El primero es lo que él llama un envío informativo para decir «hola, aún estoy vivo», y su finalidad es educar a sus pacientes y hacer que éstos tengan siempre en mente su nombre. El segundo tipo combina una recogida de juguetes o alimentos para los indigentes con una oferta promocional. Este envío, además de recordar a sus pacientes los servicios del doctor Jan, refuerza su imagen de persona amable y cariñosa, cualidades muy valoradas en un profesional de la salud.

El doctor Jan es la prueba de que el marketing directo no necesita ser complicado, ultrasofisticado ni de alta tecnología para ser eficaz. «Guardo una gran carpeta de prospectos y boletines que los amigos me han ido enviando a lo largo de los años y que se van renovando. Elijo los que más me gustan e intento que los míos se les parezcan. Pego los componentes de mi boletín sobre un papel, añado un artículo escrito por mí o sacado de algún libro y lo envío a la imprenta. Una vez compuesto me lo devuelven para que lo revise y yo les pido que aumenten un poco por aquí o que reduzcan un poco por allá.»

Hasta el envío propiamente dicho se hace a la antigua usanza. El doctor Jan lleva una base de datos con 2.000 nombres en un progra-

1. «Jan» es el nombre propio, no el apellido como cabría esperar en esta fórmula de tratamiento. (*N. del t.*).

**Fig. 1.6.** Ejemplo de publicidad directa de elaboración «casera» anunciando una recogida de juguetes y una oferta de visita gratuita.

Queridos amigos:

Gracias a vuestra generosidad, la recogida de juguetes del año pasado fue un éxito total. Hicimos muchos nuevos amigos y recogimos juguetes suficientes para repartirlos entre cuatro organizaciones distintas.

Una vez más, con tu colaboración, queremos difundir el mensaje de la quiropraxis. Al mismo tiempo podemos hacer que las vacaciones sean un poco más bonitas para estos niños especiales.

Con todo cariño,

Drs. Jan y Siri,
Cindy, Leigh
y Jennifer

**PINZAMIENTOS**

**La posible causa de sus problemas de salud**

1. **Dolores de cabeza**, migrañas, nerviosismo y tensión.
2. **Dolores de cuello**, tortícolis y dolores en los brazos.
3. **Dolores musculares** en las zonas superior y media de la espalda, en los hombros y en los brazos.
4. **Ciática**, problemas discales y dolores en la parte inferior de la espalda.
5. **Dolor sacro-ilíaco** y problemas menstruales.
6. **Trastornos digestivos**.
7. Lesiones causadas por el **baile** y los **deportes**.

Centro quiropráctico Smith-Teitelbaum
140 West 79th Street
New York, NY 10024
(212) 873-6004

**HORAS DE CONSULTA**

Lunes, miércoles y viernes
mañanas, de 8:00 a 1:00
tardes, de 3:30 a 7:00
Martes de 3:30 a 7:00 de la tarde
Jueves de 3:30 a 6:00 de la tarde
Sábados de 10:00 a 12:00 de la mañana

***RECOGIDA DE JUGUETES***
***del 5 al 10 de diciembre***

ALIVIA HOY TUS DOLORES Y SIEMPRE TENDRÁS SALUD

**Fig. 1.7.** Este folleto también contiene información de interés para los pacientes.

ma informático especial para quiromasajistas, pero las etiquetas y los sellos los pegan a mano los administrativos de la consulta. «Cada uno coge un montón y se lleva unos cuantos a casa por la noche con las etiquetas y los sellos», dice el médico.

Para el doctor Jan es importante que sus envíos de publicidad reflejen el clima y la filosofía de su consulta. «Hay varias empresas que ofrecen folletos ya diseñados con gráficos a cuatro colores. Yo podría comprarlos», dice, «pero son muy generales y no hay nada mío en ellos. Prefiero confeccionarlo yo mismo porque creo que es lo mejor que puedo hacer por mis pacientes y por mi empresa. Todo el mundo conoce el nombre de Coca-Cola, pero cada cinco minutos ponen en televisión un anuncio de esta empresa. Creo que la repetición es importante, sobre todo porque el quiromasaje no forma parte necesariamente de la mentalidad de la gente. Una de mis misiones es difundir información. Ésa es la verdadera razón por la que lo hago, y creo que funciona.»

Con el marketing directo, sea cual sea el tamaño de su empresa, se pueden establecer relaciones personales con los clientes. Y en el mundo tan impersonal en el que vivimos, crear esa conexión es lo que hará que nuestros clientes vuelvan una y otra vez.

## El cuestionario DM

Como está demostrado que las encuestas y los cuestionarios son un instrumento de implicación eficaz, aquí tienen uno los lectores. Rellénenlo antes de seguir leyendo el libro. Tengan presentes sus respuestas en los capítulos siguientes; quizá quieran revisarlas según se vayan adentrando en las particularidades del marketing directo.

Cite algunas de las ofertas a las que ha respondido últimamente y que le han llegado por correo directo, anuncios en revistas o periódicos u ofertas en televisión.

________________________________________

________________________________________

________________________________________

________________________________________

________________________________________

¿Qué le impulsó a responder a estas ofertas? ¿Recuerda esa última frase del anuncio que le hizo levantarse a coger su talonario de cheques o su tarjeta de crédito?

---

---

---

---

¿Qué tipo de personalidad le gustaría transmitir a su negocio? ¿Sofisticada? ¿Sencilla? ¿Distante? ¿Cercana? ¿Estrictamente comercial?

---

---

---

---

Si en este momento tiene usted un comercio, ¿cómo podría iniciarse en la venta por correo? ¿Cómo podría transmitir en un envío publicitario el carácter y las peculiaridades de su tienda? ¿Utilizaría, por ejemplo, el humor, su experiencia en el sector, la calidad de sus productos?

---

---

---

---

Visualice a sus clientes típicos. ¿Son hombres o mujeres? ¿Tienen hijos? ¿Tienen casa propia? ¿Están realquilados? ¿Cuánto ganan?

---

---

---

---

¿Cuál es la principal razón de sus clientes para comprar su producto o utilizar sus servicios?

---

---

---

---

¿Qué tipo de evaluación podría usted emplear para los envíos de publicidad directa que hace en la actualidad? ¿Podría evaluar la oferta (por ejemplo, una muestra gratuita o un 20% de descuento en el primer pedido), o cómo está redactado el texto o la lista de personas a las que se envía?

¿Cómo puede mejorar los resultados de su publicidad actual? ¿Qué ofertas especiales podrían atraer clientela a su tienda o hacer que más personas utilicen sus servicios?

¿Qué preguntaría usted a sus clientes para saber más de ellos?

Si ya ha utilizado usted el marketing directo, ¿cómo podría mejorar su anuncio o sus envíos publicitarios? ¿Qué cambiaría?

# 2
# ELEMENTOS DE UNA OFERTA EFICAZ

Cuando los clientes llegan a mi despacho con un producto o un servicio nuevos que quieren comercializar siempre me dicen lo mismo: «Éste es mi nuevo Chisme Mágico, y lo voy a vender a 19,95 dólares». Cuando les pregunto qué oferta van a hacer, me miran sorprendidos y añaden: «No necesito ofertas», dicen. «¡Mi Chisme se vende solo!»

Al oír esto, mi respuesta siempre es la misma: «Si va a meterse en el marketing directo tiene que haber una oferta. Sin oferta es como vender en una tienda pero por correo». La oferta, o las condiciones bajo las que se promociona un producto o un servicio, es la respuesta a la necesidad que tiene el cliente de saber en qué va a salir beneficiado al comprarlo. Es lo que cierra la venta.

Pensémoslo. Cuando un cliente entra en una tienda probablemente lo hace para comprar algo concreto, algo que necesita o que desea en ese preciso momento. Aunque no sepa exactamente lo que quiere, está predispuesto a hacer una compra. Éste no es el caso del marketing directo. Cuando a un cliente le llega publicidad por correo o se encuentra con un anuncio de respuesta directa en una revista o en un periódico, no tiene por qué estar en disposición de comprar. Puede que no sienta la necesidad inmediata o el deseo de adquirir un Chisme Mágico, por muy mágico que sea. A menos que exista un motivo irresistible, un incentivo que sea capaz de hacerle vencer la inercia de estar sentado en casa pensando en sus cosas y hacer que compre inmediatamente.

## ¿QUÉ ES LO QUE HACE QUE UNA OFERTA SEA BUENA?

Hay tres características que ha de tener toda oferta para que funcione. Si queremos que la gente se siente a tomar buena nota de nuestra oferta (y que luego saque la tarjeta de crédito), lo que le ofrecemos debe tener al menos una de las siguientes cualidades, y a ser posible las tres:

* Credibilidad
* Compromiso
* Creatividad

*Credibilidad*

Por encima de todo, nuestra oferta tiene que ser creíble. Si estamos vendiendo papel continuo para impresora, nadie se creerá una oferta que diga: «Le regalamos un ordenador por la compra de 50 dólares de papel continuo». Somos un país de compradores expertos. Ya lo hemos oído todo y no creemos a nadie (ni a ninguna empresa) que nos diga que nos va a dar algo muy caro absolutamente GRATIS. Por el contrario, si vendemos ordenadores y nuestra oferta dice: «Si compra hoy mismo un ordenador le regalamos 50 dólares en papel continuo», hay más posibilidades de que nos crean. Cualquier oferta que hagamos tiene que tener sentido para el comprador. Se acepta una rebaja del 70% a final de temporada porque todo el mundo sabe que las tiendas quieren hacer sitio para los modelos nuevos. Pero si vemos unas rebajas del 70% en cualquier otro momento, lo primero que nos preguntamos es qué defecto tendrá la mercancía.

*Compromiso*

Como compradores expertos, casi todos padecemos lo que yo llamo «el efecto vistazo». Algunas ofertas son tan corrientes que no les echamos más que un ligero vistazo cuando las vemos. El producto o el servicio puede provocar un moderado interés, pero si no hay una razón especial para que el cliente lo compre, esa pequeña dosis de interés puede esfumarse. Lo que queremos es que nuestra oferta haga que nuestros posibles clientes se impliquen; queremos visualizarlos ya usando nuestro producto o nuestro servicio. La mayoría de las veces, una oferta del 10% de descuento no es demasiado atractiva. Un cupón de 10 dólares a descontar en la próxima compra es un poco más llamativo. Sin embargo, si leemos: «Compre uno y llévese otro a mitad de precio», empieza a picarnos el interés. En seguida nos ponemos a calcular cuánto podemos ahorrar, y sobre todo si la oferta es en un artículo caro. Una vez que hemos comenzado a calcular, ya nos estamos viendo a nosotros mismos como los orgullosos propietarios no de uno, sino de dos Chismes Mágicos.

*Creatividad*

Las ofertas que obtienen una mayor respuesta siempre ofrecen algo diferente. Consiguen implicarnos, pero son además específicas del producto o el servicio que ofrecen y tienen un enfoque humano. Veamos una oferta casi irresistible:

> Nuestra familia lleva cien años haciendo estos bizcochos de chocolate y nueces con la misma receta. Desde hace más de un siglo, a millones de personas se les hace la boca agua nada más oler el delicioso aroma de este rico manjar. Compre una caja de estos bizcochos y Toll House Cookies le enviará totalmente gratis la receta especial de la abuela. *Esta receta no se encuentra en ningún libro*. La tenemos reservada como un regalo muy particular para nuestros clientes. ¡Disfrútelo!

> **CONSEJO:** Una oferta exclusiva siempre resulta atractiva. Si las existencias de su producto son limitadas, si no se puede comprar en tiendas o si su empresa lo tiene en exclusiva, insista en ello en su oferta.

## Opciones de oferta

Se pueden hacer muchos tipos distintos de oferta, y muchos de ellos se pueden además combinar para hacer todavía más tentador nuestro producto o servicio. Sea cual sea el tipo de oferta que decidamos hacer, tengamos siempre presentes los tres elementos que hemos señalado. He aquí algunas sugerencias que cada uno puede adaptar a su producto o servicio específico.

*Incentivos en el precio*

Este tipo de oferta es quizás el más común, aunque no siempre el más eficaz. Una oferta en el precio supone que el cliente va a obtener un descuento sobre el precio normal de compra. Las ofertas sobre el precio se pueden utilizar de muchas maneras: se puede ofrecer una rebaja de una cantidad concreta de dinero («Ahora por sólo 19,95 dólares. Su precio normal es de 25») o de un porcentaje («Lléveselo con un 20% de descuento sobre su precio habitual»). La cubierta roja y amarilla del catálogo de Roaman que podemos ver en la figura 2.1

**Figura 2.1.** Un 63% de descuento es una oferta muy atractiva y un incentivo eficaz para los clientes de Roaman.

proclama con grandes caracteres: «¡REBAJAS! ¡Ahórrese hasta un 63% en prendas de primera necesidad!». El uso del 63%, frente a ofertas más habituales del 20%, el 30% o el 50%, hace que ésta sea más sugerente.

Hasta las ofertas en el precio han de ser originales. Hace unos cuantos años hice una campaña para los grandes almacenes Marshalls con la que se pretendía que el público se interesase por su Cuenta Gratitud. Los clientes debían guardar los tiques de compra hasta que sumasen una cierta cantidad de dólares, en cuyo momento los podrían canjear por bonos de regalo por un valor del 10% de la cantidad total pagada. Para dar a la oferta un aliciente añadido, anunciamos además unas rebajas especiales. Dijimos a los clientes que los responsables de cada departamento habían salido de compras por Nueva York y habían conseguido precios excepcionales en determinados artículos, precios que nosotros manteníamos para nuestros clientes y a los que además había que sumarles el 10% que conseguirían por participar en la Cuenta Gratitud. La cifra del 10% no atrajo a más clientes, pero la percepción del valor añadido (por las condiciones especiales que se habían conseguido para los artículos en venta) hicieron que la campaña fuese un éxito.

*Opciones de pago*

Cuanto más fácil pongamos la compra a nuestros clientes, más probabilidades hay de que compren. La industria del marketing directo despegó definitivamente cuando las tarjetas de crédito facilitaron la compra de los bienes más caros. Los planes de pago aplazado siempre son atractivos y a veces pueden hacer que un producto parezca menos caro de lo que es en realidad. Algunas ofertas ni siquiera incluyen el precio total del producto. Así, por ejemplo, el impreso de pedido incluido en un envío publicitario de un libro sobre remedios naturales caseros podría rezar como sigue:

> **¡SÍ!** Quiero que me envíen EL GRAN LIBRO DE LOS REMEDIOS NATURALES CASEROS en cuatro únicos plazos de 6,99 dólares más gastos de envío.

Cuando las cadenas de televenta empezaron a ofrecer planes de «pago fácil» (pagos en dos o tres plazos con cargo a tarjetas de crédito), sus ventas empezaron a subir. Otras opciones de pago son las siguientes:

Compre sin dinero.
No pague intereses hasta...
Compre ahora, pague luego.

*«Ha sido usted especialmente elegido»*

Hay estudios que demuestran que el reconocimiento es el principal factor de motivación para los seres humanos. Todos queremos sentirnos especiales, que se nos tome en cuenta. Si, por ejemplo, estamos vendiendo un producto para pescadores, tendremos más probabilidades de hacer una venta si decimos: «Ésta es una oferta especial para esas personas que disfrutan del deporte de la pesca». Hagámosles saber que han sido especialmente seleccionados, debido a su interés por este deporte concreto, para recibir esta oferta.

Otra forma de hacer que alguien se sienta especial es invitarlo a ingresar en un club exclusivo. Por ejemplo, podemos estar interesados en ofrecer vino de una cosecha especial cada mes. Podríamos comprar un listado de personas que estén suscritas a revistas de vinos, que hayan adquirido libros sobre el vino o que acudan frecuentemente a degustaciones. Nuestra oferta podría ser la siguiente:

> Nos complace invitarle a ingresar como socio fundador en la Sociedad Enológica Americana (SEA), organización dedicada a seleccionar los mejores vinos del país. Nuestro consejo de dirección está formado por propietarios de las más prestigiosas bodegas y cada mes van a seleccionar los mejores vinos para ofrecérselos a precios inmejorables. Como a usted le gusta el buen vino, le invitamos a formar parte de un selecto grupo de socios fundadores de la SEA.

Queremos que el cliente que hemos seleccionado sienta que ha sido especialmente elegido para el honor tan singular de gastarse su dinero en nuestro producto.

Una tercera variante de esta oferta es reconocer a nuestros mejores clientes habituales y hacer algo especial por ellos. Podemos formar nuestro propio club para los clientes que hacen compras por encima de una cierta cantidad de dinero y ofrecerles privilegios específicos, como adelantar para ellos la fecha de inicio de las rebajas o hacerles descuentos especiales.

**CONSEJO:** Cuesta más conseguir un nuevo cliente que conservar uno antiguo. Procurar conservar a los mejores clientes es la decisión comercial más juiciosa.

*Obsequios*

Un obsequio es un artículo que se ofrece normalmente de forma gratuita o a un precio simbólico como incentivo por la compra de un producto o servicio concretos. Las revistas utilizan los obsequios con gran frecuencia; algunos de ellos son muy conocidos, como el teléfono inalámbrico de *Sports Illustrated* o la guía fiscal de la revista *Money*. En un envío publicitario realizado no hace mucho para la celebración del 30º aniversario del grupo musical Statler Brothers, se remitió una simple postal a personas aficionadas a la música con la oferta de un disco de recopilación de 62 éxitos de los Statler Brothers, más un álbum gratis con fotografías de su carrera musical, más un disco compacto o una casete también gratuitos de una comedia del grupo (fig. 2.2).

Un obsequio no tiene por qué ser caro, pero el cliente ha de percibir en él un cierto valor. El premio más eficaz, y normalmente el menos caro, es la información gratuita. Si ofreciésemos ropa infantil informal, por ejemplo, podríamos ofrecer un folleto gratuito titulado «Actividades al aire libre para niños de 1 a 5 años». Si ofreciésemos vitaminas por correo, podríamos dar gratis con cada compra una guía sobre las vitaminas explicando los beneficios de cada una de ellas y sus dosis recomendadas. Si ofreciésemos un producto alimenticio, podríamos regalar una guía para el tiempo libre o un libro de recetas. En una tintorería se podría ofrecer un folleto sobre cómo guardar y colgar la ropa y cómo eliminar las pequeñas manchas antes de que se conviertan en un problema mayor. Esta información no tiene por qué ser complicada ni costosa. Si tenemos un presupuesto limitado, tres o cuatro páginas fotocopiadas bastarán para dar realce a nuestra oferta, siempre y cuando nuestros clientes vean el material que les hacemos llegar como algo valioso.

Cuando trabajaba en Meredith Corporation, pusimos a la venta una serie de tarjetas coleccionables titulada «Mejore su casa y su jardín». Como obsequio ofrecíamos el primer juego de tarjetas gratis junto con un atractivo archivador. Por regla general, no se debe regalar lo que luego vamos a tratar de vender. La excepción a esta norma es cuando vamos a vender un programa de continuidad, es decir, cuando vamos a vender a un cliente muchos artículos similares en un plazo de tiempo dado. En nuestro caso, una vez que los clientes reci-

**Figura 2.2.** Los dos obsequios dieron un valor añadido a esta oferta directa del grupo Statler Brothers.

bían el primer juego de tarjetas, querían seguir llenando el archivador. Las revistas ofrecen a menudo un número gratis para incitar a los lectores a suscribirse. La oferta de las tarjetas coleccionables y la revista son sendos ejemplos de lo que van a recibir más adelante.

El obsequio que ofrezcamos ha de estar relacionado con nuestro producto o nuestro servicio. Ofrecer una guía fiscal con las tarjetas coleccionables del ejemplo anterior, por ejemplo, ni tiene sentido ni realza el producto en forma alguna. Hace unos años, Club Med envió a potenciales clientes una carta con este encabezamiento: «A sus próximas vacaciones pídale días de sol, playas paradisíacas, diversión las veinticuatro horas del día y unas fotografías fabulosas». Y ofrecían gratuitamente una cámara Olympus de 35 mm con flash incorporado a quienes reservasen su viaje antes de una determinada fecha. Entre las vacaciones y las fotos hay un vínculo natural, por lo cual la oferta de Club Med y el obsequio formaban un conjunto perfecto.

Por supuesto, el coste del premio hay que tenerlo en cuenta al calcular los costes del envío publicitario y el posible beneficio. Si nuestro Chisme Mágico nos deja en cada venta un margen de cinco dólares, obviamente lo mejor no es ofrecer un obsequio que nos cuesta diez. Sin embargo, si ofrecemos un obsequio que nos cuesta un dólar, pero nuestras ventas aumentan un 20%, hemos aumentado el beneficio global.

Si somos fabricantes, podemos producir nuestros propios obsequios. Pero casi todo el mundo compra los artículos de regalo al por mayor para conseguir mejores precios. Para informarnos sobre el tipo de obsequios que hay en el mercado y cuánto cuestan, podemos asistir a las ferias especializadas que se realizan en las principales ciudades al menos una vez al año. Hay empresas dedicadas a los obsequios y a los incentivos y que normalmente se pueden encontrar en las páginas amarillas. Estas empresas también se anuncian a menudo en publicaciones del sector del marketing directo como *Potentials in Marketing* y *DM News*.

Tenemos que ir siempre con los ojos bien abiertos en busca de ideas para regalar. Si vemos en una tienda algo que nos gusta, deberemos averiguar quién es el fabricante y llamar directamente. Podemos decir que estamos pensando en utilizar el artículo como obsequio (lo que significa que queremos comprar al por mayor) y pedirles el mejor precio que puedan hacernos.

### *Muestras*

Hay algunos productos que son difíciles de describir. Cuando Art Fry inventó las notas adhesivas Post-it®, en las oficinas de 3M donde trabajaba tuvieron un éxito enorme. Durante más de diez años, la empresa probó varias campañas publicitarias, pero el producto no conseguía despegar. Entonces alguien pensó que si la gente lo probaba, le encantaría. Así pues, 3M mandó muestras a las secretarias de los directores generales de las empresas de Fortune 500. Las muestras iban acompañadas de una carta firmada por la secretaria del director general de 3M. Casi de inmediato, los Post-it se convirtieron en material básico de oficina.

Hace poco, llegó a mi empresa un cliente que está intentando comercializar una crema de afeitado. Es un producto estupendo, pero sus ventajas sobre otras marcas son difíciles de describir. Sin embargo, el producto le encanta a todo el que lo prueba. Así que decidimos que la mejor manera de lanzar este producto concreto era invitar a la gente a solicitar muestras gratuitas. Insertamos pequeños anuncios en *The New York Times* y en *The Wall Street Journal*, reservamos espacios radiofónicos poco costosos para hablar sobre las ventajas del producto y dimos una dirección a la que escribir para pedir muestras. Cada vez que alguien nos escribía cogíamos su nombre y dirección y utilizábamos sus datos para iniciar una oferta de correo directo.

Cualquier cosa que vaya dirigida a uno de los cinco sentidos es buena candidata para hacer muestras. Los fabricantes de cosméticos y perfumes lo hacen continuamente. Si entramos en unos grandes almacenes o abrimos cualquier revista, percibimos los «efluvios» de lo que están ofreciendo. Los productos alimenticios pueden ser deliciosos, pero con frecuencia son indescriptibles; por tanto, los restaurantes, los servicios de comidas de encargo, y los catálogos culinarios pueden obtener muy buenos resultados con las muestras. Si fuéramos a abrir un nuevo restaurante y quisiésemos presentarnos en público, podríamos participar en fiestas al aire libre donde daríamos a probar los platos de nuestra carta en pequeñas raciones.

Si en lugar de vender un producto estamos dando un servicio, también podemos usar el concepto de la muestra gratuita. Podríamos regalar a nuestros clientes potenciales una consulta o un estudio. Tuve una alumna en una de mis clases de la Universidad de Nueva York que se dedicaba a ir por los hospitales a actualizar sus libros y sus procesos presupuestarios. Le estaba resultando difícil conseguir clientes nuevos porque la resistencia al cambio siempre es grande. Le sugerí que ofreciese a sus posibles clientes un estudio gratuito del sistema que estuviesen utilizando, de tal manera que si al final no contrataban sus servicios, habrían obtenido algo de valor a cambio del tiempo que empleasen en atenderla. Por supuesto, una vez que le prestaban un poco de atención, observaban su competencia y escuchaban sus sugerencias, muchos la contrataban y sus negocios experimentaban un cambio radical.

### *Prueba gratuita*

Hay muchas formas de decir «Si no le gusta lo que ha comprado, devuélvalo». Una de las mejores maneras de transformar esto en un enunciado positivo es convertirlo en un periodo de prueba gratuita de 30 días (o de 60 o de 90). La oferta de prueba gratuita tiene un componente divertido: nos hace pensar que podemos llevarnos el producto a casa, probarlo, jugar con él, disfrutarlo y después, si no nos gusta, siempre podemos devolverlo. Por supuesto, lo más probable es que no lo hagamos. Los índices de devolución en marketing directo son muy bajos. Según el *Statistical Fact Book* de 1994-1995 de la Asociación de Marketing Directo, el 80% de los editores de catálogos afirmaban que les devolvían menos del 5% de sus ventas (la cifra es más alta en prendas de vestir). Aunque no estemos absolutamente seguros de que queremos quedarnos un artículo, suele ser más fácil quedárselo que volver a empaquetarlo y llevarlo a la oficina de correos o a la agencia de transportes.

Algunas empresas dan facilidades para la devolución de artículos al facilitar etiquetas con la dirección y los impresos que hay que rellenar. Otras veces no es tan fácil. Hace poco respondí a una oferta de suscripción a prueba de una revista (que también venía con un regalo). La oferta era que si no me gustaba la revista podía cancelar la suscripción tras el primer número y quedarme el regalo. No me gustó la revista. Pero cuando me llegó la factura, ésta llevaba casillas para marcar la forma de pago que prefería, aunque no se podía indicar en ningún sitio que quería cancelar la suscripción. No me quedó más opción que escribir una nota sobre el mismo impreso diciendo que no quería la revista. La clave de la prueba gratuita está en ser transparente y no tratar de engañar a nadie, por supuesto. La cuestión es que nuestro producto va a ser sometido a prueba y, después de probarlo, los clientes van a aceptar de muy buen grado nuestra oferta.

### *Envío automático u ofertas de opción negativa*

Casi todos los clubes de libros y discos funcionan con ofertas de opción negativa. Esto significa que envían regularmente artículos mientras no se les indica que dejen de hacerlo. Una vez que se ha hecho el pedido inicial, envían dos libros cada cuatro semanas mientras no se produce la baja.

Este tipo de oferta se suele asociar con las editoriales; sin embargo, podría funcionar con cualquier empresa que venda productos que se han de renovar cada cierto tiempo, como lentes de contacto desechables, productos higiénicos, comida y productos para animales y medias de nailon. Si nuestro producto es de los que la gente compra de forma repetida, deberíamos tener en cuenta esta opción.

*Un socio trae a otro*

Con toda probabilidad, nuestros mejores clientes conocen a otras personas que podrían usar nuestro producto. Por tanto, un método eficaz de conseguir nuevos clientes es ofrecer regalos e incentivos en el precio a los que ya tenemos para que presenten a otros nuestro producto o servicio. Lens Express ofrece a sus clientes una cantidad de dinero por cada cliente nuevo que traigan; estas cantidades las irán acumulando en una cuenta con la que conseguirán un par de lentes de contacto gratis (fig. 2.3). Quizás el ejemplo más conocido

**¡Hágale un favor a sus amigos!**

**¡Consiga GRATIS su próximas lentillas!**

¡Es fácil! Siga leyendo:

1. **Llame o escríbanos para hacernos llegar los nombres y direcciones de amigos suyos que utilicen lentes de contacto.**
   Nosotros haremos el resto. Sus amigos no tendrán ningún tipo de obligación de compra, pero estamos convencidos de que casi todos ellos querrán «ver por sí mismos» las muchas ventajas que Lens Express puede ofrecerles.
2. **Usted obtendrá GRATIS sus próximas lentes de contacto con el abono que haremos en una cuenta a su nombre.**
   - ¡Es fácil! En cuanto la persona cuyos datos usted nos ha enviado haga su primera compra, automáticamente abonaremos en su cuenta **15 dólares.**
   - Al remitirnos los nombres de todos los usuarios de lentes de contacto que usted conoce puede conseguir fácilmente abonos de **30, 45, 75 dólares** o más.
     **¡Siga acumulando dinero hasta conseguir GRATIS sus próximas lentes de contacto!**
   - ¡No deje pasar esta oportunidad! ¡Llame gratuitamente o rellene este cupón y envíelo **HOY MISMO!**

**LLAME A 1-800-USA-LENS**

**Rellene esta tarjeta o comuníquenos por teléfono los datos de sus conocidos hoy mismo y empiece a recibir dinero en una cuenta que luego podrá canjear por unas lentillas GRATIS.**

RELLENE LOS DATOS DE SUS AMIGOS (utilice mayúsculas)

Nombre: ____
Dirección: ____
Ciudad: ____
Estado: ____
C.P.: ____
Teléfono: ____

Nombre: ____
Dirección: ____
Ciudad: ____
Estado: ____
C.P.: ____
Teléfono: ____

Nombre: ____
Dirección: ____
Ciudad: ____
Estado: ____
C.P.: ____
Teléfono: ____

Si conoce a más de tres personas, le rogamos que apunte sus datos en un papel aparte y lo envíe a Lens Express Inc. 350 SW, 12th Ave. Deerfield Bch, Florida 33442. ***Esta oferta sólo es válida para clientes de Lens Express.**

Su nombre: ____
Código de cliente: ____

**Figura 2.3.** Lens Express utiliza una oferta del tipo «Un socio trae a otro socio» para conseguir nombres y direcciones de posibles clientes.

sea el programa para familiares y amigos de MCI, donde los clientes consiguen un descuento por cada nuevo socio que traigan a su círculo de llamadas.

*Ofertas para los madrugadores*

En esencia, esta oferta consiste en que quien realice su compra antes de una fecha dada pagará un precio reducido especial. Los restaurantes utilizan este tipo de oferta continuamente para atraer clientes durante lo que normalmente serían horas bajas. Los seminarios y los congresos casi siempre aplican ofertas a los participantes más madrugadores. Si nos inscribimos antes de una fecha concreta, la cuota suele ser mucho menor que si esperamos a pagar más tarde. Si tenemos un producto o un servicio que es estacional por naturaleza, siempre podemos aumentar los beneficios durante la temporada baja ofreciendo tarifas reducidas durante un periodo de tiempo limitado.

**CONSEJO:** Este tipo de oferta se conoce como «llamada a la acción», pues hace que la gente tome una decisión inmediata y actúe en consecuencia. Puede ser un incentivo eficaz y se puede utilizar para cualquier tipo de producto.

*Concursos y quinielas hípicas*

A todo el mundo le gusta tener la oportunidad de ganar algo. Y la percepción que se tiene es que por lo general –aunque no necesariamente– si compras algo tienes más probabilidades de ganar. Mucha gente se ha suscrito a revistas con la esperanza adicional de acertar la quiniela hípica que le envía gratuitamente la editorial. Las pruebas de habilidad también pueden ser divertidas. Kodak ha obtenido grandes resultados con sus concursos fotográficos. Si vendemos un producto alimenticio podemos organizar un concurso de recetas. La revista *Home Office Computing* da un premio a la oficina más desorganizada del año. Otras empresas crean concursos donde los interesados tienen que superar una prueba para poder participar: responder correctamente a una pregunta, rellenar un crucigrama o solucionar un anagrama. Una vez que conseguimos que la gente se implique con nosotros en este tipo de competiciones, lo más seguro es que se planteen comprarnos algo.

Debemos asegurarnos, no obstante, de que los concursos o quinielas hípicas que organicemos cumplen las normas de la Comisión Federal de Comercio. Antes de enviar cualquier tipo de juego deberíamos consultarlo con nuestro abogado. También hemos de cuidar que los premios estén en consonancia con nuestro producto o servicio. Si ofrecemos un producto serio, como una guía profesional para asesores fiscales, puede que un viaje a Disneylandia no sea el incentivo más apropiado para estimular la participación. Sin embargo, un viaje a la Harvard Business School para participar en un seminario profesional especial podría tener mejor acogida entre el público que hemos seleccionado.

*Ofertas de descuento progresivo*

Los clientes que gastan mucho dinero con nosotros quieren saber que se les está dando un trato especial. Podemos ofrecerles, por ejemplo, un descuento en grandes compras. Esto puede suponer que si se adquiere un artículo a 19,95 dólares, se pueda conseguir un segundo por 14,95; o que se pueda comprar uno por 19,95 dólares y tres por 54; o que no se cobren gastos de envío y manipulación cuando el pedido supere una determinada cantidad de dinero.

*Oferta de múltiples productos*

¿Recuerdan los viejos anuncios del cuchillo Ginsu? Una de las razones de su eficacia es que iban engordando la oferta hasta que resultaba casi irresistible. La oferta inicial era de un cuchillo por 19,95 dólares. Entonces te decían que recibirías un cuchillo adicional por el mismo dinero. A esto se le añadían otros dos cuchillos y, *por si eso era poco,* detrás venían otros seis cuchillos más... La oferta era cada vez mejor. Si se pueden agrupar productos relacionados bajo un solo precio, lo más normal es que los clientes se decidan por el lote completo.

Lógicamente, no nos interesa disminuir el valor de nuestro producto añadiendo demasiadas unidades. De lo que se trata es de dulcificarla al máximo para aumentar el índice de respuestas. Seguramente la producción de los cuchillos Ginsu era muy barata, por lo que la empresa podía permitirse ofrecer varios al mismo precio. Y además funcionan: igual pueden cortar una lata que un tomate. Una vez que los clientes los usasen, probablemente responderían a otras ofertas de la misma empresa. De esta manera, la oferta aparentemente exorbitante de los cuchillos Ginsu se utilizaba para obtener respuesta del mayor número posible de personas, con lo que se hacían con una base de datos para futuras ventas.

Los anuncios de respuesta directa por televisión o los publirreportajes tienen más éxito cuando ofertan múltiples productos porque con ese método intentan captar a los compradores indecisos antes de que acabe el anuncio. Las ofertas en prensa no suelen llevar más que uno o dos artículos adicionales.

### *Edición de lujo*

En este tipo de oferta ponemos a la venta nuestro producto normal a un precio concreto y, además, ofrecemos una edición «de lujo», o mejorada, a un precio ligeramente superior. Por ejemplo, si estamos vendiendo un libro de tapas duras a 29,95 dólares, en la misma oferta directa podríamos ofrecer también un ejemplar en piel con rotulación de portada al agua fuerte por 49,95. O si vendemos una caja de bombones Valentine a 9,95, podríamos ofrecer la caja de lujo, con un 20% más de bombones y una pulsera de recuerdo, por 16,95 dólares. Una vez se consigue que los clientes rellenen los impresos de pedido, no es demasiado difícil que se decidan por la edición especial.

### *Ofertas a vuelta de correo*

Los estudios realizados al respecto demuestran que los clientes que nos han comprado algo más recientemente tienen más probabilidades de volver a comprar. A estos clientes, por regla general los que han efectuado alguna compra en los seis últimos meses, se los conoce como clientes «de línea caliente» o compradores recientes. Si fuésemos a comprar una base de datos de una empresa, por este tipo de clientes se pagaría un recargo al estar más inclinados a comprar de nuevo.

Una vez que el cliente nos ha comprado algo, nos interesa hacerle otra oferta en seguida. La vía más fácil y menos cara para hacerlo es con la oferta «a vuelta de correo». En este caso, con el producto solicitado le adjuntamos otra oferta. Por ejemplo, si compramos por catálogo un lote de etiquetas con nombres y direcciones, puede que cuando recibamos el pedido encontremos una oferta de más etiquetas con nombre y dirección más otras ofertas de productos relacionados, como artículos de papelería y expendedores de sellos. Como los gastos, de correo y embalaje ya los ha pagado el cliente, estamos enviando una nueva oferta totalmente gratis.

*La garantía de devolución del dinero*

Según la Comisión Federal de Comercio, una garantía es toda promesa verbal o escrita realizada por un fabricante o vendedor responsabilizándose de un producto o servicio. La ley no requiere la existencia de una garantía, pero es algo que se debería incluir en *toda* campaña de marketing directo. Aunque se trata de una oferta habitual y normalmente sufre el efecto vistazo, la gente siente la necesidad de asegurarse de que si se han equivocado al comprar tienen la oportunidad de cambiar de opinión. Una forma de vencer el efecto vistazo es hacer tangible la oferta enviando un certificado de garantía real. Cuando trabajé en la campaña de la moneda olímpica, enviamos a cada receptor un certificado sobre papel de 20 × 25 centímetros convenientemente adornado y con nuestra garantía impresa en él. Aunque ésta era perfectamente válida sin el certificado, con él conseguíamos crear en los clientes una mayor seguridad sobre su decisión de compra.

La inclusión de una garantía da credibilidad a nuestra empresa. Si la adjuntamos, ha de cumplir las previsiones de la Ley de garantías Magnus-Moss que establece la Comisión Federal de Comercio (CFC). Esta ley determina que si se ofrece una garantía total (en contraposición a una garantía limitada) ésta ha de estar escrita en lenguaje llano (no en lenguaje jurídico) y que se han de reparar o sustituir los productos defectuosos dentro de un plazo razonable, devolver el dinero o cambiarlos si no se pueden reparar y mantener la garantía para cualquier nuevo propietario del producto durante el plazo de vigencia.

La CFC también exige que si un minorista distribuye un producto que posea garantía escrita y que cueste más de 15 dólares, la garantía debe estar a disposición del cliente para que éste pueda leerla antes de decidir la compra del artículo. La norma equivalente de la CFC para catálogos y pedidos por correo o por vía telefónica dice que, si se hace publicidad de una garantía, «el anuncio ha de manifestar, con la claridad y realce necesarios para que pueda ser advertido y comprendido por éstos, que los posibles compradores pueden obtener gratuitamente los términos completos de la garantía solicitándolo por escrito al vendedor o a través del catálogo o de cualquier otro medio de venta (según proceda)». Para más información sobre garantías se puede solicitar el folleto de la CFC titulado «Businessperson's Guide to Federal Warranty Law» escribiendo a la siguiente dirección: Federal Trade Commission, 6th & Pennsylvania Avenue NW; Washington, DC 20580.

> **CONSEJO:** A veces las personas no están muy dispuestas a comprar aunque les guste nuestro producto y nuestra oferta. Una forma de aprovechar esta indecisión es incluir una casilla que diga: «En este momento no estoy interesado en su oferta, pero me gustaría recibir información más adelante». Si alguien se toma la molestia de cumplimentar el impreso y enviarlo, es un buen indicio de que se convertirá en un futuro comprador.

### EVALUACIÓN: LA ENCUESTA DE OPINIÓN DEFINITIVA

Con tal variedad de alternativas, ¿cómo sabemos qué oferta deberíamos utilizar? ¿Cuál nos va a dar mejor respuesta, un descuento en el precio o una prueba gratuita? ¿Un obsequio o una quiniela hípica? La mejor forma de saberlo sería hacer una encuesta, preguntando a cada uno de nuestros clientes reales y posibles qué oferta les induciría a ellos a comprar. Como éste no es un método de recogida de información demasiado eficaz, la alternativa que nos queda es probar un tipo de oferta tras otro hasta dar con el que mejor funcione en nuestro caso.

La evaluación es un componente esencial del marketing directo. Cuando las grandes empresas realizan una evaluación, utilizan gráficos y tablas de probabilidad para comprobar el porcentaje de respuestas de cada oferta. Si disponemos de los medios necesarios, podemos hacer lo mismo. Sin embargo, hasta las empresas que tienen listados de correspondencia y bases de datos limitadas pueden simplificar la evaluación y hacerla más eficaz siguiendo estos procedimientos:

- *Analicemos las características de una en una*. En otras palabras, podemos cambiar la oferta y podemos cambiar el embalaje, pero no ambas cosas a la vez.
- *Codifiquemos la evaluación para poder medir sus resultados*. Cada versión de una promoción ha de tener su propio código, de tal manera que podamos saber con exactitud cuáles cosechan una mejor respuesta. Supongamos que ponemos el mismo anuncio de respuesta directa en dos revistas diferentes. A efectos de evaluación, la única diferencia estaría en el código impreso en el cupón, de tal manera que cuando recibamos los pedidos sepamos qué revista nos ha traído más clientes.
- *Llevemos registros precisos*. La codificación no tiene ningún sentido si no seguimos de cerca los resultados. En el ejemplo ante-

rior, si recibimos 500 pedidos de la revista A y 75 de la revista B, obviamente deberíamos seguir anunciándonos en A. Si nuestra oferta del 20% de descuento nos da el doble de respuestas que la oferta de un cronómetro de cocina gratuito, deberíamos dejar de ofrecer esta última opción. Así pues, tanto si registramos las respuestas en una base de datos informatizada como si las vamos contabilizando en un libro, hemos de velar por la exactitud en el recuento de las pruebas que han dado los mejores resultados.

- *Analicemos los resultados de las pruebas y tomemos medidas*. Una vez realizada la evaluación, hagámonos esta sencilla pregunta: «¿Qué hemos aprendido de esta prueba?». Si hemos llevado un registro preciso, nuestra evaluación debería indicar claramente las medidas que hemos de tomar para sacar partido a esos resultados. Si nuestro 20% de descuento está dando mayor número de respuestas, ésa es la oferta que hemos de repetir.

### Lista de control

¿POSEE SU OFERTA LAS SIGUIENTES CUALIDADES?
☑ Credibilidad
☑ Compromiso
☑ Creatividad

¿HA PROBADO ESTAS OPCIONES DE OFERTA?
☑ Incentivos en el precio
☑ Opciones de pago
☑ «Ha sido usted especialmente elegido»
☑ Premios
☑ Muestras
☑ Prueba gratuita
☑ Envío automático u opción negativa
☑ Un socio trae a otro
☑ Ofertas para los madrugadores
☑ Concursos y quinielas hípicas
☑ Ofertas de descuento progresivo
☑ Ofertas de múltiples productos
☑ Edición de lujo
☑ Ofertas a vuelta de correo
☑ Garantía de devolución del dinero

¿HIZO USTED LO SIGUIENTE AL REALIZAR LA EVALUACIÓN?

☑ Evaluó las características de una en una
☑ Codificó la evaluación para medir los resultados
☑ Llevó registros precisos
☑ Analizó los resultados de la evaluación y tomó medidas

# 3
# IDENTIFICACIÓN DE NUESTROS CLIENTES

Supongamos que hemos creado una campaña de correo directo maravillosamente escrita y bellamente diseñada para Fabulous Fakery, empresa que vende joyería de fantasía tan parecida a la auténtica que se podría exponer en el escaparate de Tiffany's. Tenemos una oferta irresistible. Lo único que necesitamos ahora es hacer llegar este envío a las manos apropiadas.

Algunos especialistas en marketing directo dicen que el 50% del éxito de una campaña se debe al acierto en la elección del listado de nombres. Este porcentaje puede ser aún mayor. Si enviamos nuestra oferta de Fabulous Fakery a pescadores, por ejemplo, no obtendremos una gran respuesta, por lo que mandar nuestro producto a la lista correcta de personas puede ser el elemento más importante de nuestra campaña de marketing directo.

Muchas veces se comete el error de esperar hasta que se han desarrollado todas las etapas de creación de una campaña para empezar a pensar a quién se va a dirigir exactamente. La elección de nuestros posibles clientes en una primera fase puede influir en las decisiones que tomemos luego sobre nuestro producto o productos y en el diseño de toda la campaña, y nos permitirá dirigirnos a un grupo selecto de personas que ya están dispuestas a comprar lo que nosotros tenemos para venderles, que pueden pagarlo y que están deseosas de adquirirlo.

La manera de hacer llegar nuestro mensaje a las manos de posibles clientes especialmente seleccionados es mediante una lista de correo. Según la Asociación de Marketing Directo, una lista de correo se compone de los nombres y direcciones de aquellos individuos y empresas que comparten un interés, una característica o una actividad concretas. Hay tres tipos básicos de listas de correo: la lista interna, la lista compilada y la lista de respuesta directa.

Una lista interna, el clásico fichero de clientes, la suelen componer personas que ya nos han comprado anteriormente (o que se han interesado por nuestros productos o servicios). Son éstas las personas que con mayor probabilidad volverán a comprarnos algo. Si pudiésemos generar una cantidad de negocio suficiente enviando publicidad una y otra vez a estos mismos clientes, no necesitaríamos más listas. Sin embargo, debido a los índices naturales de desgaste, todas las listas tienden a reducirse con el paso del tiempo. Habrá personas que dejarán de necesitar nuestros productos; por ejemplo, si vendemos ropa infantil y los niños se han hecho mayores. Otras ya no querrán nuestros productos, pues todos pasamos por distintas fases en lo que se refiere a compras y nuestros hábitos a este respecto cambian al ritmo que cambia nuestra propia vida. Los clientes descontentos, por su parte, pueden pasarse a la competencia. Hay cientos de razones para esa merma de nuestro fichero interno. Por tanto, para que nuestro negocio salga adelante y crezca hemos de mirar hacia afuera en busca de posibles nuevos clientes.

Podríamos tratar de crear nosotros mismos una lista de este tipo, pero sería sumamente difícil y nos llevaría mucho tiempo. La manera más eficaz de hacernos con una lista de potenciales clientes es alquilarla. Hay más de 16.500 en el mercado, divididas en dos grandes categorías: las compiladas y las de respuesta directa.

### Listas compiladas

Una lista compilada es la que contiene nombres y direcciones –sacados de listines telefónicos, directorios de empresas y asociaciones, periódicos, registros públicos y de censos de vehículos y censos electorales– de personas que tienen un interés básico o una característica común. Entre estos intereses o características podrían estar la procedencia geográfica, una profesión concreta, la universidad en la que estudiaron, la compra de una marca concreta de automóviles o la pertenencia a una asociación. Ejemplos de listas compiladas podrían ser la todos los pediatras de Estados Unidos, todas las personas que tienen el código postal 90210 o todas las familias cuyos hijos están escolarizados en el Estado de Connecticut.

Muchas empresas y profesionales que dan servicio a otras empresas utilizan las listas compiladas en sus actividades de marketing directo. Si vendiésemos un producto o un servicio para dentistas, por ejemplo, y quisiésemos dirigirnos a todos los que han abierto consulta durante el último año, podríamos sacar sus nombres de una lista compilada. Para una oferta de libros, nos interesaría dirigirnos a todos los institutos de una zona geográfica concreta.

Aunque estas listas son menos caras que las de respuesta directa y son buenas para conseguir grandes cantidades de nombres, no siempre son las mejores para lograr altos índices de respuesta. No hay forma de saber si las personas de una lista compilada han respondido alguna vez a una oferta de marketing directo, y éstas son las personas a las que estamos intentando llegar.

### LISTAS DE RESPUESTA DIRECTA

Una lista de respuesta directa se compone de personas que han comprado algo en otras ocasiones a través del marketing directo a alguna empresa distinta a la propia. Esencialmente son listas internas de terceras personas. A quienes figuran en estas listas se les pidió que comprasen algo por correo directo o mediante anuncios de respuesta directa y accedieron a ello. Las listas de respuesta directa dan por regla general mucho mejor resultado que las compiladas, pues quien ya ha comprado algo por correo tiene mayor probabilidad de volver a hacer una compra de este tipo.

### CÓMO ELEGIR UNA LISTA

Doug Flynn, presidente de Flynn Direct Response, empresa con sucursales en Estados Unidos y en Canadá, y una autoridad en nuestro país en lo que a listas de correo se refiere, sugiere que si quisiésemos elegir esa lista que nos iba a dar más clientes que ninguna otra lo mejor sería quedarnos con nuestra propia lista. Si nuestro deseo fuese ampliar nuestra base de clientes, la mejor lista sería la de la competencia. Sin embargo, en la mayoría de los casos nuestro competidor más directo no nos la va a alquilar, por lo que tendremos que acudir a la tercera mejor lista, la de aquellas personas con características similares a las que ya tenemos en nuestro listado de clientes. En otras palabras, compradores que se parezcan lo máximo posible a los nuestros.

La primera condición antes de buscar tal lista es que conozcamos a nuestros propios clientes con el mayor detalle posible. ¿Tenemos clientes de ambos sexos o vendemos más a hombres que a mujeres? ¿Disponen de casa propia? ¿De coche? ¿Qué edad tienen? ¿Cuánto ganan? Posiblemente nos lleve un tiempo saber quiénes son nuestros clientes habituales. Realicemos un estudio al respecto si es necesario. Llamemos a nuestros clientes, o escribamos una carta explicándoles que queremos mejorar nuestro servicio y que nos gustaría saber más acerca de ellos. O enviémosles una postal, por ejemplo, como la de Lens Express que vimos en el primer capítulo.

Además de pedirles datos sobre sí mismos, convendría preguntarles qué otro tipo de cosas suelen comprar por correo aparte de nuestro producto. Si, por ejemplo, vendemos ropa de mujer y descubrimos que la mayoría de nuestras clientas también compra mantelerías y ropa de cama por correo, podríamos alquilar listados a empresas que venden estos artículos. También podríamos preguntar a nuestros clientes por sus intereses generales. Si resulta que un cierto número de ellos son, pongamos por caso, esquiadores, nos interesaría alquilar listas a empresas que venden por correo artículos de deporte, así como a las que ofrezcan turismo de invierno.

## La originalidad en la planificación de las listas

A veces trae cuenta ser originales cuando estamos buscando clientes nuevos. Si vendemos cámaras fotográficas, en seguida pensaríamos en las listas de empresas que venden carretes y revelado de carretes por correo directo. Pero en estas empresas también habrá pensado todo aquel que se dedique a vender equipos fotográficos, con lo que la competencia será alta y las personas que figuren en sus listas seguramente recibirán varios envíos similares al nuestro.

Una de las ventajas adicionales de crear un plan de listas es que nos obliga a analizar nuestra base de clientes. ¿Qué tienen en común aparte del hecho de que compren artículos fotográficos? Si dejamos volar nuestra imaginación e intentamos hacer una asociación libre de ideas y nos permitimos ser originales y ocurrentes, podríamos encontrarnos con fuentes poco comunes –aunque productivas– de posibles clientes. Los suscriptores de la revista *Photography* serían una elección obvia. Pero ¿y los suscriptores de *National Geographic*, una revista famosa por la alta calidad de sus fotografías? A quien lee esa revista le interesan los lugares exóticos, probablemente viajan mucho y seguramente compran cámaras fotográficas. Y como las cámaras están relacionadas con las artes visuales, también podríamos centrarnos en las personas que compran arte por correo o que han hecho algún pedido de catálogos de museos.

Lo que tratamos de hacer es tender un puente entre nuestro producto y una persona cuando no existe una semejanza obvia entre ambos. En una ocasión se hizo una campaña para el Nintendo Power Club dirigida a los destinatarios más evidentes: niños interesados en los juegos de ordenador. Pero distintos estudios de marketing revelaron que también a los hombres adultos les gustan los productos de Nintendo, con lo que los suscriptores de *Field & Stream* resultaron ser una lista eficaz. Cuando Club Med estaba tratando de ampliar su base de clientes también hubo de mirar más allá de lo obvio. Las listas procedentes de clubes deportivos, revistas relacionadas con la salud y catálogos de artículos deportivos dieron un resultado relativamente bueno. Pero una de las listas que mejor funcionó fue la de aquellas personas que habían comprado bombones y caramelos caros por correo, pues se trataba de personas a las que les gustaba vivir bien, algo que tenían en común con quienes elegían Club Med para sus vaciones.

Para trazar con mayor precisión el perfil de nuestros clientes, suele resultar útil pensar en un individuo concreto que se ajuste a él. Hace unos años trabajé en una campaña para Old Fort Williams, un lugar histórico de Canadá. En un principio nos centramos en las familias con niños pequeños, que constituían un amplio segmento de quienes visitaban esa fortaleza. Entonces empecé a pensar en quién más podría estar interesado en visitar lugares históricos, y me vino la imagen de un amigo mío, un señor soltero que visitaba a menudo sitios similares. Pensé en qué otras cosas le gustaba hacer, recordé que era un entusiasta de la bicicleta y creamos una campaña para aficionados al ciclismo y al excursionismo que tuvo gran éxito.

### Utilización de un agente de listas

Teniendo en cuenta el gran número de listas que tenemos para elegir, tomar una decisión puede llegar a ser muy difícil. Por eso los agentes de listas son un elemento muy valioso en el sector del marketing directo. Se trata de un especialista cuya función es poner en contacto a quienes utilizan el marketing directo con propietarios de listas. Además, siempre nos recomendará lo que más nos interesa basándose en la información que le suministremos sobre nuestro producto o servicio y sobre nuestro cliente habitual. Una vez hayamos decidido qué listas son las que más nos convienen, el agente las encargará a su gestor o propietario.

Hay que elegir con mucho cuidado al agente. Para ello se puede preguntar a otras empresas que utilicen el marketing directo con quién trabajan. Podemos llamar a la delegación de la asociación de marketing directo de nuestra localidad para que nos recomienden alguno. Podemos contactar con dos o tres distintos, pedirle a cada uno de ellos referencias de sus clientes y ponernos en contacto con éstos. Y podemos decirles que nos manden propuestas sobre las listas que nos recomendarían. La mayoría nos las harán llegar de muy buen grado.

Una vez que nos hayan enviado las propuestas, las analizaremos para ver si la selección que han hecho tienen sentido. Se trata de saber por qué el agente nos sugiere esas listas en concreto. Si lo que nosotros ofrecemos es, por ejemplo, un boletín informativo sobre animales domésticos, el agente nos ofrecerá probablemente listas de compradores de productos para animales y listas de suscriptores de revistas relacionadas con los animales. También podríamos encontrarnos una sugerencia sobre una lista de personas que han comprado una casa nueva. Cuando le preguntemos por qué, el agente puede decirnos que sabe por experiencia que quien se compra una casa nueva también se compra un animal de compañía. Un agente experto que conozca los miles de listas que hay en el mercado y que conozca las que le han dado buen resultado a empresas similares a la nuestra puede ser una inestimable ayuda para ayudarnos a identificar y seleccionar posibles futuros clientes.

Quizá no queramos utilizar los servicios de los mismos agentes que ya está usando la competencia, pues podemos acabar con un plan de listas que sea similar al suyo. Cualquier agente puede enterarse de quién ha estado utilizando una lista y de qué uso se le ha dado anteriormente, por lo que contratar a un agente distinto podría ser una buena manera de darnos un visión nueva del mercado. Por otra parte, ese agente ya tiene experiencia en la investigación de productos similares al nuestro, con lo que ya se ha realizado gran parte de la evaluación. Nos queda la posibilidad de hacerle una pregunta muy directa: «Puesto que usted ya ha trabajado para la competencia, ¿en qué se diferenciaría su estrategia de la que diseñó para ellos? ¿En qué se parecerían?».

Una vez que nos hayamos decidido por un agente, éste nos enviará una ficha de cada empresa recomendada (antes las fichas eran tarjetas; ahora suelen venir en hojas de papel de 20 × 25 centímetros). La figura 3.1 es una muestra del tipo de ficha que recibiríamos (ésta es de una empresa ficticia llamada Numismática Acme) y contiene los siguientes datos:

1. *Número de compradores y coste por millar:* aquí se nos dice cuántos nombres hay en cada categoría, normalmente clasificada por años o meses (esto es, personas que compraron durante el año pasado, el último trimestre, el último mes), y cuánto cuesta, por millar de nombres, adquirir la lista. El coste base normal va de 75 a 125 dólares por cada mil nombres. Los compradores recientes son aquellos que han comprado hace menos tiempo, y por lo general hay un incremento de precio por estos nombres.
2. *Descripción de los compradores:* aquí se nos da información general sobre los productos que vende esta empresa, incluyendo a veces una breve descripción de sus clientes habituales.
3. *Restricciones:* los propietarios de listas de correo que se preocupan por sus clientes suelen establecer normas que determinan quién puede alquilar sus listas y quién no. Quieren asegurarse así de que a sus clientes no les van a ofrecer productos que no sean de la misma calidad que los suyos. Muchas empresas no alquilan a sus competidores más directos. Algunas empresas no quieren que sus clientes se vean inundados con ofertas de concursos o de quinielas hípicas o con llamadas de telemarketing. Si una ficha dice específicamente que no se admite esta última modalidad de venta, la empresa no nos facilitará los números de teléfono ni se nos permitirá comprar los nombres y luego buscar sus correspondientes números. Sin embargo, hay empresas que sí nos alquilarán listados con los números de teléfono incluidos.

   Las listas se alquilan para un solo uso. No se puede alquilar una lista y usar sus nombres una y otra vez en nuestros envíos. Las empresas siempre incluyen «cebos» en sus listas, personas que comprueban que el envío que reciben es el que declaramos a la empresa como condición previa para el alquiler de la lista y que sólo reciben un envío por cada lista alquilada.
4. *Procedencia:* una de las cosas que se deben conocer antes de alquilar una lista es dónde consiguió la empresa esos nombres. La lista de Numismática Acme procedía de personas que compraron directamente de un catálogo o de unos folletos que se les enviaron, o de quienes respondieron a un anuncio de respuesta directa aparecido en un periódico o revista (también llamado anuncio modular). Aquellas personas que ya han respondido alguna vez a una oferta de venta por correo suelen responder más a otras ofertas realizadas por este mismo cauce que las que respondieron a anuncios en prensa.

# NUMISMÁTICA ACME

1

| | | |
|---|---|---|
| 123,455 | compradores 1995-1996 | 80$/1.000 |
| 51,648 | compradores de los últimos 12 meses | +10$/1.000 |
| 26,839 | compradores recientes de los 6 últimos meses | +10$/1.000 |

2 Compradores de respuesta directa de monedas estadounidenses

Los sujetos integrados en este grupo que han respondido a ofertas tienen un nivel de ingresos superior a la media. Edad media: 40 años o más.

3 Restricciones:

Competencia directa; concursos o quinielas hípicas; telemarketing

4 Procedencia: Direct Mail & Space

5 Selecciones:

Estado, código postal, compradores habituales, sexo, 5$/1.000; compradores recientes 10$/1.000

6 Notas:

1) La cancelación del pedido tras la fecha prevista de envío no originará derecho a reducción en el importe total.

2) La cancelación anterior a la fecha prevista de envío supondrá una penalización de 75 dólares más cualquier gasto de tratamiento informático o envío que se haya generado.

04/96 7

*Unidad media de venta*
60$ 8

*SEXO*
73% hombres
27% mujeres
(se puede seleccionar) 9

*ETIQUETADO*
*Cheshire*
Etiquetas autoadhesivas
5$/1.000
9T 1600/6250 BPI
25$ lineales no reintegrables 10

*CODIFICACIÓN*
1,5$/1.000
Hasta 6 dígitos 11

*PEDIDO MÍNIMO*
5.000 12

*NOMBRES REPETIDOS*
85%-5$/1.000
Gastos de tratamiento informático
50 mínimo 13

*ACTUALIZACIÓN*
Bienal 14

*REQUISITOS*
Muestra del envío para todos los pedidos 15

**Figura 3.1.** Ficha típica con los datos de una lista de correo.

5. *Selecciones:* son las categorías entre las que se puede optar para escoger el público al que nos vamos a dirigir. Nos puede interesar una zona geográfica, que podemos acotar mediante los códigos postales. También nos puede interesar saber cuándo compraron por última vez los integrantes de la lista y cuántas veces compraron a la empresa que la facilita. A los compradores que han hecho pedidos frecuentes a la empresa se los denomina multicompradores. Por ejemplo, de los 123.455 nombres de personas que compraron entre 1995 y 1996 nos pueden interesar sólo los compradores recientes varones del Estado de California. Por cada selección que hagamos se paga una tasa adicional. El coste base de esta lista es de 80 dólares por millar de nombres. Si queremos una lista de compradores recientes varones de California, nos costará 100 dólares por millar o 20 dólares sobre el coste base (5 dólares por millar por seleccionar un Estado concreto, 5 dólares por seleccionar por sexo y 10 dólares por seleccionar compradores recientes).
6. *Notas:* aquí se recogen las normas para la cancelación del pedido. Cuando se alquila una lista, hay que decir a la empresa cuándo tenemos previsto realizar el envío. Si alquilamos la lista y, transcurrido el plazo previsto, decidimos no seguir adelante, hemos de pagar en cualquier caso el precio total. Si cancelamos el envío antes de la fecha prevista para su realización hay que pagar una tasa de cancelación más el importe del tratamiento informático.
7. *Fecha:* este apartado nos dice cuándo se elaboró la ficha. Es importante este dato porque nos interesa alquilar listas donde estén incluidos los compradores más recientes. Así pues, si estamos en febrero de 1997 y esta ficha se elaboró en abril de 1996 tendremos que conseguir una actualización más reciente.
8. *Unidad media de venta:* también es importante conocer a cuánto asciende cada pedido del cliente habitual de Numismática Acme. Si nuestro cliente típico sólo gasta 20 dólares por compra, el nivel de esa lista puede ser demasiado alto para nosotros. Si el pedido medio de nuestro cliente típico está en 120 dólares, seguramente la mercancía que ofrece Numismática Acme está en un nivel inferior al de la nuestra.

**CONSEJO:** Cuando elegimos una lista de correo vamos buscando posibles nuevos clientes que puedan pagar nuestros productos, por lo que hemos de buscar una unidad de venta que sea igual o superior a la nuestra.

9. *Género:* la mayoría de los clientes de Acme son hombres. Podemos optar por enviar nuestra publicidad solamente a un género o al otro si así lo deseamos. Si nuestros clientes son principalmente hombres, podríamos ponernos en contacto sólo con la población masculina de Acme. Si casi todos nuestros clientes son mujeres, quizá no nos interese usar esta lista.
10. *Etiquetado:* aquí se especifican los distintos tipos de etiquetas disponibles. Las etiquetas *cheshire* van impresas en papel de ordenador normal y después se pegan mecánicamente en los sobres. Las etiquetas autoadhesivas se pueden quitar del sobre y pegarlas después en un impreso de pedido. «9T 1600/6250 BPI» es el formato de un listado almacenado en cinta magnética, por el que se nos cobrará una tasa lineal no reintegrable de 25 dólares. El uso de una cinta magnética nos permite personalizar las cartas publicitarias al mismo tiempo que imprimimos las etiquetas. Si vamos a utilizar un servicio de tratamiento postal para hacer nuestro envío es conveniente consultar a la empresa cuál es el formato más apropiado.
11. *Codificación:* si queremos que cada etiqueta contenga un código identificador que nos permita saber si procede de la lista de Acme, esto nos costará 1,5 dólares por millar.
12. *Pedido mínimo:* la mayoría de las listas de respuesta directa tienen una cantidad mínima de 5.000 nombres.
13. *Nombres repetidos:* se trata de un descuento para grandes pedidos (por lo general un mínimo de 50.000 nombres). Supongamos que alquilamos diez listas diferentes de empresas dedicadas a la venta de productos de algún sector específico, por ejemplo la jardinería. En ellas habrá duplicaciones y tendremos que someterlas a un proceso de cruce y depuración para eliminar los nombres repetidos. El descuento por nombres repetidos nos permite pagar sólo por los nombres que usamos (con un mínimo del 85%) más una cantidad adicional en concepto de tratamiento informático.
14. *Actualización:* si nos interesa comprar nombres de compradores recientes, tenemos que saber cómo son de recientes. Las listas se pueden actualizar anual, bienal, trimestral o mensualmente. La de Acme se actualiza cada dos años. Por tanto, si estamos buscando listas en mayo y sabemos que Acme actualiza la suya en junio, lo mejor sería esperarse un mes para poder conseguir los nombres de los últimos compradores.
15. *Requisitos:* la mayoría de las empresas piden ver una muestra

de nuestro envío publicitario antes de acceder a alquilarnos su lista. Si aún no hemos impreso el material, podemos enviarles un boceto con el texto y un dibujo a mano del aspecto final previsto. También se nos preguntará por la fecha en que se va a realizar el envío. Esto se hace para que los propietarios y los agentes de listas no las alquilen a empresas con productos similares que quieran enviar publicidad por la misma época.

Hay algo más que deberíamos preguntar a nuestro agente antes de tomar la decisión final: quién ha usado la lista en el pasado. Si la lista de una empresa dio resultado con un producto o un servicio similar al nuestro, probablemente también dará buen resultado con el nuestro. Hace poco, nos pidieron que hiciésemos una campaña de correo directo para una oferta de compactos y casetes. A través de un agente localizamos varias listas que habían sido evaluadas positivamente y posteriormente usadas en su totalidad por otras compañías discográficas, entre ellas Columbia House y BMG (las empresas suelen evaluar una lista alquilando en principio sólo una parte de ella; después, si la evaluación es positiva, hacen una extensión, que es un envío a gran escala a la mayor parte de los nombres contenidos en ella). Como las personas que figuran en estas listas ya habían respondido anteriormente a este tipo de oferta, sabíamos que probablemente iban a responder de nuevo. El alto índice de respuesta que recibió nuestra campaña nos confirmó que estábamos en lo cierto.

No es obligatorio utilizar los servicios de un agente; por lo general se puede alquilar una lista directamente a la propia empresa o asociación. Se puede saber qué listas están disponibles consultando en la biblioteca la publicación *Standard Rate and Data Direct Mail Lists*. Si sólo vamos a alquilar unas cuantas, ésta podría ser la forma más sencilla de hacerlo. Sin embargo, los agentes cobran una comisión al propietario de la lista, lo que supone que, aunque mandemos dinero al agente (quien a su vez pagará al propietario), no estamos pagando nada por sus servicios. Así pues, acudiendo directamente al propietario de la lista no nos ahorramos dinero, y si vamos buscando varias un agente experto nos puede ayudar a elegir las más apropiadas y a solucionar cualquier problema en caso de que algo vaya mal. Este profesional se encargará de controlar cuándo ha de estar nuestra lista en el centro de tratamiento postal (una empresa dotada de la maquinaria precisa para ensobrar, etiquetar, franquear y clasificar el correo antes de llevarlo a la oficina de correos), y también verificará la factura que nos pasen por estos servicios y supervisará todo el proceso.

## Mantenimiento de listas y centros de tratamiento informático

El proceso que va desde el alquiler de las listas que vamos a utilizar hasta que un servicio de tratamiento postal realiza el envío de la publicidad pasa generalmente por un centro de tratamiento informático. Se trata de una empresa que crea y mantiene las bases de datos. Estas empresas pueden realizar muy diversas funciones. Algunas se especializan en una o dos y otras dan un servicio completo. Según Hank Garcia, vicepresidente ejecutivo de un centro de tratamiento informático de Nueva Jersey llamado Automated Resources Group Inc., quienes se especializan en las aplicaciones del marketing directo realizan principalmente cuatro funciones:

1. *Mantenimiento de listas:* cuando estamos creando una base de datos, los nombres que vamos a incluir en ella pueden proceder de muy diversas fuentes. La primera función del servicio es estandarizar las listas, esto es, procurar que todos los nombres estén en el mismo formato para poder así integrar varias de ellas en una sola base de datos.
2. *Preparación de la lista:* supongamos que hemos alquilado listas de diez empresas distintas. John Doe, que vive en el número 1.400 de la calle Lilly Lane, en Columbus, Ohio, puede estar en cuatro o cinco de ellas. El centro de tratamiento informático realizará una operación de cruce y depuración que elimina los registros repetidos en las diferentes listas.

   Las operaciones de cruce y depuración se realizan equitativamente, de tal manera que todo el proceso de evaluación se pueda analizar aplicando criterios de igualdad. Supongamos, por ejemplo, que estamos evaluando cinco listas. Cuatro de ellas constan de 5.000 nombres cada una y la última contiene 10.000 nombres, Si sacásemos todos los nombres repetidos de las dos primeras listas, nos quedarían dos listas de 2.000 nombres, dos listas de 5.000 y una de 10.000. Esto distorsionaría los resultados de la evaluación. Por tanto, lo que se hace es quitar unos cuantos registros repetidos de la primera lista, otros de la segunda, otros de la tercera y así sucesivamente hasta dejar cinco listas de un tamaño lo más parecido posible a las proporciones originales.
3. *Comprobación de las direcciones:* a continuación, el centro de tratamiento aplicará a la base de datos un programa informático llamado Certified Accuracy Support System, que verifica la exactitud de las direcciones postales.

4. *Clasificación postal:* la oficina de correos exige que la correspondencia masiva se deposite clasificada en diversas categorías, como códigos postales de nueve dígitos y rutas de transporte. Cuantas más categorías utilicemos para clasificar el correo mayor descuento conseguiremos en los gastos de envío.

Una vez preparada la lista, el siguiente paso es generar la salida de los datos que contiene a etiquetas *cheshire* o autoadhesivas o a cinta magnética para poder enviarlos al servicio de tratamiento postal.

Por regla general, nuestro agente también podrá recomendarnos un servicio de tratamiento informático, y de no ser así podemos acudir a la delegación local de la Asociación de Marketing Directo. La mejor manera de buscar un servicio de este tipo, igual que ocurre con cualquier otro, es hablar con otras personas que ya lo utilicen. Si es posible, vayamos a ver las instalaciones. ¿Están bien organizadas? La mayor parte de los errores que se producen en las funciones de tratamiento informático los cometen los seres humanos, no los ordenadores. Así pues, si las instalaciones están sucias y desorganizadas es posible que el trabajo que allí realicen presente las mismas características.

Los precios de este tipo de servicio se basan en un coste unitario por millar con un mínimo, y pueden oscilar entre los 5 y los 25 dólares con mínimos de 30 a 50 dólares dependiendo de los servicios que queramos.

Las grandes empresas como American Express tienen a menudo sus propios centros de tratamiento informático y realizan por sí mismos el mantenimiento de listas, la comprobación de las direcciones y la clasificación postal. A veces alcanzan tales cotas de eficacia en estas tareas que reciben encargos de otras empresas. Otras realizan parte del proceso con sus propios medios y encargan la otra parte a centros de tratamiento informático. Sin embargo, incluso para estas grandes empresas es difícil disponer de medios propios, porque la tecnología evoluciona muy rápidamente y no pueden responder a estos cambios con la misma rapidez que una empresa especializada. Llega un momento en que una empresa que está realizando grandes envíos (millones de ejemplares de una sola vez) tiene que hacer un estudio de costes para optar entre crear un servicio propio o utilizar uno externo.

## BÚSQUEDA DEL CLIENTE IDEAL CON EL MARKETING DE BASE DE DATOS

Los avances técnicos en las listas de correo informatizadas han fomentado el desarrollo de lo que se conoce como marketing de base de datos, consistente en la depuración de nuestro fichero de clientes y de las listas de posibles futuros clientes para centrar nuestras acciones en aquellas personas con mayor probabilidad de comprar nuestros productos.

Cuanto más específico sea el perfil de nuestros posibles clientes, más eficaz puede ser nuestro envío publicitario. Las grandes empresas suelen emplear métodos informáticos para descubrir datos específicos sobre sus clientes actuales. Utilizan un sistema conocido como acumulación o superposición de datos. Así, por ejemplo, la Cuenta Gratitud de Marshalls descrita en el capítulo anterior ofrecía un 10% de descuento a aquellas personas que gastasen en su tienda una cierta cantidad de dinero. Los clientes facilitaban así a la tienda su nombre, dirección y número de teléfono. Pero ésa era toda la información que tenía Marshalls sobre este grupo de aproximadamente 200.000 clientes. Lo que hicieron entonces fue enviar su lista a un centro de tratamiento informático que realizó lo que se conoce como una superposición de grandes bases de datos compiladas, añadiendo la información contenida en ellas. Un proceso de superposición o acumulación de este tipo compara los nombres de nuestra base de datos con los de la lista compilada. Hay varias empresas que ofrecen este tipo de servicios. Una de las más importantes es R.L. Polk & Co. Otras empresas son American Business Information, Metromail Corporation, R.R. Donnelly & Co., Dun & Bradstreet Corporation y TRW, Inc. Cuando el ordenador detecta una coincidencia, la información adicional de la lista compilada se agrega a la que ya tenemos sobre ese cliente.

De esta manera, antes de añadir los nuevos datos en Marshalls ya sabían que su cliente Bárbara Smith, que vivía en la calle Tal había hecho compras por valor de 200 dólares con su Cuenta Gratitud. Tras la superposición, se enteraron además de los ingresos anuales de Bárbara Smith, de que vivía en una casa propia y de que tenía dos coches y tres hijos. Una finalidad de este tipo de ampliación de ficheros es tratar de ofrecer a nuestros clientes productos específicos que puedan ser de su interés. Una vez que Marshalls consiguió identificar a Bárbara Smith como madre de tres hijos, por ejemplo, ya sabían que tenían que incluirla en su campaña de correo directo con la que anunciaban unas próximas rebajas en el departamento infantil.

Otra finalidad de la superposición es ayudarnos a construir un perfil exacto de quiénes son nuestros clientes. En cuanto disponemos de ese modelo podemos buscar en listas que tengan clientes más parecidos a los nuestros.

En un artículo de Kathleen Kiley titulado «Closing the Loop», aparecido en el número de febrero de 1995 de la revista *Catalog Age*, la autora señalaba que «ahora que las nuevas tecnologías de tratamiento de datos utilizan ordenadores más potentes y sofisticadas técnicas estadísticas, los profesionales del marketing pueden centrarse en esferas cada vez más reducidas, teniendo como objetivo último al individuo». Las grandes empresas utilizan la información contenida en sus bases de datos para segmentar sus propias listas de clientes, y poder así ofrecer productos concretos a sectores específicos de sus listas. Barnes & Noble, por ejemplo, empresa que en 1989 disponía de una lista interna de 750.000 nombres, ha clasificado esa lista en cientos de segmentos, algunos de ellos tan específicos que apenas contienen unos cientos de personas. Esto permite seleccionar y predecir mejor las respuestas que se van a conseguir. Por este procedimiento, Barnes & Noble consigue dirigir envíos publicitarios de menor envergadura a personas que muy probablemente van a comprar el producto concreto que se les está ofreciendo.

Este proceso de superposición de datos puede resultar caro. «Sin embargo», dice Hank Garcia, de ARGI, «al final tienes una lista más selecta. Y por tanto el índice de respuesta es mayor, con lo que amortizas el dinero que gastas. Después de todo, el principal objetivo de todo profesional del marketing es conseguir una mejor respuesta con el menor número de cartas».

## Prioridad de nuestra propia lista y las tres efes (FFF)

Quizás una pequeña o mediana empresa no necesite incluir en su base de datos una información tan extensa (y tan cara). Pero hay datos importantes que deberíamos poder conseguir con nuestra propia lista interna: ¿quiénes son nuestros mejores clientes? Al diseñar nuestra base de datos es importante poder obtener esta información, que suele estar determinada por tres elementos: fecha, frecuencia y factura.

- ★ *Fecha:* nos dice cuándo fue la última vez que este cliente nos hizo un pedido: ¿el mes pasado?, ¿hace seis meses?, ¿el año pasado? Nos interesa saber quiénes son nuestros compradores recientes.

★ *Frecuencia:* se refiere al número de veces que este cliente nos ha hecho un pedido. ¿Cuál es el promedio de compras que hizo el cliente durante el último trimestre o durante el año pasado?

★ *Factura:* es la cantidad media de dólares a la que asciende un pedido de ese cliente. Si el cliente ha hecho tres compras durante el pasado año, una de 20 dólares, otra de 105 y otra de 40, la cantidad media de su factura en ese año sería de 55 dólares.

**CONSEJO:** En los negocios existe lo que se denomina la «regla 80/20». Esto significa que el 20% de nuestros clientes nos aportan el 80% del negocio. Un seguimiento de los datos de las tres FFF de nuestros clientes nos permitirá saber exactamente quiénes constituyen ese 20%. Son nuestros mejores clientes, y han de ser tratados como tales.

LISTA DE CONTROL

ANTES DE ELEGIR NUESTRAS LISTAS

☑ ¿Conocemos a nuestros propios clientes? Disponemos de datos sobre

✓Sexo
✓Edad
✓Ingresos
✓Vivienda en propiedad o alquilada
✓Tipo de coche
✓Número de hijos
✓Nivel educativo
✓Intereses generales
✓Tipos de artículos que compran por correo en la actualidad

☑ ¿Es apropiada una lista compilada para lo que pretendemos?

☑ ¿Es apropiada una lista de respuesta directa para lo que pretendemos?

¿HEMOS SIDO ORIGINALES AL PLANIFICAR NUESTRAS LISTAS?

☑ Sabemos lo que tienen en común nuestros clientes aparte del hecho de que compren nuestro producto

☑ Vemos a nuestros clientes como personas reales y no sólo como compradores

☑ Hemos intentado realizar asociaciones creativas de ideas

AL ELEGIR UN AGENTE DE LISTAS

☑ Pedimos a otras empresas o profesionales el nombre de la persona cuyos servicios utilizan ellos
☑ Llamamos a la delegación local de la asociación de marketing directo
☑ Pedimos referencias al propio agente
☑ Pedimos a distintos agentes que elaboren una propuesta

CUANDO ELEGIMOS UNA LISTA

☑ ¿Conocemos los componentes importantes de la ficha de cada lista?
✓Número de compradores y coste por millar
✓Descripción de los compradores
✓Restricciones
✓Procedencia
✓Selecciones
✓Política en cuanto a cancelación de pedidos
✓Fecha de confección de la lista
✓Unidad media de venta
✓Sexo de los compradores
✓Etiquetas y otros tipos de soporte para las direcciones
✓Codificación
✓Pedido mínimo
✓Descuentos por nombres repetidos
✓Actualizaciones
✓Requisitos (muestra del envío y fecha prevista)
☑ ¿Conocemos quién está utilizando la lista aparte de nosotros? ¿Quién la ha usado con resultados positivos anteriormente?

CENTROS DE TRATAMIENTO INFORMÁTICO

☑ Cuatro funciones fundamentales del marketing directo:
✓Mantenimiento y estandarización de listas
✓Preparación de las listas y proceso de cruce y depuración
✓Comprobación de las direcciones
✓Clasificación postal
☑ Recuperación de datos
✓Etiquetas *cheshire*
✓Etiquetas autoadhesivas
✓Cintas magnéticas

MÁRKETING DE BASE DE DATOS

☑ Dos finalidades de la superposición o acumulación de datos:

✓Segmentar nuestra propia lista para poder realizar envíos a clientes previamente seleccionados

✓Construir un modelo de nuestros clientes actuales para poder seleccionar aquellos posibles futuros clientes que más se parezcan a los que ya tenemos

☑ El principal objetivo en marketing directo es realizar el menor número posible de envíos para obtener el mayor número de respuestas

☑ Dar prioridad a nuestra propia lista utilizando las tres efes:

✓Fecha

✓Frecuencia

✓Factura

# 4
# TÉCNICAS PRODUCTIVAS PARA LA PUBLICIDAD DIRECTA

Ya es hora de que hagamos un pequeño estudio. Para ello, vamos a llevar el control de nuestro correo durante una semana, anotando la cantidad de objetos que recibimos de cada uno de los tipos siguientes:

__________ Tarjetas y cartas personales
__________ Facturas
__________ Revistas
__________ Catálogos
__________ Ofertas de publicidad directa

A menos que hayamos elegido la semana de nuestro cumpleaños o una que contenga una fiesta importante, lo más seguro es que encontremos en el buzón más catálogos y más envíos de publicidad directa que objetos postales de los otros tres tipos. Y es muy probable que cada vez respondamos a un mayor número de estas ofertas. De hecho, según la Asociación de Marketing Directo, en 1993 más del 52% de la población adulta estadounidense había respondido a alguna oferta de marketing directo, porcentaje que aumenta cada año.

## La ventaja de la publicidad directa

Quienes han experimentado las virtudes de la publicidad directa también conocen su contrapartida: el coste. La venta por correo es relativamente cara. De hecho, puede costar hasta 15 ó 20 veces más llegar a una persona con un envío de este tipo que con un anuncio de televisión o con un anuncio a toda página en prensa.

¿Por qué se elige entonces la publicidad directa con tanta frecuencia como medio publicitario? Por sus innegables ventajas, entre las que destacan las siguientes:

- *Inmediatez:* con la publicidad directa, estamos llegando a posibles futuros clientes con la inmediatez de una carta personalizada. En más de una carta de las que nos llegan al buzón hay algo que nos dice «ábreme ya» aunque sepamos que es una petición, y especialmente si el sobre contiene algún elemento llamativo (por ejemplo, frases como «Plazo limitado, abra el sobre inmediatamente,» o «Aquí tiene la información que nos pidió», o «¡Usted puede haber sido agraciado con 10 millones de dólares!»). Con otras formas de marketing directo cuesta más producir el sentido de inmediatez inherente a la publicidad directa.
- *Clientes potenciales cualificados:* en la venta hay dos tipos de posibles clientes: los cualificados y los no cualificados. Un posible cliente no cualificado es alguien al que enviamos publicidad o llamamos por teléfono al azar. Un posible cliente cualificado es aquel del que sabemos que está interesado en nuestro producto y que puede comprarlo. Un cliente cualificado trae como resultado una venta con una frecuencia cinco veces mayor que uno no cualificado.

  Con la publicidad directa, nos dirigimos a aquellas personas que tienen mayor probabilidad de convertirse en compradores de nuestros productos. Cuando insertamos un anuncio en un periódico o en una revista, o en la televisión o la radio, no hay forma de saber exactamente quién lo está leyendo, viendo o escuchando. Cualquiera puede abrir una revista o encender la televisión. Pero con la publicidad directa sabemos quién está recibiendo nuestro mensaje porque se lo hemos enviado directamente. Con ella se puede practicar un marketing de precisión (por ejemplo, podemos enviar publicidad a familias que tengan niños entre uno y cuatro años, o a hombres que han comprado un coche en los seis últimos meses). Los destinatarios de nuestra publicidad directa han sido elegidos cuidadosamente (a través de la selección de las listas) para que se ajusten a nuestros criterios; son, por tanto, clientes potenciales cualificados y hay mucha mayor probabilidad de que compren nuestros productos.
- *Evaluación:* como hemos escogido listas específicas de personas que van a recibir nuestro envío, podemos saber con toda exactitud quién nos está respondiendo. Si mandamos distintas versiones del mismo paquete publicitario, podemos determinar de forma precisa cuántas respuestas ha generado cada una y utilizar esta información para concretar las próximas acciones que vamos a emprender. Se puede contrastar una lista de correo con

otra o una oferta con otra y medir con precisión los resultados. Ninguna otra forma de publicidad o de marketing nos proporciona tanta información ni es tan valiosa para ayudarnos a planificar futuras estrategias.

- *Clientes que repiten:* las personas que compran por correo no lo hacen una sola vez. Según sostiene la Asociación de Marketing Directo en su *Statistical Fact Book, 1994-1995,* hay muchas probabilidades de que quienes ya han respondido alguna vez a una oferta recibida por correo vuelvan a responder en el futuro. Estas personas desarrollan con frecuencia un sentimiento de fidelidad a ese producto o a esa empresa, y en su caso hay muchas más probabilidades de que repitan como clientes que en el caso de quienes responden a anuncios en televisión o radio o a anuncios impresos.
- *Licencia creativa:* en los medios de comunicación impresos y en los electrónicos hay ciertas limitaciones de tiempo y espacio que no afectan a la publicidad directa. Aquí no se está limitado por un módulo de 60 minutos o por el pago del centímetro cuadrado de página. En la publicidad directa nosotros podemos determinar la longitud que queremos dar a nuestro mensaje. Podemos imprimirlo en simple papel o utilizar otro medio (cartulina, fieltro, globos, un trozo de madera, una fotografía, un disco compacto). Podemos hacerlo grande o pequeño, sencillo o rebuscado. El único límite es nuestro presupuesto o nuestra imaginación.
- *Posibilidad de ampliación:* cualquiera que haya enviado alguna vez una solicitud de admisión a una universidad o un currículum para una oferta de empleo, sabe que las campañas de marketing directo se pueden realizar desde un pequeño despacho en casa o desde el departamento de marketing de una gran empresa. Podemos, rápida y económicamente, enviar cien cartas mañana hablándole a la gente de nuestro producto o servicio. Conforme pase el tiempo y aumente nuestro presupuesto podremos incrementar en consonancia el volumen de nuestros envíos.

Nuestro objetivo al preparar un envío de publicidad directa es que se abra nuestro sobre, se lea nuestra carta y *se venda* nuestro producto o servicio. En este capítulo se describen distintos envíos de publicidad directa que han tenido éxito; con ellos nos podremos hacer una idea de qué es lo que da buen resultado y por qué. Unos son más complejos y otros menos. Unos son caros de producir y otros se realizaron con un presupuesto modesto. Pero todos tienen en común alguno de los elementos de un envío típico de publicidad directa o todos ellos:

El sobre
La carta
El folleto
El boletín de pedido
La tarjeta o sobre de respuesta comercial

## El sobre

En Estados Unidos no hay una normativa federal que especifique que un sobre ha de ser rectangular, ni blanco, ni que tenga que llevar el sello en la esquina superior derecha y la dirección en el centro, aunque por supuesto sí hay ciertas reglas sobre cómo hay que enviar el correo. Por ejemplo, si enviamos algo que no sea un sobre de tamaño estándar estaremos sujetos a un precio no estándar. Para poder enviarlo por correo, un sobre ha de medir al menos 3,5 × 5 pulgadas. El sobre más grande dentro de las medidas estándar es de 6,125 × 11,5 pulgadas. El grosor mínimo ha de ser de 0,007 pulgadas.

El correo también está dividido en clases. La primera clase se usa para correo comercial y personal; la segunda clase se usa para envío de publicaciones; la tercera clase es para la publicidad directa, y la cuarta clase para los paquetes. Se puede ver una descripción completa de la normativa postal en la publicación semestral *Domestic Mail Manual*. Cuesta 56 dólares y se puede conseguir escribiendo a Superintendent of Documents Government Printing Office, 710 North Capitol Street NE, Washington, DC 20402-9371. También se puede obtener en cualquier oficina de correos un ejemplar gratuito de la publicación *Third Class Mail Preparation*, del servicio postal estadounidense. Como vemos, muchas de las normas de correos no son demasiado rígidas, por lo que tenemos mucha más libertad de lo que se suele pensar para diseñar el sobre de nuestro envío publicitario.

El sobre suele ser el componente más ignorado de la publicidad directa. Incluso los profesionales del marketing o los directores artísticos tienden a centrarse en la carta, en el folleto o en el boletín de pedido; al sobre se lo suele tratar como a un ciudadano de tercera clase (valga el juego de palabras).

Pero en la publicidad directa el sobre puede darnos una venta o hacer que la perdamos definitivamente. Nuestro sobre es la primera impresión que se lleva el cliente de nuestra empresa o de nuestro producto. Después de más de veinte años en este negocio, sé por experiencia que un sobre interesante y original puede aumentar el índice de respuestas en un 1% o más, lo que en publicidad directa constituye un éxito desbordante.

*Cómo causar impresión*

He aquí varias formas de conseguir que se fijen en nuestro sobre... y lo abran:

- *¡¡¡UTILICEMOS TITULARES ATREVIDOS!!!* Cada día se envían miles de sobres con la frase «Oferta especial. Mire en el interior» impresa en el anverso. Todos los hemos visto alguna vez y sabemos que la oferta no es tan especial. Y suele acabar en la papelera. ¡Seamos atrevidos! ¡Seamos osados! En lugar de emplear una frase tan convencional, ¿por qué no decimos «Si tira esta carta sin abrir se perderá algo muy especial»? Y si hemos incluido una oferta de descuento o un pequeño obsequio, digámoslo en el sobre. Si el regalo es una bolsita con semillas, por ejemplo, podríamos decir: «¡Dentro de este sobre hay un precioso ramo de flores silvestres especialmente cogidas para usted!».
- *Divirtamos a la gente.* ¿Qué sobre abriríamos antes, uno que dijese «Cupón de 20 dólares en el interior» o uno con el texto «¡Abra este sobre y ahórrese una fortuna! Bueno, vale, puede que no sea una fortuna, pero confórmese con 20 dólares»? El otro día recibí una carta dirigida a «Cody Boy Geller», mi gato. Me hizo sonreír y abrí la carta, que resultó ser de un veterinario del barrio. No todos los productos o servicios se prestan a darle un enfoque humorístico, pero si podemos introducir un pequeño toque seguramente obtendremos mejores resultados.
- *Intriguemos al destinatario.* Hacer una pregunta es una manera excelente de intrigar a la gente para que abran el sobre y hallen la respuesta. Algunos ejemplos de este tipo de pregunta podrían ser los siguientes: «¿Sabe dónde están picando este año las lubinas de 20 kilos? Vea en el interior». «¿Hace usted todo lo que puede para garantizar la seguridad de sus hijos?». «¿Será usted alguna vez demasiado rico o demasiado delgado? ¿No le gustaría saberlo?».
- *Hagamos el sobre visualmente sugerente.* Pongamos imágenes en ambas caras del sobre. Utilicemos colores llamativos en la impresión o incluso en el sobre mismo. Hagamos un dibujo que co-

mience en el anverso y continúe en el reverso. Cambiemos la forma del sobre (cuadrado, triangular, octogonal...). Incluyamos una etiqueta adhesiva o un trozo de cartulina troquelada que se pueda separar del sobre y pegarla en el boletín de pedido.

- *Utilicemos un sello vivo.* Si vamos a hacer un envío masivo, quizá nos interese usar correo de tercera clase, que lleva un sello que se imprime en el sobre previo pago a la oficina de correos. Un sello impreso es el que se marca con tinta en el sobre en sustitución del sello normal. No obstante, esto hace que algunos destinatarios metan inmediatamente nuestra carta en una categoría no deseable. En lugar de utilizar este procedimiento, podemos consultar con la oficina de correos la posibilidad de ponerle al sobre un sello vivo, término que se emplea para referirse a un sello auténtico en contraposición a un sello impreso (a este respecto, aunque no estemos utilizando los servicios de una empresa de gestión postal, siempre podemos llamar a una para pedirles consejo). Al utilizar un sello de este tipo, casi nadie lo mirará tan detenidamente como para darse cuenta de que no es un envío de primera clase, con lo que aumenta la probabilidad de que abran nuestra carta.

  Otra forma de crear interés por nuestro sobre es usar más de un sello; por ejemplo, en lugar de utilizar un sello de 32 centavos podemos poner dos o tres de distintos valores.

- *No nos identifiquemos en el sobre.* A veces, cuando recibo por 98ª vez una carta de la misma empresa o entidad benéfica, pienso: «¡Oh, no, son ellos otra vez!». Y por lo general tiro la carta sin abrir. O si veo un remite de una empresa que no me interesa lo más mínimo, quizá ni abra el sobre. Como casi todo el mundo, yo no siempre doy a los que se dedican al marketing directo la posibilidad de convencerme de que a lo mejor después de todo hasta me interesa su producto. Esperemos que nuestros envíos nunca provoquen tal respuesta, pero si los vamos a hacer con frecuencia, o si queremos probar algo distinto, no pongamos el remite en el sobre. No hay nada más misterioso que un sobre blanco liso sin indicación alguna de quién nos lo puede haber mandado. Pudiera ser una factura, pudiera ser algo que necesitamos, pudiera ser algo que hemos encargado. Sólo hay una forma de descubrirlo: abrir el sobre.

- *Anunciemos la oferta en el mismo sobre.* Describir una oferta tentadora en el anverso del sobre siempre suscitará en los destinatarios la curiosidad suficiente para querer abrirlo y leer más al respecto. Esta técnica da resultados especialmente buenos si vamos a ofrecer algo gratis. Si, por ejemplo, hemos elegido como destinatarias a mujeres que han comprado alguna vez lencería por correo, un sobre que diga «¡Un par de medias GRATIS con su próxima compra! Mire en el interior» tiene muchas posibilidades de ser abierto.

- *Escribamos la dirección a mano.* Si vamos a enviar una pequeña cantidad de sobres podemos escribir a mano la dirección para darles un toque personal. Pero si nuestros envíos suelen ser masivos y no bajan de las 10.000 unidades, los ordenadores ya disponen de fuentes que imitan con gran fidelidad la caligrafía de los sobres manuscritos. No hace mucho enviamos invitaciones para una fiesta. Escribimos las direcciones en plan casero con nuestro ordenador y quedaron como si las hubiese hecho un calígrafo. Hay un tipo de letra que imita una caligrafía desmañada, pero debemos ser cautos si nos decidimos por ella; algunos clientes de American Express se molestaron cuando lo que pensaron que era una nota manuscrita resultó ser publicidad.
- *Hagamos un folleto que al plegarlo sirva a la vez de sobre.* Puede ser una técnica muy interesante por su sencillez. Los receptores saben que el contenido va a ser corto y que va a ir al grano. Pueden echarle un vistazo rápido y decidir fácilmente si les interesa o no. Por supuesto, esto requiere que haya sido bien diseñado para captar la atención al tiempo que recoge toda la información que queremos transmitir en una cantidad limitada de espacio.

## LA HISTORIA DE DOS SOBRES QUE DIERON BUEN RESULTADO

*La increíble historia de un pez.* ¿Cómo podemos conseguir que los pescadores estadounidenses prueben su habilidad y su suerte en aguas canadienses? El Ministerio de Turismo y Ocio de Ontario pidió al director creativo Michael McCormick que les ayudase a hacer justamente eso. También le impusieron varias restricciones junto con el encargo: la palabra «increíble» tenía que aparecer porque era el lema que habían escogido para promocionar Ontario. El gobierno no quería prometer a los pescadores que iban a coger ningún tipo o tamaño específico de pescado en Canadá, sólo que la pesca era muy buena. Así pues, había que transmitir de manera creativa la idea de que «en Ontario se pueden coger peces muy grandes».

«No podía *decir* las palabras "pez muy grande", dice McCormick, «así que pensé que podía *mostrar* un pez muy grande. Una foto tampoco valía, porque entonces sería un tipo de pez concreto y, además, como no podía ser de tamaño natural, no conseguiría transmitir la idea de "grande". Así que le pedí a un ilustrador que crease un pez inconcreto. Para mostrar lo grande que era, lo imprimimos dando la vuelta por los bordes de un sobre más grande de lo normal. Pusimos la boca y la cola en el reverso. Lo que queríamos transmitir era que Como este pez es tan grande, no cabe ni en este sobre.» En el reverso, junto con la boca y la cola del pez, iba el texto: «Sólo hay una palabra... INCREÍBLE». Por supuesto, los pescadores se volcaron con esta campaña.

*Lo único que Texas no tiene...* Esta campaña turística canadiense se basó en el concepto de que, como los texanos son tan entusiastas de los espacios abiertos y de las nuevas fronteras, les encantaría lo

**Figura 4.1.** El pez era tan grande que... hubo que usar el reverso del sobre para dibujarlo entero.

que Canadá podía ofrecerles. El único problema era que los texanos suelen pensar que todo lo que ellos hacen y tienen es mejor y más grande que lo de los demás. Si le hablamos a un texano sobre algún aspecto de nuestra región, lo más probable es que nos conteste: «¿Ah, sí? En Texas también tenemos de eso... y más grande todavía». Prácticamente lo único que no tienen en Texas son alces. Para apelar a la pasión de los texanos por el tamaño, McCormick dibujó un alce en un sobre enorme de 23 × 30 centímetros con la pregunta: «¿Tienen algo así en Texas?» (fig. 4.2). ¿Quién podría resistirse a la tentación de abrir este sobre?

«¿Qué misión tiene un sobre?», se pregunta Michael McCormick. «¿Que lo abran? Eso no es del todo cierto. *La auténtica misión de un sobre es que lo abra alguien en disposición de escuchar lo que tenemos que decirle.*» En el marketing directo, nuestra misión es captar la atención de nuestros clientes, ponerlos en disposición de abrir nuestro sobre (y eventualmente de comprar nuestro producto). Como vemos por los ejemplos anteriores, hay muchas formas de abordar esta cuestión. Obviamente, el sentido del humor ayuda... y no hace falta tener unos ciervos muy grandes para tener sentido del humor.

## La carta

La carta es probablemente el componente más importante de un envío de publicidad directa. Si el sobre es como un escaparate para atraer a nuestros clientes al interior de la tienda, la carta es nuestro dependiente, es nuestra comunicación directa con nuestros clientes potenciales. Si tenemos el presupuesto más pequeño del mundo y sólo podemos mandar un elemento del paquete de publicidad directa, tenemos que optar por la carta.

Una carta tiene dos funciones principales. En primer lugar, tiene que presentarnos como una empresa creíble con la que nuestros posibles futuros clientes se sentirán a gusto comprando un producto o servicio. No hay una longitud predeterminada para tal carta. Puede tener una página u ocho, las que necesitemos para explicar las ventajas de nuestro producto a nuestros clientes.

La carta de presentación de mi propia empresa sólo tiene una página y ha dado muy buen resultado. Pero algunas han de ser mucho más largas, quizá porque se dirigen a varias audiencias distintas y hemos de asegurarnos de que llegamos a todos ellos. Si, por ejemplo,

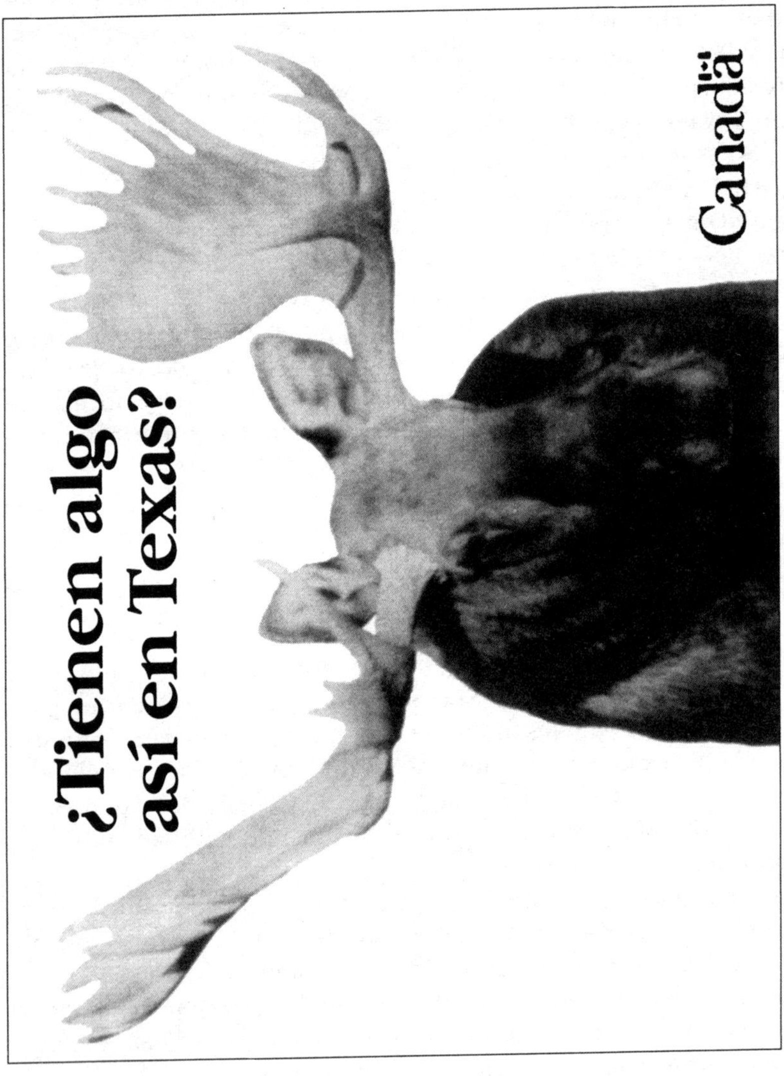


**Figura 4.2.** El tamaño real de este sobre es de 23 × 30 centímetros.

queremos dirigirnos a médicos –incluyendo cardiólogos, oncólogos e internistas–, pero no resulta rentable imprimir cartas distintas para cada especialista, podemos mencionar los beneficios que nuestro producto tiene para cada uno de ellos. Podemos apelar a las distintas audiencias dentro de la misma carta siempre y cuando estén dentro de la misma categoría (en este caso, todos son médicos). No obstante, si hay suficientes nombres dentro de cada categoría, quizá sea buena idea enviar textos distintos. Eso las hace más personalizadas y por lo general más eficaces.

Otro caso en el que podemos escribir una carta larga es si estamos vendiendo un artículo técnicamente complejo que tiene muchas virtudes. Aunque normalmente no se lea la carta entera, sí se suele echar una ojeada a las distintas secciones hasta que se encuentra algo que interese.

Las cartas largas han demostrado ser eficaces. No hace mucho recibí una de cuatro páginas presentando un régimen vitamínico usado por una determinada institución sanitaria. Habla del hecho de que este régimen concreto sólo se puede comprar por correo, describe todas las vitaminas que contiene y la pureza de sus fórmulas, explica los beneficios que tienen para nuestra salud y garantiza el producto. Es una carta larga que esta empresa lleva utilizando con gran éxito desde hace muchos años. Las cortas no han dado tan buen resultado.

### *Los elementos de una buena carta*

Las cartas pueden ser de cualquier forma y tamaño, pero casi todas tienen uno o más de los siguientes elementos:

La llamada de atención inicial.
El encabezamiento.
El cuerpo de la carta.
La posdata.

Antes de sentarnos a componer la carta, hemos de hacer un esbozo de la información que queremos incluir. La llamada de atención inicial tiene que ser convincente y en ella hay que explicar la razón que nos lleva a escribir. Seguidamente, describiremos el producto o servicio, enumeraremos sus beneficios y contaremos en qué consiste la oferta. A continuación volveremos a los beneficios, insistiendo sobre ellos y repitiendo la oferta. Aquí hemos de incluir una llamada a la acción mediante la cual haremos saber al cliente con exactitud qué es lo que queremos que haga (por ejemplo, «Envíe su pedido antes del 30 de diciembre», o «Apúntese hoy mismo a nuestro club»). Acabaremos con la firma y una posdata (la gente tiende a mirar el principio y el final antes de leer la carta completa).

- *La llamada de atención inicial.* Hoy en día, muchas cartas de publicidad directa comienzan con lo que en el gremio se conoce como «recuadro de Johnson». Se coloca al principio de una carta para poner énfasis en un beneficio concreto, para presentar una oferta especial o para hacer que los lectores se interesen por lo que viene a continuación. Cuando Scott E. Lapkoff, profesional del marketing directo ganador de numerosos premios, realizó una carta para captar socios para la Asociación de Arquitectos e Ingenieros Navales, utilizó un recuadro de Johnson para despertar el interés de los potenciales socios por los progresos de la tecnología submarina. Justo debajo del membrete de la asociación, escribió:

> Estamos en 1985. Utilizando lo último en alta tecnología de sonar, Robert Ballard realiza un último barrido sobre una recóndita zona del fondo oceánico a una profundidad aproximada de seis millas. Está cansado, es tarde, y después de meses de búsqueda del *Titanic*, se dispone a abandonar la tarea cuando, de repente... las alarmas se disparan en el tablero. «¡Lo encontramos!»

Con un texto como éste destinado a intrigar al lector, uno no puede resistirse a seguir adelante. No obstante, un recuadro de Johnson no tiene por qué ser así de elaborado. Puede ser algo tan sencillo como el siguiente:

> Siga leyendo y entérese de cómo puede conseguir una caja de deliciosos bombones... ¡ABSOLUTAMENTE GRATIS!

Tampoco tiene que haber siempre un recuadro. Se puede usar un Post-it, unas cuantas frases impresas en tinta de un color distinto, un dibujo o un chiste... Cualquier cosa que capte la atención del cliente y que lo convenza para que siga leyendo.

- *El encabezamiento.* La fórmula habitual del «Estimada señora Geller» o «Estimada Lois» sigue siendo válida. Pero lo que queremos es ser originales. Si no conocemos personalmente al cliente, pero sabemos lo que le interesa, nos podemos dirigir a él con un «Estimado amante de la música clásica», o con un «Estimado *gourmet*». Cuanto más ingenioso, mejor. Todos hemos recibido cartas de publicidad directa encabezadas por un «Querido amigo». Cuando yo recibo una carta así, lo que pienso normalmente es: «No conozco de nada a esta gente. Yo no soy su amiga». A menudo este encabezamiento es inapropiado, y además está muy visto. En un artículo escrito para la revista *Direct Marketing* (1 de enero de 1990), Herschell Gordon Lewis decía que a mediados de los ochenta el 90% de las cartas de marketing directo empezaban con «Querido amigo». Si no saben quién soy yo, y no pueden dirigirse a mí apelando a algo que me interese, lo mejor es que omitan el encabezamiento. Lewis propone eliminar por completo el «Querido» si es necesario y comenzar la carta con un simple «¡Buenos días!».

- *El cuerpo de la carta.* A veces, cuando estamos redactando una carta de publicidad directa, nos mueve el deseo de intentar parecer inteligentes; o de conseguir la venta por todos los medios; o escribimos de una manera que creemos que suena profesional. Cuando esto ocurre, la carta no logra su propósito: convencer a quien la lea de que confíe en nosotros y compre nuestro producto.

  El cuerpo de la carta debe contener toda la información que nuestro cliente necesita conocer sobre el producto. Tiene que conocer sus beneficios, la oferta, la garantía, todo lo que les diríamos si estuviésemos intentando vendérselo en persona. Hay que incluir también una llamada a la acción («Haga su pedido antes del 31 de diciembre...»). Si es posible, debemos repetir la información para que quien sólo le eche un vistazo la reciba completa. A continuación, firmaremos la carta y tras la firma nos identificaremos por nuestro cargo (presidente, vicepresidente, director de marketing). Si puede ser, imprimiremos la firma en un color distinto al del cuerpo de la carta para que se parezca más a una carta manuscrita.
- *La posdata.* Como la gente a menudo lee primero el final de la carta, en la publicidad directa la posdata es un elemento esencial. Nos da la oportunidad de reiterar nuestra oferta, de hacer una oferta adicional, de explicar nuestra garantía y de repetir la llamada a la acción. Una posdata eficaz podría ser más o menos así:

> P.D.: Recuérdelo. Obtendrá un 20% de descuento en cada artículo que compre antes del 15 de octubre. Y si su pedido es de 100 dólares o más, le

enviaremos un estupendo regalo totalmente gratis. Como siempre, puede devolver cualquier artículo en un plazo de 30 días sin tener que dar ningún tipo de explicación. ¡Póngase en contacto con nosotros hoy mismo a vuelta de correo!

- *La carta de impulso.* También se conoce como «carta del editor» porque apareció en el mundo editorial. Es un pequeño sobre que va incluido en el paquete de publicidad directa y que dice en la solapa: «No lo abra a menos que haya decidido no acogerse a esta oferta», o «Una nota especial de nuestro fundador». En el interior hay un breve mensaje donde se repite la ventaja más importante del producto o donde se comunica a los suscriptores que si no lo compran su suscripción quedará anulada. La carta de impulso no es imprescindible, pero muchas veces se ha detectado ciertamente un «impulso» en el índice de respuestas y da a algunos clientes vacilantes el pequeño empujón que necesitan para hacer un pedido.

## SEIS ESTRATEGIAS PARA ESCRIBIR UN BUEN TEXTO PUBLICITARIO

Scott Lapkoff es un profesional que lleva más de veinte años escribiendo textos publicitarios. Para él, crear una carta de publicidad directa es como meterse en un cuadrilátero de boxeo. Las cuerdas son los límites que establecen el cliente y el producto: el presupuesto, la imagen de la empresa y el producto o servicio en sí mismo. Su trabajo es como «meterse en ese cuadrilátero y ser creativo. Empezar a dar saltos por él, sin salirse de las cuerdas, hasta que surge algo. No es tanto esperar a que te llegue la inspiración como atender a lo que tienes y dar pasos creativos con ello».

Los clientes, bombardeados por las empresas de la competencia y por el otro millón más de distracciones de la vida diaria, emplean unos tres segundos en tomar la decisión de leer o no nuestra carta. Veamos a continuación seis estrategias para escribir buenos textos publicitarios que nos ayudarán a superar esa barrera de los tres segundos.

### *Estrategia nº 1: humanicemos nuestra carta*

Las mejores cartas que recibimos son esas entrañables misivas de la familia y los amigos que nos traen el último cotilleo, nos cuentan una historia o nos ponen al corriente de cómo les va la vida. Las mejores cartas de publicidad directa hacen lo mismo. Son sinceras y honestas, nos dan indicios de lo que ocurre en la trastienda y nos cuentan las últimas noticias sobre la empresa y sus productos.

Un ejemplo de que la honestidad da buen resultado en las cartas de publicidad directa procede de mi época de Greystone and Hearst Corporation. Esto es lo que sucedió: teníamos dos clientes que pertenecían a dos clubes distintos de lectores, uno a *Good Housekeeping* y otro a *Cosmopolitan*. Por error, enviamos a nuestros clientes de *Good Housekeeping* la obra *The Cosmopolitan Love Book* y a los de *Cosmopolitan* enviamos el libro de recetas *Good Housekeeping Cookbook for Calorie Watchers*. Como siempre se cometen errores, disponíamos de una carta para este caso concreto. Pero pensamos que necesitábamos una disculpa mejor. Así pues, compramos papel y sobres y escribimos una carta firmada por mi secretaria explicando cuánto sentía la confusión, que había sido un error suyo y que podían optar entre quedarse con el libro enviado por error o elegir otra cosa. Al final esta carta generó el mayor índice de respuestas que hayamos tenido jamás. La gente siguió escribiendo cartas a mi secretaria durante meses diciéndole que esperaban que todavía conservase su empleo... y encargando libros para sí mismos y para sus amigos.

Aunque las personas a las que les gusta comprar por correo se cuentan por millones, la mayoría echan de menos el contacto humano que permiten los sistemas de compra tradicionales. Por eso, cuando les contamos quiénes somos y cuál es nuestra historia, les devolvemos en parte ese antiguo sentimiento.

El director creativo Mike McCormick humanizó la carta al «Querido amigo pescador» de la figura 4.3 al hacer que fuese firmada por Babe Winkelman, el famoso presentador de un programa de televisión sobre pesca, que contaba sus razones personales para pescar en Ontario. La carta de McCormick también realzaba el aspecto largo y estrecho del sobre del «pez increíble» al ir impresa por ambas caras de una hoja de papel de 26 centímetros de largo por 10 de ancho.

McCormick y Lapkoff coinciden en la idea de que el éxito de un texto de marketing directo reside por completo en la historia que se cuenta. L.L. Bean debe su éxito a los relatos que se incluyen en su catálogo. Este mismo método también nos serviría a nosotros si tuviésemos una empresa familiar de fabricación de corbatas. ¿Traemos directamente de China la seda que empleamos en nuestras corbatas? ¿Qué historia hay detrás de ellas? ¿Cómo podríamos contarla para darle interés? Si enviamos una carta que diga: «Tengo 5.000 corbatas y una de ellas es para usted»... pues no está mal. Pero si mandamos otra que diga: «En recónditas rutas orientales por las que no osa aventurarse comerciante alguno, sólo hay una persona que fabrique la seda con la que se hacen las corbatas que ahora puede usted comprar en...», ya tiene a sus clientes enganchados.

Lo mismo se puede hacer en cualquier negocio, grande o pequeño. Contemos a nuestros clientes quiénes somos y a qué nos dedicamos. Utilicemos nuestro sentido del humor y dejemos que quede reflejada nuestra personalidad. Una pequeña empresa neoyorquina utilizó esta idea con excelentes resultados. El propietario envió cartas como la que sigue:

> Estimada señora Geller:
>
> He estado rebuscando por el sótano de mi casa y me he encontrado unos objetos preciosos de arte africano que por alguna razón alguien dejó allí y por lo visto luego olvidó. Sé que cuando yo muera (ya le comenté en mi última carta los graves problemas de corazón que tengo) el inútil de mi yerno no sabrá apreciar el gran valor que tienen estas piezas.
>
> Usted es una de mis mejores clientas y sé que sabrá valorar estos sorprendentes objetos. Si se pasa por la galería tendremos ocasión de charlar un rato de la salud y de la familia y además podrá llevarse cualquiera de estas piezas con un 20% de descuento. Preferiría que se las quedase usted antes que mi yerno.

Naturalmente, aunque no nos interesa el arte africano, pensaríamos en bajar a la tienda, comprar una de las piezas y sacar al dueño de su apuro.

En muchos sentidos, las pequeñas empresas llevan ventaja en lo tocante a las cartas de publicidad directa. Cuando recibimos una carta bien escrita de una pequeña empresa, es como recibir una carta de un primo lejano. A las grandes empresas les resulta muy difícil establecer el mismo tipo de relación personal con los clientes.

Hace poco tiempo compré un ordenador, y desde entonces he recibido docenas de cartas de publicidad directa de distintas empresas relacionadas con la informática. No he respondido a ninguna de ellas. Parecen haber olvidado que, aunque dirija una empresa, en primer lugar soy una persona. Hay una frontera muy estrecha entre sonar profesional y ser frío e impersonal. Éste es un reto especial del marketing directo entre empresas, pero también vale para el marketing dirigido al consumidor final.

Las pequeñas empresas han obtenido muy buenos resultados con el marketing directo al hacer hincapié en la personalidad única de las

ONTARIO
CANADA

Querido amigo pescador:

No sé cuándo empezó usted a pescar; yo llevo ya 35 años. Y aunque pesco por todo el mundo, siempre acabo volviendo a la gran provincia pesquera de Canadá, Ontario.

Permítame decirle por qué.

En primer lugar, porque creo que disfrutar con la pesca es algo más que coger un gran pez, aunque en Ontario los haya a montones. Es todo lo que rodea esa experiencia. Y ahí es donde está lo increíble de Ontario. Especialmente en su zona norte.

El norte de Ontario sigue siendo una de las grandes zonas vírgenes del mundo. No hay que ir muy lejos para encontrarse con espacios naturales que siguen en el mismo estado donde los quiso el Creador.

Es una zona con más lagos, arroyos y torrentes de los que podría usted ver en toda su vida. Y rebosan de pescado.

Ontario tiene también grandes posibilidades de alojamiento, desde el más rústico y sencillo hasta el más confortable; cerca de pueblos y de la gente o en lugares tan recónditos que hay que llegar a ellos en helicóptero. (Una de las pocas oportunidades de aislarse en este mundo tan ajetreado es un refugio del norte de Ontario al que sólo se puede llegar en ese medio de transporte.)

continúa en el reverso

En Ontario las noches son claras y en su cielo resplandece la aurora boreal. Sus guías son amables y están muy bien informados, y hay albergues dirigidos por personas que saben lo que usted quiere y se preocupan de que lo consiga. También es fácil llegar: a 8 horas de coche (por buenas carreteras) o 2 horas de avión.

Y sobre todo, hay PESCADO. De todas clases; de todas las formas y tamaños; esperando medirse con usted.

Espero que no les decepcione. Espero que coja hoy el folleto adjunto, lo abra y descubra lo fácil que es disfrutar de la increíble experiencia de pescar en Ontario.

Pida nuestro folleto informativo con paquetes de pesca y alojamiento en el norte de Ontario que le llenarán la cabeza de sueños. ¡GRANDES sueños!

Nos vemos allí. Buena pesca.

Babe Winkelaman.

P.D.: Devuelva la tarjeta de respuesta adjunta antes del 15 de junio de 1990 y participará en el sorteo de un premio fabuloso. Infórmese en el interior del folleto.

**Figura 4.3.** Esta carta de tamaño tan poco habitual continúa el tema del «pez increíble» iniciado en el sobre de este paquete de publicidad directa. El encabezamiento apela a un interés conocido de los futuros clientes: la pesca; la posdata incluye una llamada a la acción, así como un intento de incitar a los clientes a leer el folleto.

personas que hay detrás de los productos. La gran empresa siempre se ve obstaculizada por los abogados, los manuales de estilo y los ejecutivos temerosos de verse asociados con una campaña por si resulta menos exitosa de lo que habían previsto. Esta mentalidad distancia a las empresas de sus clientes. Cuando la gran empresa sí habla a los clientes de persona a persona, solidifica las relaciones entre ambos y hace que la propia compañía parezca más humana ante ellos.

He intentado denodadamente encontrar una carta de una gran organización que haya utilizado con éxito este método. Revisé montones de cartas. La mayor parte de ellas eran extremadamente aburridas. No eran afectuosas ni acogedoras, sino frías e impersonales. Muchas eran tan poco eficaces que nunca pasé del tercer párrafo.

Sí que encontré una buena carta de Girls Incorporated (antes Girls Club of America). La figura 4.4 recoge la primera página de las dos de que consta. No podría ser más humana ni más personal. Es una historia conmovedora de una mujer a la que enseñaron a creer en sí misma y en sus capacidades. Como se dice en la segunda página, la carta es de Joan Greenfield, escritora que ha recibido varios premios, pero que no trabaja para Girls Incorporated. Sin embargo, explica lo siguiente: «Como estoy convencida de que hacen un trabajo que nadie más podría hacer, dediqué un poco de mi tiempo a contar su historia». Debido a su éxito probado en la captación de donantes, éste se ha convertido en el envío de control de la organización con el contrastan la eficacia de otros envíos.

He aquí algunos consejos para crear cartas de publicidad directa eficaces y válidas para empresas de cualquier sector y tamaño.

- *Personalicemos las cartas.* Si disponemos de un programa informático que nos permita incluir en la carta información personal (como el nombre del destinatario, el producto que compró o cuándo fue la última vez que utilizó nuestro servicio), evitaremos dar la impresión de que se trata de una plantilla. Si conocemos personalmente a alguno de nuestros clientes, una posdata escrita a mano que diga: «Pásate por aquí. Nos agradaría volver a verte», puede ser sumamente eficaz.
- *Contemos lo que ocurre en nuestra empresa.* A nadie le interesa que en unos grandes almacenes cambien la moqueta. Pero si estamos reformando nuestra tienda, si vamos a introducir una línea de productos nueva o si hemos contratado a un dependiente nuevo... contémoselo a la gente. Querrán venir a comprobarlo. También podemos utilizar pequeñas dosis de información perso-

Hillary Rodham Clinton
*Presidenta honorífica*

Donna Brace Ogilvie
*Presidenta del Consejo*

Alice Hilseweck Ball
*Presidenta*

Isabel Carter Stewart
*Directora ejecutiva nacional*

Delegaciones

*Atlanta*
*Boston*
*Indianápolis*
*Nueva York*
*Santa Bárbara*

**girls inc.**

Crecer es una empresa seria

Querida amiga:

Desde que tengo memoria, mi padre siempre me dijo que podría ser lo que yo quisiera. Por fin le creí.

Él me enseñó a decidir qué era lo que yo quería y a luchar por conseguirlo... formarme, trabajar con ahínco, tener un objetivo en la vida. Y sobre todo a creer en mí misma.

No es raro que un padre enseñe a su hijo. Pero yo era su hija. Todas las chicas que yo conocía tenían intención de hacerse secretarias o profesoras hasta que se casasen y dejasen de trabajar.

Yo no opté por eso.

El día que me nombraron vicepresidenta lloré como una niña. Mi padre había muerto dos meses antes y yo no sabía cómo agradecerle todo lo que me había enseñado.

Tuve la suerte de encontrar a una persona que no me permitía contentarme con el segundo puesto sólo por ser mujer.

Mujeres en peligro

Muchas jóvenes no conocen en toda su vida a alguien como mi padre que las impulse a saltar las barreras de su sexo. Por cada una que tiene la suerte de tener el apoyo de una profesora, una madre, un padre, un sacerdote o un amigo, hay cientos de chicas en peligro.

Sin estímulo, orientación e inspiración se contentarán con menos de lo que quieren, con menos de lo que merecen, con menos de lo que son capaces de hacer. Y todas conocemos demasiado bien las consecuencias:

- Desde muy temprana edad, la autoestima y la curiosidad de las chicas por el mundo se ven gravemente dañadas.
- Con gran frecuencia se las desalienta en la elección de funciones de liderazgo y se las guía hacia objetivos de menor exigencia.
- No se les dan oportunidades justas... y ni siquiera lo saben.

Pero hay una solución, una respuesta, una manera de liberar a cientos de miles de mujeres: de hacer realidad su potencial... de tomar las decisiones correctas... de creer en sí mismas... de ayudarles a ser fuertes, inteligentes y emprendedoras y que dejen de estar infraeducadas, infrapagadas y sometidas.

Esa solución la ofrece Girls Incorporated.

Fuertes, inteligentes y emprendedoras

Girls Incorporated (antes Girls Clubs of America) es una organización juvenil de ámbito nacional sin ánimo de lucro dedicada a ayudar a las jóvenes a ser fuertes, inteligentes

(sigue por detrás)

Antiguo
Girls Clubs of America

**Figura 4.4.** Reproducimos aquí la primera página de una carta humanizada utilizada con muy buen resultado por una gran organización.

nal –el anuncio de un nacimiento, una petición de mano o una boda– para que nuestros clientes se sientan parte de la familia. Esto también puede hacerlo una gran empresa. Un directivo recién incorporado puede enviar una carta de presentación explicando cómo piensa implicarse personalmente en la mejora de las relaciones con los clientes.

- *Procuremos que el texto sea claro y que incluya toda la información necesaria.* No nos dejemos llevar tanto por la narración de la historia que nos olvidemos del propósito de la carta, que es vender nuestro producto. Asegurémonos de que incluimos en ella toda la información que nuestro cliente necesita saber.

- *Firmemos personalmente cada carta.* Hasta un envío de apenas 500 cartas puede parecer demasiado grande para firmarlo a mano, pero ¿quién dice que haya que firmarlas todas de una vez? Probemos a hacerlo de veinte en veinte; habremos acabado antes de que nos demos cuenta. Los clientes se darán cuenta y agradecerán el gesto. Una gran empresa que envía millones de cartas puede utilizar un tipo de letra que imite la caligrafía.
- *Consigamos que nuestros clientes vendan por nosotros.* Pidamos permiso a algunos de ellos para utilizar sus nombres y comentarios e incluyamos sus testimonios personales. No pongamos sólo «Dice Juan Pérez: "¡Esta tienda es estupenda!"». Pidámosle a Juan Pérez que escriba unas líneas contando cómo gracias a nuestra empresa su familia por fin tuvo las vacaciones de sus sueños, o cómo le ayudamos durante una crisis de su empresa. Pongamos a continuación el nombre de Juan Pérez, una fotografía (si es posible) y la ciudad y la provincia donde vive.
- *Utilicemos palabras gancho.* Algunas palabras o frases particularmente apropiadas para humanizar las cartas son las siguientes:

| | |
|---|---|
| Hecho a mano | Sabor casero |
| Elaboración artesanal | Sus vecinos |
| Recogidos a mano | Escogido personalmente |
| Fabricación casera | Empresa familiar |
| Servicio personalizado | Cliente especial |

*Estrategia nº 2: describamos los beneficios del producto*

Pese a lo que se pueda pensar, la gente no compra los productos en sí. Compra las cosas que esos productos pueden hacer por ellos. Nadie compra aspiradoras; se compra una forma rápida y fácil de hacer la limpieza del hogar. No se compra un aparato de aire acondicionado porque nos guste tener un cajón de color marrón colgado de la ventana. Lo compramos para sentirnos más cómodos durante los tórridos meses de verano.

Para vender un producto, hemos de ayudar a la gente a descubrir sus ventajas. Todo producto o servicio tiene dos componentes: sus características y sus beneficios. Las características describen lo que es. Supongamos que queremos vender una mesa plegable. Tiene cuatro patas, mide 110 × 80 centímetros abierta y 110 × 15 con ambas alas plegadas, está hecha de madera y tiene el tablero de formica. Éstas son las características de la mesa.

¿Compraría yo esta mesa? No mientras no sepa que me va a beneficiar en algo. Yo podría ser capaz de imaginar algunas de sus posibles ventajas por mí misma, pero quien la compre tendrá que ponérmelo fácil. Compraré la mesa si me dicen: «Es perfecta para espacios pequeños, pues plegada sólo mide 15 centímetros de ancho. Una vez se despliega por completo, caben cómodamente seis personas. Su estructura de madera le da una robustez increíble y el tablero de formica es muy fácil de limpiar». El conocer sus cualidades me incita a comprar este producto.

*Estrategia nº 3: busquemos el mayor número de opiniones posible*

Hablemos con nuestros conocidos: amigos, familiares, clientes actuales. Preguntémosles por qué compran nuestro producto. O qué les hace comprar productos similares al nuestro. Ellos nos darán ideas sobre cómo enfocar nuestra carta. En una ocasión, mientras estábamos creando una campaña de marketing directo para los grandes almacenes Marshalls, un director creativo conversó con varias mujeres sobre las experiencias que habían tenido al comprar en ese establecimiento. Una de ellas, cliente habitual, decía: «¡Sé que reciben artículos nuevos cada siete días. No sé las gangas que me puedo perder si falto una semana!». De una de esas conversaciones salió un lema nuevo para la campaña de Marshalls que tuvo un éxito fabuloso: «¡Quien se pierde una semana, no sabe lo que se pierde!».

*Estrategia nº 4: profundicemos en el producto o servicio*

Hay redactores de textos publicitarios a los que se les pagan cantidades ingentes de dinero por escribir sobre productos que nunca han visto. A veces les sale bien, pero lo más normal es que su texto suene frío y lleno de tópicos. Si queremos crear una carta irresistible, tenemos que conocer el producto o servicio que estamos vendiendo por dentro y por fuera. Usémoslo. Toquémoslo, sintámoslo, estudiémoslo, regalémoselo a nuestros hijos o a nuestros vecinos. Vivamos un tiempo con él.

Si, por ejemplo, estamos vendiendo juguetes, observemos cómo juegan con ellos nuestros hijos (o los de nuestra hermana, o los del vecino). ¿Les gustan los colores del juguete? ¿Encuentran formas innovadoras de jugar con él? ¿Sigue entero después de que los chavales hayan intentado hacerlo pedazos? En nuestra carta, contemos los gritos de alegría de nuestro hijo de dos años al ver como sacábamos el juguete de su caja; relatemos cómo lo dejó abandonado dos semanas en la nieve y cómo seguía intacto al volver a meterlo en casa; expliquemos cómo al regalárselo a nuestra nieta por su cumpleaños nos miró y nos dijo: «Te quiero hasta el cielo, abuela». ¿Quién no le regalaría este juguete a ese niño que tanto quiere?

Hemos de comprender a fondo cuál es el mercado al que nos dirigimos y por qué habrían de querer comprar nuestro producto. Si estamos vendiendo equipos técnicos, quizá nosotros personalmente no los queramos o no los necesitemos. Pero hemos de comprender cuáles son las ventajas que puede tener para sus potenciales compradores y entusiasmarnos con ellas. Hemos de aprender a amar el producto desde el punto de vista de nuestros clientes.

Cuando trabajaba en el mundo editorial, promocioné varios libros sobre pesca con cebo vivo. Yo no sé nada sobre estos temas, ni me interesan lo más mínimo. Pero hablé con algunos pescadores, les pregunté qué les gustaría encontrar en este tipo de libros y me dijeron que querían muchas fotos. Así pues, aunque no se trataba de productos que a mí me gustasen especialmente ni que necesitase, había conseguido saber cómo hacer que estos libros resultasen interesantes para mi público.

*Estrategia nº 5: cambiemos de ritmo*

Estudiemos algunas de las cartas de publicidad directa que recibimos y analicemos por qué funcionan bien. Las mejores cartas no son mera prosa, un párrafo detrás de otro. Están salpicadas de encabezamientos, subtítulos, cambios de tipo de letra, oraciones centradas, palabras en negrita, frases subrayadas. Los símbolos y las listas también dan muy buen resultado para romper la monotonía. Si podemos pagar la impresión de la carta con tinta de distintos colores, hagámoslo así para darle un cambio de ritmo. O podemos interrumpir nuestro tono de vendedores con algo como: «Discúlpenme un minuto. Tengo que dejar de escribir un momento porque me acaba de llegar de China la nueva remesa de corbatas de seda y no puedo esperar para verlas... Ya estoy aquí otra vez, y estaba en lo cierto: las corbatas son espectaculares...».

Hay gente que no soporta leer cartas con muchos símbolos tipográficos y muchos subrayados. Piensan que son capaces de encontrar la información importante sin que se la presenten de manera tan llamativa. No obstante, las cartas que usan estas técnicas han conseguido vender productos por valor de millones de dólares. Mientras la gente no deje de comprar gracias a este tipo de cartas, los profesionales del marketing directo seguirán usándolas.

*Estrategia nº 6: impliquemos al futuro cliente*

Si un lector o una lectora tienen algo que *hacer*, automáticamente prestan más atención. Este capítulo empezó con un pequeño estudio. Lo deseable sería que hubiese excitado la curiosidad del lector para que siguiera leyendo. Con las cartas de publicidad directa puede ocurrir lo mismo. Los estudios o encuestas son buenos, y también lo son las preguntas. Incluyamos un acertijo o un concurso. Invitemos a nuestros potenciales clientes a solicitar una muestra gratuita o un folleto informativo aunque no quieran comprarnos nada. Pongamos a su disposición un teléfono de llamada gratuita para que nos consulten lo que deseen. Lo más probable es que, una vez que han dedicado un tiempo a hacer estas cosas, se sientan más inclinados a realizar una compra.

## MÁS PALABRAS GANCHO

Aunque queramos utilizar textos humanizados, creativos y orientados al beneficio, también necesitamos palabras que consigan captar la atención. Las siguientes palabras llevan mucho tiempo usándose con éxito y llegan a casi todo el mundo. Habrá quien diga que están muy vistas, pero las evaluaciones demuestran que siguen dando resultado. Si queremos escribir textos publicitarios que vendan –en los sobres, en los impresos de pedido o en las cartas–, he aquí algunas palabras y frases garantizadas para captar la atención de nuestros clientes:

| | |
|---|---|
| Gratis | Revolucionario |
| Nuevo | Sí |
| Confidencial | Producto nuevo |
| Prueba gratuita | Invitación especial |
| Oferta por tiempo limitado | Secreto |
| Especial para las 1.000 primeras respuestas | Póngase en acción |
| Garantizado | Felicidades |

| | |
|---|---|
| Dos por uno | Ahorre |
| No envíe dinero ahora | Probado |
| Elegante | Exclusivo |
| Éxito | Por fin |

### Tipografía y diseño

Con mucha frecuencia, el aspecto de nuestra carta puede hacer o deshacer una venta. Antes hablábamos del uso de negritas, subtítulos y subrayados para cambiar el ritmo de una carta. No nos pasemos de la raya, de todas maneras. No hace falta que utilicemos todas estas técnicas a la vez en una carta para crear esa sensación de ritmo. Un texto es más eficaz cuando la tipografía es apropiada para el producto y para el público al que va dirigido. La acumulación de tipos de letra puede generar confusión; evitemos un uso excesivo de mayúsculas, resaltados y subrayados. La tipografía ha de ser, a un tiempo, visualmente atractiva y fácil de leer.

El tipo de letra que elijamos es un elemento importante del diseño. Un estudio realizado por Colin Wheildon para el Newspaper Advertising Bureau of Australia demostró que el 67% de las personas encuestadas tenían dificultades para comprender los artículos impresos con un tipo *sans serif* (las *serifs* son las rayitas que aparecen en los extremos superior e inferior de las letras).

Éste es un tipo de letra con serifs

Éste es un tipo de letra sin serifs

Si pensamos en cuando empezábamos a leer, recordaremos que pasábamos el dedo por debajo de las letras para no perdernos. Esas rayitas o *serifs* tienen la misma función, razón por la cual es más fácil leer un texto impreso con un tipo de letra que las lleva.

Las cartas deben ir mecanografiadas a un solo espacio, con sangrías y amplios márgenes para que parezcan accesibles y fáciles de leer. El tipo de letra del texto principal debe ser de un mínimo de 10 puntos por pulgada (un tamaño inferior es difícil de leer para muchas personas), la línea debe tener una longitud entre 39 y 52 caracteres y un texto largo hay que subdividirlo en numerosos párrafos y subapartados.

No acabemos una página al final de un párrafo. Obliguemos al cliente a seguir leyendo acabando la página a mitad de una frase.

## La historia de unas cartas que dieron buen resultado

Cuando le encargaron el diseño de una campaña para que la gente renovase su afiliación a la Navy League (una asociación de antiguos miembros de la armada ya jubilados), Scott Lapkoff envió una serie de cartas firmadas por diversos responsables de la asociación. La respuesta fue buena, pero él quería otra dirigida a aquellas personas más reticentes. Su cuarta carta es un ejemplo maravilloso de todos los elementos que ha de contener la publicidad directa para que sea eficaz.

«Un día me metí en las entrañas de las oficinas de la Navy League», dice Lapkoff, «y sentado allí me encontré con un director de arte que lleva con ellos treinta y ocho años. Pensemos en Wilford Brimley con una de sus poses características. Le dije: "Me está costando trabajo decidir quién debería firmar la cuarta carta", y me respondió: "¿Por qué no te la firma Dios?".»

Lapkoff no creía que fuese ésta la solución, pero le hizo pensar en quién era la máxima autoridad de la Navy League. Esto lo llevó a Teddy Roosevelt, que fundó la organización en 1902. ¿Por qué no hacer que Teddy Roosevelt escriba una carta? Lapkoff se fue a los despachos de los directivos, buscó los discursos de Roosevelt y, utilizando las propias palabras del antiguo presidente, creó una carta que tuvo tanto éxito que ganó el prestigioso premio Maxi Award de publicidad directa (fig. 4.5). Envió la carta en un sobre de pergamino con el sello de «correo demorado» para dar mayor sensación de que estaba remitido por el mismísimo Roosevelt (fig. 4.6).

Lapkoff también incluyó en este envío una carta de impulso. El mensaje «manuscrito» del anverso, «Una nota especial del presidente», te impulsaba a abrirla inmediatamente. Una vez abierta, descubrías que la nota no era del presidente Roosevelt, sino de Evan S. Baker, presidente nacional de la Navy League. Era un juego de palabras inteligente relacionado con el concepto global del envío.

## El folleto

Algunos productos y servicios requieren más representación visual que otros. Si somos asesores contables y queremos ofrecer nuestros servicios, probablemente bastará con una carta bien redactada. A la gente le interesará nuestra cualificación profesional y los diversos servicios que ofrezcamos; no hay una necesidad real de una foto

De la oficina de
Theodore Roosevelt

29 de junio de 1903

Estimado socio:

Cuando apoyé por primera vez la idea de la Navy League, sólo tenía una cosa en mente: la construcción y el mantenimiento en la debida forma de los servicios navales.

Y la Navy League lo puede conseguir si usted la apoya.

En mi opinión, todos los norteamericanos de bien interesados en el crecimiento de su país y que son sensibles a su honor, deberían dar un apoyo decidido a los principios que han dado origen a la Navy League.

Su pertenencia a ella... su apoyo a este fecundo y clarividente ideal es quizá la mejor llamada a la que un individuo puede responder.

Sólo si usted sigue colaborando podrán desarrollarse y sobrevivir los servicios navales de nuestra gran nación para defender los intereses norteamericanos.

Con mi orgullo más sincero le pido su colaboración en este crucial empeño. Me siento orgulloso de nuestro servicio naval y del lugar de honor que ocupan en la historia de nuestra patria. Me siento orgulloso de la labor que realizan hoy en día... y que seguirán desempeñando fielmente en el futuro.

Comparta conmigo este símbolo de nuestro patriotismo colectivo y retome su dedicación a la Navy League.

Atentamente,

Theodore Roosevelt

Theodore Roosevelt

**Figura 4.5.** ¿Qué podría resultar más convincente que una carta de un presidente... vivo o muerto?

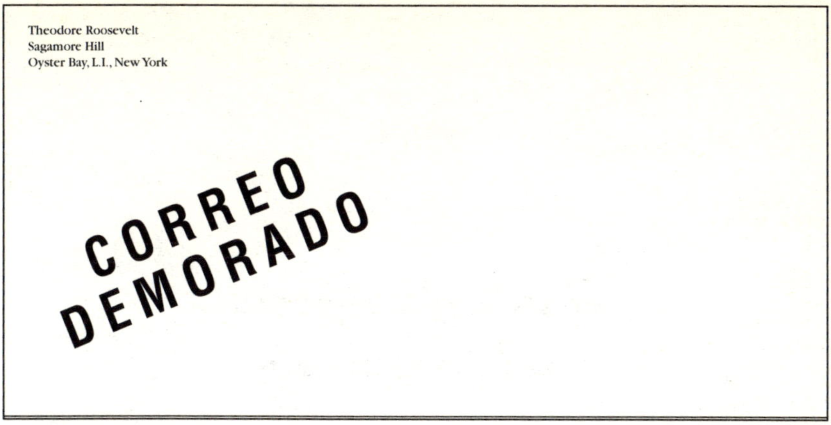


**Figura 4.6.** El sello de «correo demorado» reforzaba la impresión de que esta carta procedía realmente de Teddy Roosevelt.

nuestra ni de nuestras oficinas. Pero para otros tipos de productos y servicios, el folleto es el componente de un paquete de publicidad directa más apropiado para mostrar nuestro producto.

Si estamos haciendo publicidad de un hotel, quizá una descripción escrita no baste por sí misma. Por muchas veces que repitamos que el entorno es precioso, la gente preferirá verlo con sus propios ojos. Querrán conocer las habitaciones, los jardines, quizás hasta los lugares que pueden visitar en los alrededores. El folleto puede ilustrar estas características y también ayudarnos a transmitir el ambiente general. Si estamos insistiendo en que éste podría ser un escondite perfecto para una luna de miel, podemos mostrar fotos de parejas disfrutando de una cena íntima a la luz de las velas en su habitación o dando un paseo romántico por el bosque cercano.

Si estuviésemos haciendo publicidad de nuestros servicios de imprenta, por ejemplo, podríamos emplear el folleto para mostrar el taller y las diversas prensas que tenemos. Podríamos también incluir una foto nuestra y de las personas que trabajan en nuestra empresa. Aún mejor, podríamos incluir unas cuantas muestras de la calidad de nuestro trabajo.

Tanto si es sólo a dos colores como si lo hacemos a cuatro, diseñar e imprimir un folleto es mucho más caro que una carta o una tarjeta. Por tanto, hemos de estar seguros de que realmente lo necesitamos antes de decidir incluirlo en el paquete de publicidad directa. Un folleto es una buena idea en los siguientes casos:

*Una nota especial del presidente*

EVAN S. BAKER
PRESIDENTE NACIONAL

Estimado socio:

Si nuestro fundador, Theodore Roosevelt, le hubiese escrito una carta, habría sido exactamente como la que acaba de leer.

Una cosa es segura: yo no lo habría dicho mejor que Roosevelt. Es absolutamente vital que usted siga apoyando nuestros esfuerzos por educar a los norteamericanos en la importancia de nuestro potencial marítimo y que siga sosteniendo así nuestro servicio naval.

No queremos perderlo. Por tanto, aunque su afiliación caducó el mes pasado, queremos ofrecerle esta última oportunidad de renovarla ahora mismo sin perder ninguno de sus derechos. No espere más tiempo. ¡Remítanos hoy mismo la tarjeta de renovación que le adjuntamos!

Atentamente,

Evan S. Baker

Evan S. Baker

**Figura 4.7.** El ingenioso juego con la palabra «presidente» hace de esta carta de impulso un componente muy eficaz de este paquete de publicidad directa.

1. Si el aspecto físico del producto es un importante factor de venta (como en el caso de los muebles, los regalos, la moda o los inmuebles).
2. Si el producto se adapta a muchos usos distintos (como un limpiador de alfombras, tapicería, asientos de coche y otros productos hechos de tela).
3. Si el producto tiene muchas partes o características distintas (como una vajilla, una caja de herramientas, o un ordenador con teclado, monitor, disco duro, unidad de CD-ROM y altavoces).
4. Si estamos vendiendo un artículo caro. Casi nadie quiere gastarse mucho dinero si no ve lo que obtiene a cambio (por ejemplo, un equipo de música, una casa de alquiler para pasar las vacaciones, joyas).
5. Si el producto o servicio tiene un efecto «antes/después» (como un servicio de limpieza, de paisajismo o de reformas).
6. Si tenemos necesidad de mostrar un producto en acción (por ejemplo, un aparato de gimnasia, muebles adaptables o equipos deportivos).

El folleto es el elemento del paquete de publicidad directa que más depende de un buen diseño. Si vamos a incluir uno, lo mejor es que se lo encarguemos a un profesional. Si nuestro presupuesto es limitado, podemos recurrir a una escuela o facultad de arte que tengamos cerca donde quizás encontremos a un estudiante que pueda hacer un buen trabajo a un precio razonable. Estudiemos los folletos que recibimos por correo para ver lo que nos gusta de ellos y lo que no y discutámoslo después con el diseñador.

**CONSEJO:** La experiencia me dice que los folletos de color rojo atraen a más clientes que ningún otro color. Quizá sea porque el rojo es un color vibrante y estimulante que suele resaltar sobre el resto del correo.

Por regla general, un folleto se centra en un solo producto o servicio. Un folleto que intentase incluir demasiados productos resultaría confuso. Si vamos a ofrecer muchos productos lo mejor sería inclinarse por el formato de pequeño catálogo.

*El texto del folleto*

Los folletos contienen algo más que fotografías. También contienen texto. Un folleto debería empezar con un título seductor que anuncie el mensaje principal que queremos transmitir a nuestros clientes. Podría tratarse de la calidad de nuestro servicio, el buen precio de nuestros productos o la enorme variedad que ofrecemos. Tiene que seducir a los lectores para que lo vean entero.

El texto del folleto no es tan extenso como el de una carta, aunque debe contener todos los elementos esenciales, entre los que se incluyen la descripción del producto, el precio, la oferta y la garantía. El folleto tiene que dar suficiente información para que el producto pueda venderse por sí mismo si la carta se pierde o el destinatario la ignora.

A veces se envían folletos sin carta. No es buena idea, pues le estamos pidiendo a nuestro cliente que responda a un anuncio. El envío de un folleto sin carta rompe con la idea básica de la publicidad directa, que es la de establecer una relación con nuestros clientes y hablarles personalmente, algo que sólo se puede conseguir con una carta.

El único caso en que podríamos enviar un folleto sin una carta es cuando lo utilizamos de relleno. Se trata de un folleto que se envía con una factura o con un balance mensual. A menudo nos lo envían con el informe de movimientos de la tarjeta de crédito. Esto puede dar buen resultado, porque, como de todas maneras tenemos que enviar el balance, al no pagar el franqueo de un envío específico nos sale gratis. Muchas grandes empresas venden de hecho «espacio» en sus balances a otras. Por ejemplo, la empresa *Encyclopaedia Britannica* puede pagarle a un banco para incluir un folleto de relleno en las cartas que éste envía con el informe de movimientos de las tarjetas de crédito.

Cuando nuestro envío contiene un folleto, hemos de asegurarnos de que coincide con el tono general de la carta. El paquete de publicidad directa ha de conformar un todo unitario. Si la carta es discreta y familiar, el folleto también debería serlo. Si el mensaje es cosmopolita y mundano, el folleto ha de reflejar una imagen más sofisticada. Todos los años, cuando formo parte del jurado de los premios ECHO que la Asociación de Marketing Directo otorga a las mejores campañas de marketing directo, tengo que examinar cientos y cientos de paquetes de publicidad directa. Los más eficaces son aquellos que presentan un tema único en el sobre, la carta y el folleto.

Unos usan un mensaje claro para enlazar los tres y otros usan un elemento unificador en el diseño.

### *Folletos adaptados a cada presupuesto*

Muchas pequeñas empresas y muchos departamentos de marketing optan por no enviar folletos debido a los gastos que conllevan. Puede ser una decisión correcta, pero hay que recordar que las limitaciones no coartan la creatividad, sino que la estimulan. Una forma imaginativa de presentar nuestro producto o servicio puede generar más ventas que un folleto normal de los muchos que circulan por ahí. He aquí algunas formas de crear un folleto, o de eliminar la necesidad de él, con el presupuesto de una pequeña empresa:

- ★ En lugar de un folleto normal, adjuntemos una excelente fotografía de nuestro producto.
- ★ Si tenemos un folleto sencillo, pleguémoslo de una manera poco frecuente para darle un aspecto único.
- ★ Utilicemos un tipo de letra interesante.
- ★ Imprimámoslo en dos colores en lugar de cuatro.
- ★ Utilicemos papel de color.

## EL BOLETÍN DE PEDIDO

No todo el mundo va a leer el folleto completo o la carta entera. Muchos sólo leerán el encabezamiento o mirarán las fotos. Si hemos conseguido suscitar su interés, quizá se salten el resto del texto y vayan directamente al boletín de pedido para enterarse del precio de nuestro producto. Por tanto, este elemento ha de ser tan seductor y ha de ir tan repleto de información como el resto de componentes de nuestro envío. Ha de ser algo más que un espacio en el que la gente tiene que escribir su nombre y su dirección; ha de ser una herramienta de venta eficaz. He aquí algunas sugerencias que nos ayudarán a lograrlo:

- *Reforcemos nuestra oferta.* Supongamos que en la carta ofrecíamos una bicicleta estática cuyo precio normal es de 160 dólares a un precio especial de 129,95 dólares. Si en la carta hacíamos hincapié en la oferta, el boletín de pedido podría empezar de la siguiente manera: «¡SÍ! Quiero que me envíen la bicicleta al precio excepcional de 129,95 dólares». Incluso podríamos tachar la cantidad de 160 dólares para conseguir mayor efecto. Y si en la carta incidíamos en los beneficios que podría tener para los potenciales clientes, podríamos decir lo siguiente: «¡Quiero empezar a perder peso y a llevar una vida más sana HOY MISMO! Les ruego me envíen la bicicleta al precio excepcional de 129,95 dólares».

- *Incluyamos nuestra garantía.* Transmitamos a nuestros clientes –en un momento en que se están debatiendo entre cumplimentar o no el pedido– la seguridad de que nosotros estamos detrás del producto: «Examine este libro durante diez días. Si no está completamente satisfecho, le devolveremos íntegramente lo que pagó por él».
- *Utilicemos mecanismos de implicación.* Esto se ha convertido en un elemento muy popular en esas comunicaciones que empiezan diciéndonos: «Usted puede haber ganado un millón de dólares», y luego encontramos, repartidas por la carta, etiquetas adhesivas donde pone «sí», «no» o «quizás» que hemos de ir despegando y trasladando al boletín de pedido.

**CONSEJO:** Otro mecanismo eficaz de implicación es incluir en el boletín de pedido el símbolo de unas tijeras «✂» y la instrucción «recorte por aquí».

- *Hagamos las líneas del boletín de pedido lo más largas posible.* Mi contable, Lucille Santoliquido, nunca consigue escribir su nombre entero en un boletín de pedido. Si es posible, diseñemos el impreso de tal manera que haya espacio de sobra para que los compradores puedan introducir toda la información. Debajo de cada casillero, escribamos «nombre, apellido» o la información concreta que pidamos en cada caso. Cuando estemos diseñando el boletín, consultemos con las personas que luego van a introducir los datos en el ordenador. Por ejemplo, algunos programas de gestión de bases de datos exigen que se introduzca primero el apellido y luego el nombre, mientras que en otros programas se ha de hacer a la inversa. Ya sea un empleado del departamento de marketing quien introduce los datos, como si es nuestro hijo cuando está de vacaciones o un centro de tratamiento informático, preguntémosles si nuestro boletín de pedido es compatible con sus programas. Podemos ahorrarnos dinero si lo hacemos de esta manera.

Especifiquemos todas las tarjetas de crédito que aceptamos e incluyamos casillas para el número de la tarjeta y para la firma del cliente. Incluyamos también un espacio donde la gente pueda hacer una marca junto a la frase «se adjunta cheque» y digamos a nombre de quién ha de ir éste. Aunque no lo creamos, si no incluimos esto habrá quien crea que no aceptamos cheques. Si es posible, dejemos sitio para el número de teléfono, de tal manera que tengamos una forma de ponernos en contacto con el cliente si hay algún problema con el pedido o con el número de la tarjeta de crédito.

Demos diversas opciones para hacer el pedido. Pongamos la dirección de nuestra empresa por si quieren enviarlo por correo (aunque hayamos incluido un sobre de respuesta); facilitemos el número de teléfono y, si es posible, demos la opción de enviar el pedido por fax.

- *Metámoslos en nuestra lista de correo.* Aunque alguien no nos haga un pedido en este momento, nos interesa tenerlo en nuestra base de datos. Si nos queda espacio en el boletín de pedido, incluyamos un recuadro junto a un texto que diga: «No me interesa comprar en este momento, pero ténganme informado». Si una persona se toma la molestia de devolver el boletín sin realizar pedido alguno, lo más probable es que sí lo haga con ocasión de futuras ofertas. También podríamos incluir un aviso que diga: «Por favor, si no desea que su nombre figure en nuestra base de datos, marque esta casilla». De esta manera podemos eliminar el nombre de aquellos clientes a los que no les interesan nuestros productos. Pero no hemos de dar demasiadas opciones para que el boletín sea lo más sencillo y claro posible.
- *Demos viveza al boletín de pedido.* El boletín de pedido es donde se concentra la acción del cliente, y cuanto más aburrido sea, menos respuestas nos llegarán. ¡Hagamos que sea divertido comprar! Si ofrecemos una serie de libros de cocina, diseñémoslo con forma de pastel. Imprimámoslo con colores vivos, con formas llamativas, con grandes flechas apuntando hacia él: cualquier cosa que haga de la compra de nuestro producto una experiencia memorable y agradable.
- *Pongamos un ejemplo de cómo queremos que se rellene el boletín.* Esto es especialmente útil si tienen que elegir tamaños, colores o cualquier información aparte de la personal. Rellenemos una línea de muestra en la parte superior del impreso y escribamos junto a ella la palabra «ejemplo». Incluyamos también instruc-

ciones sobre los impuestos por ventas. Si tenemos una operación comercial en un Estado concreto, los clientes que residan en él deben pagar impuestos por nuestra mercancía. Si tenemos, por ejemplo, un centro de distribución en Ohio y una organización de marketing en Nueva York, deberíamos incluir un aviso que dijese: «Los residentes en Nueva York y Ohio han de sumar al importe los impuestos por venta correspondientes».

- *No olvidemos el código de origen.* Los códigos de origen nos permiten identificar la procedencia de las respuestas que recibimos. Al poner un código en cada boletín sabremos el lugar exacto de donde viene cada uno de nuestros pedidos. Así pues, si estamos utilizando veinte listas, cada pedido de cada una de las veinte listas ha de tener un código de origen distinto. Si vamos a hacer un envío muy grande con direcciones procedentes de muchas listas distintas, tendremos que tratar con la imprenta los detalles de la inclusión del código. Si vamos a hacer un envío menos voluminoso a direcciones de unas pocas listas, podemos hacer nosotros mismos la codificación.

## La historia de un boletín de pedido que dio buen resultado

*Estimado señor presidente.* El tema de Teddy Roosevelt utilizado en la campaña de renovación de la afiliación a la Navy League se trasladó directamente al boletín de pedido (fig. 4.8). Aunque vaya dirigido al mismísimo presidente, por lo demás es un boletín de pedido normal. Obsérvese el tamaño: hay espacio de sobra para que los socios escriban la información esencial.

Un boletín de pedido puede ser muy sencillo y, pese a ello, seguir reafirmando nuestra posición y nuestra relación personal con nuestros clientes actuales y futuros. He aquí algunos procedimientos para hacer que un boletín de pedido resulte eficaz para una pequeña o mediana empresa.

★ Utilicemos un mecanismo de implicación asequible. En lugar de usar adhesivos impresos especialmente para nuestro envío, compremos en una tienda pegatinas que pongan «SÍ» y que los lectores las muevan de un sitio a otro. O simplemente escribamos un «sí», un «no» o un «quizás» en el boletín de pedido, pongámosles una casilla delante y que los compradores marquen con una cruz la más apropiada.

Estimado presidente Roosevelt:

He brindado mi renovado apoyo a los principios e ideales de la Navy League de los Estados Unidos y he saldado mis cuotas de socio. Le ruego renueve mi compromiso por:

❑ Un año, 30$ ❑ Cinco años, 125$ ❑ De por vida, 325$

❑ Adjunto cheque a nombre de The Navy League.

❑ Cárguenlo en mi tarjeta de crédito: ❑ VISA ❑ Mastercard

Número de cuenta: __________ Firma: __________

Válida hasta: __________

(POR FAVOR, RELLENE CON MAYÚSCULAS)

Nombre: __________

Dirección: __________

Ciudad: __________ Estado: __________ CP: __________

Teléfono particular (___) __________ Teléfono del trabajo (___) __________

**Figura 4.8.** El tema del «presidente Roosevelt» continúa hasta en el boletín de pedido. Obsérvese la longitud de las líneas, que permite que cualquiera pueda escribir en ellas su nombre completo.

- ★ Incluyamos el boletín de pedido como parte de la carta o del folleto. En vez de pagar por un impreso independiente, adjuntémoslo al pie de la carta o en el reverso del folleto.
- ★ No enviemos el boletín de pedido con el nombre y la dirección ya cumplimentados por ordenador, como hacen las grandes empresas. A menudo esto da un índice elevado de respuestas, pero es un proceso caro. Para ahorrar dinero, podemos recurrir a ese otro tipo de boletín más sencillo donde se pide al remitente que rellene los espacios en blanco.
- ★ Si nuestra empresa es pequeña, hagamos de su tamaño una virtud. Si no aceptamos tarjetas de crédito, digamos lo siguiente: «Todavía somos muy pequeños para aceptar tarjetas de crédito, pero aceptaremos con sumo placer su pago con cheque o en efectivo. Esto nos ayudará a cuadrar mejor las cuentas y usted no tendrá que preocuparse de los intereses que le cobre el banco...».

## El sobre de respuesta comercial

Es asombrosamente fácil que un cliente pierda el interés por nuestro producto entre el momento en que lee la carta y el tiempo que se tarda en comprar un sobre y un sello. Si queremos facilitar al máximo la labor de hacer un pedido, incluyamos un sobre de respuesta con nuestra dirección ya escrita. Si podemos permitírnoslo, paguemos también el franqueo. Un sobre ya pagado siempre aumenta el índice de respuesta. Si alguien tiene que retener el impulso de comprar para ir a buscar un sello, puede que cambie de idea por el camino.

Si usamos los sobres de respuesta comercial, hemos de obtener un permiso y un número de autorización del Servicio Postal de Estados Unidos, número que ha de ir impreso en el sobre. Hay estrictas normativas postales que rigen este tipo de correo en lo relativo a dónde ha de ir la dirección, el código de barras, el sello impreso y otros elementos. Como estas normas cambian periódicamente, hemos de consultarlas en la oficina de correos. No obstante, también hay margen suficiente para hacer de nuestro sobre una ayuda para la venta. Podemos añadir en la dirección una línea que diga: «Departamento de la mejor oferta del siglo». En el reverso del sobre o en el interior de la solapa trasera podemos imprimir una lista de control para el cliente con preguntas como: «¿Ha incluido un cheque firmado?», «¿Ha incluido el boletín de pedido?».

Si no podemos permitirnos usar sobres de respuesta impresos, podemos confeccionar nuestros propios sobres, ponerles sellos de primera clase y escribir la dirección en el anverso. Digámosle a nuestros clientes que estamos tan seguros de que van a comprar que hasta hemos pagado el sello de primera clase.

En ciertos casos, podemos utilizar una tarjeta de respuesta comercial en lugar de un sobre. Se pueden usar para hacer una consulta («Devuélvanos esta tarjeta si desea recibir más información sobre nuestro excepcional producto») o para recoger información («Por favor, rellene este cuestionario para que podamos darle un mejor servicio en el futuro»). Pero lo más normal es que para hacer pedidos no se utilice una tarjeta, pues a los clientes les preocupará escribir el número de su tarjeta de crédito donde todo el mundo puede verlo. Es mejor que adjuntemos un boletín de pedido para meterlo en un sobre.

## Tengamos en cuenta los gastos de imprenta

La finalidad de nuestros esfuerzos creativos es captar la atención de nuestros potenciales clientes y conseguir que compren nuestro producto. Sin embargo, esto se ha de hacer de la manera más rentable posible. Un folleto con una figura desplegable en el centro puede ser una gran idea en teoría, pero cuesta tanto que casi es imposible cubrir gastos en la campaña.

Antes de que empecemos a diseñar los diversos componentes de nuestro envío, hemos de calcular los costes de impresión. Enviemos a dos o tres imprentas los datos de nuestro trabajo y comparemos los presupuestos. Si no tenemos mucha experiencia en trabajar con imprentas, pidámosles muestras de otros trabajos de publicidad directa que hayan hecho antes.

Si no sabemos mucho de estos temas, pidamos ayuda a nuestro diseñador gráfico sobre los detalles técnicos del trabajo. Seamos lo más concretos posible con cada uno de los componentes del paquete. Tendremos que dar a la imprenta información sobre el tamaño de cada uno de ellos, el tipo de papel que queremos usar, el número de colores que vamos a emplear, si vamos a incluir fotografías o ilustraciones y cómo hay que cortar o plegar cada pieza. Los factores que determinan los costes de impresión son los siguientes:

★ *Papel:* hoy en día es muy caro, y el tipo que escojamos puede tener un gran peso en los costes de imprenta. El papel tiene dos acabados: satinado y sin satinar. Este último es mejor cuando hay mucho texto. Las cartas y los libros se suelen imprimir en este tipo de papel mate. El satinado, que suele ser más brillante, es bueno para la reproducción de fotografías y normalmente se utiliza para revistas, catálogos y libros de arte. Imprimir nuestra carta o folleto en papel de color también aumentará el precio.

★ *Peso del papel:* los gastos de correo están determinados por el peso, así que ahorraremos dinero si elegimos un tipo de papel de menos grosor. Pero no perdamos de vista el mensaje y la imagen que queremos transmitir; en algunos casos, con un papel más pesado se dará una mejor impresión y obtendremos mayor respuesta.

★ *Tamaño:* si nuestra carta o folleto es de un tamaño poco frecuente, puede costarnos más porque no coincida con el tamaño estándar de una prensa. Podemos ahorrarnos dinero utilizando una técnica llamada «agrupamiento», consistente en imprimir más de una pieza simultáneamente en la misma prensa. Por ejemplo, si nuestro folleto es de un tamaño especial y deja hueco libre por los extremos, podemos aprovecharlo para imprimir un pequeño boletín de pedido o un cupón. En la imprenta nos dirán si es posible agrupar alguna de las piezas, con lo que podemos ahorrarnos bastante dinero.

- ★ *El color de la tinta:* el color es otro factor que influye en los gastos de imprenta. Obviamente, cuantos más colores metamos más caro saldrá el trabajo. Una carta sencilla, impresa a un solo color, será más barata que otra que contenga un segundo color para los subrayados y la firma. En algunos casos, un solo color puede ser eficaz. Pero si queremos reproducir fotografías a todo color, necesitamos un proceso de cuatricromía.
- ★ *Tiempo:* si necesitamos la entrega urgente de nuestro pedido, habremos de pagarla. Planifiquémoslo con el suficiente adelanto para dar a la imprenta tiempo de sobra y no incurrir en gastos extras por entrega urgente.
- ★ *Volumen del encargo:* los costes pueden variar dependiendo del número de copias que encarguemos. Los pedidos pequeños se suelen imprimir en una prensa donde las hojas de papel van pasando de una en una por cada color. Los pedidos más grandes se imprimen en una rotativa, que se alimenta de grandes rollos de papel. No todas las imprentas disponen de los dos tipos de prensa, por lo que algunas no están preparadas para grandes pedidos, de ahí la necesidad de buscar no sólo el mejor precio sino también la imprenta que esté mejor equipada para el tipo de encargo que necesitamos.

La impresión supone una parte considerable del coste de cualquier programa de publicidad directa. Encontrar una buena imprenta es uno de los aspectos más importantes de nuestra campaña. Dediquemos un tiempo a buscar a alguien que nos haga un buen precio pero que también esté dispuesto a aconsejarnos y a darnos ideas que nos ayuden a reducir costes.

Se incluyen a continuación unos cálculos bastante aproximados de los costes de imprenta de tres paquetes de publicidad directa distintos. Esto nos dará una idea de cuáles podrían ser los gastos por este concepto, aunque variarán de un establecimiento a otro. El precio del papel ha estado subiendo constantemente y puede seguir aumentando (o puede empezar a bajar), lo que influirá en los precios. Éstos también fluctuarán dependiendo de la zona del país. Los precios del Medio Oeste son más bajos que los de las costas Este y Oeste. He utilizado estos ejemplos sólo para que nos hagamos una idea. A veces las imprentas canadienses (entre ellas Yorkville Press, de Mississauga, Ontario, que nos ayudó a realizar estos presupuestos) pueden ofrecer precios mejores que las estadounidenses. Por supuesto, en este caso hay que sumar los gastos de transporte.

El primer presupuesto es para un sobre autoplegable a cuatro colores de 20,3 × 35,6 centímetros que una vez doblado se queda en 20,3 × 12,7 centímetros. Contiene una foto grande en color y cuatro pequeñas. Tenemos precios para la impresión de 10.000, 50.000, 100.000 y 500.000 copias. Observamos que en cada presupuesto hay un concepto llamado «fotolito» (a partir del cual se imprimen las copias). Su precio no varía sea cual sea el volumen de la tirada que vayamos a hacer. El concepto de «etiquetado/manipulación postal» se refiere al coste de pegar las etiquetas, ordenar por código postal, introducir en el tipo de bolsa apropiada y entregar en la oficina de correos. Los precios están en dólares estadounidenses.

| **Sobre autoplegable** | **10.000** | **50.000** | **100.000** | **500.000** |
|---|---|---|---|---|
| Fotolito | 1.460 | | | |
| Imprenta | 2.645 | 4.265 | 5.893 | 16.420 |
| Etiquetado y manipulación postal | 400 | 910 | 1.735 | 8.020 |

El siguiente presupuesto es para un paquete tradicional de publicidad directa que incluye los siguientes elementos:

- Un sobre de ventana del nº 10 a dos colores.
- Una carta de dos páginas a dos colores no personalizada.
- Boletín de pedido a dos colores con etiqueta.
- Un sobre de respuesta del nº 9 a un color.
- Folleto a cuatro colores: de 20,3 × 20,3 centímetros plegado una vez a 20,3 × 10,2 centímetros, con una foto grande a 4 colores y 5 pequeñas.
- Una carta de impulso de 17,8 × 17,8 centímetros plegada una vez a 17,89 × 8,9 centímetros.

| **Paquete tradicional** | **10.000** | **50.000** | **100.000** | **500.000** |
|---|---|---|---|---|
| Fotolito del sobre | 95 | | | |
| Impresión del sobre | 275 | 1.075 | 2.035 | 9.925 |
| Fotolito de la carta | 125 | | | |
| Impresión de la carta | 1.350 | 2.725 | 3.585 | 11.925 |
| Fotolito del boletín de pedido | 45 | | | |
| Impresión del boletín de pedido | 1.210 | 1.975 | 2.730 | 6.425 |

| | | | | |
|---|---|---|---|---|
| Fotolito del sobre de respuesta comercial | 45 | | | |
| Impresión del sobre de respuesta comercial | 290 | 1.150 | 1.900 | 9.030 |
| Fotolito del folleto | 1.560 | | | |
| Impresión del folleto | 1.570 | 3.325 | 4.150 | 10.175 |
| Fotolito de la carta de impulso | 45 | | | |
| Impresión de la carta de impulso | 710 | 1.395 | 2.145 | 6.850 |
| Etiquetado y manipulación postal | 550 | 2.070 | 3.875 | 17.910 |

El último presupuesto es para un envío de 50.000, 100.000 y 500.000 unidades de un paquete de publicidad directa personalizada, donde el nombre del destinatario va impreso en la carta, e incluye los siguientes elementos:

- Un sobre de ventana a cuatro colores de 15,2 × 22,9 centímetros.
- Una carta de dos páginas a dos colores, con la primera página personalizada con impresora láser para que el nombre se vea por la ventana del sobre. La primera página mide 35,6 centímetros, tiene un trepado a 26,6 centímetros y los 9 centímetros restantes son un boletín de pedido personalizado.
- Sobre de respuesta comercial a un color de 14 × 22 centímetros.
- Folleto a cuatro colores de 61,6 × 43,2 centímetros, plegable a 21,6 × 14,6 centímetros, con 3 fotos grandes y 8 pequeñas.
- Una carta de impulso de 17,8 × 17,8 centímetros, plegada una vez a 8,9 × 17,8 centímetros.

| **Paquete tradicional** | **10.000** | **50.000** | **100.000** |
|---|---|---|---|
| Fotolito del sobre | 830 | | |
| Impresión del sobre | 3.850 | 5.950 | 23.000 |
| Fotolito de la carta en offset | 185 | | |
| Impresión de la carta en offset | 2.725 | 3.585 | 11.925 |
| Fotolito del sobre de respuesta comercial | 45 | | |
| Impresión del sobre de respuesta comercial | 1.900 | 3.605 | 8.610 |
| Fotolito del folleto | 2.380 | | |
| Impresión del folleto | 6.150 | 10.813 | 46.425 |
| Etiquetado/tratamiento postal | 2.350 | 4.350 | 20.100 |
| Fotolito de la carta de impulso | 45 | | |
| Impresión de la carta de impulso | 1.395 | 2.145 | 6.850 |

## ESTACIONALIDAD

Las empresas realizan estudios exhaustivos para averiguar los productos que mejor se venden en cada época del año. En líneas generales, los mejores meses para la venta por correo son finales de agosto, septiembre, octubre y –sorprendentemente– enero. En agosto, septiembre y octubre ya se están haciendo compras para la Navidad. Cabría pensar que enero no es un buen mes. Pero los estudios demuestran que hay mucha gente que no compra para Navidad aquello que desea y prefiere esperar hasta que recibe dinero en efectivo para adquirir los regalos que no ha querido comprar antes.

Obviamente, lo que vendemos determina en gran medida cuáles van a ser nuestros mejores meses de venta. Mucha gente compra libros para leer en verano, por lo cual mayo y junio serán buenos meses. Quienes venden artículos de decoración y mobiliario tienen su mejor época en octubre y noviembre, momento en que se adecenta la casa para las fiestas que se van a celebrar en Navidad. Las mejores fechas para vender muebles de exterior son abril y mayo.

Quizá tengamos que hacer nuestros propios estudios para averiguar cuáles son los mejores meses para nosotros. Un cliente mío que había oído que enero era un buen mes para la venta por correo insistió en enviar su publicidad directa el día 1 de enero. Pero lo que vendía era ropa de invierno, y por esas fechas la gente ya ha comprado la ropa de invierno y ha empezado a ver los catálogos de primavera. Así pues, lo que es norma general en el sector de la venta por correo puede no tener validez para nuestro producto concreto. Es posible que tengamos que hacer varios ciclos de envíos antes de poder determinar en qué temporadas se obtiene una mejor respuesta para nuestro producto o servicio.

## LISTA DE CONTROL

### EL SOBRE

¿Cuáles de las siguientes cosas hizo usted?

☑ Utilizó titulares atrevidos
☑ Divirtió a la gente
☑ Intrigó al destinatario
☑ Hizo un sobre visualmente atractivo
☑ Utilizó un sello vivo
☑ Utilizó un sobre de un tamaño inusual
☑ Anunció su oferta en el sobre

☑ Escribió la dirección a mano
☑ Empleó un folleto plegable

LA CARTA
¿Cuáles de las siguientes cosas hizo usted?
☑ Incluyó un recuadro de Johnson u otro elemento para llamar la atención del destinatario
☑ Escogió un encabezamiento apropiado
☑ Humanizó su carta
☑ Habló de las ventajas del producto
☑ Buscó el mayor número de opiniones posible
☑ Profundizó en el producto o servicio
☑ Hizo algún cambio de ritmo
☑ Hizo que el futuro cliente se implicase
☑ Puso una posdata
☑ Incluyó una carta de impulso
☑ Escogió un tipo de letra apropiado
☑ Hizo sangrías de párrafo
☑ Dividió un texto largo en párrafos y subtítulos

EL FOLLETO
¿Cuáles de las siguientes cosas hizo usted?
☑ Pensó si realmente necesitaba un folleto
☑ Creó un titular llamativo
☑ Dio un tono apropiado a su carta
☑ Incluyó la descripción del producto, la oferta y la garantía
☑ Comprobó que las fotografías eran de buena calidad, no granulosas ni borrosas
☑ Utilizó un tipo de letra interesante

EL BOLETÍN DE PEDIDO
¿Cuáles de las siguientes cosas hizo usted?
☑ Reforzó su oferta
☑ Incluyó su garantía
☑ Utilizó un mecanismo de implicación
☑ Hizo las líneas para recogida de datos lo suficientemente largas
☑ Incluyó un mecanismo para incluir a sus posibles futuros clientes en la lista de correo
☑ Puso un código
☑ Le dio viveza
☑ Puso un ejemplo de cómo había que rellenar el boletín

EL SOBRE DE RESPUESTA COMERCIAL
¿Cuáles de las siguientes cosas hizo usted?
☑ Consultó las normas postales en la oficina de correos
☑ Incluyó un cuestionario en el reverso preguntando a los clientes si habían incluido un cheque firmado
☑ Comprobó que había puesto su dirección en la carta y/o en el boletín de pedido por si el cliente pierde el sobre

TENGAMOS EN CUENTA LOS GASTOS DE IMPRENTA
Recordemos los factores que determinan los costes de impresión
☑ Tipo de papel
☑ Peso del papel
☑ Tamaño del material diseñado
☑ Colores de la tinta
☑ Tiempo necesario para imprimirlo
☑ Volumen del pedido

ESTACIONALIDAD:
Recuerde cuáles son los mejores meses para la venta por correo:
✓agosto
✓septiembre
✓octubre
✓enero
☑ Haga su propio estudio para averiguar cuáles son los mejores meses en su caso concreto

# 5
# CARACTERÍSTICAS ESPECÍFICAS DE LOS ANUNCIOS DE RESPUESTA DIRECTA

Antes de que Steven Spielberg produjese *Parque Jurásico*, antes de que naciese la serie de dibujos animados Barney el Dinosaurio, ya existía un anuncio como éste:

| |
|---|
| Juguetes prehistóricos que harán las delicias de sus hijos.<br>Doce DINOSAURIOS por 1,5 dólares. |

Este texto forma parte de un anuncio de respuesta directa (fig. 5.1) que tuvo un éxito descomunal y generó 240.000 pedidos, lo que supone nada menos que 2.880.000 dinosaurios.

Éstos son los resultados que llevan a la gente a intentar vender mediante anuncios de respuesta directa (la publicación en cualquier medio de comunicación de un anuncio diseñado para provocar una reacción inmediata por correo o por teléfono). También es ésta la razón de que a muchas personas les defraude esta técnica de marketing: si no venden miles de productos la primera vez que salen, se retiran y no vuelven a intentarlo.

Los anuncios de respuesta directa presentan muchos de los elementos de los paquetes de publicidad directa que se envían por correo. La diferencia estriba en que en la publicidad de respuesta directa disponemos de mucho menos espacio y mucho menos tiempo para realizar nuestra venta. Sólo tenemos unos pocos centímetros cuadrados y los pocos segundos que se tarda en pasar una página de periódico o de revista para enganchar a nuestros clientes y captar su atención.

En una campaña de publicidad directa por correo, podemos atraer a nuestros clientes con un texto intrigante en el sobre, explicar los muchos beneficios del producto en una carta y reforzar nuestra oferta en un folleto o en una carta de impulso. En un anuncio de respuesta directa, sólo tenemos una oportunidad de lograr los mismos resultados. Y esa oportunidad no sólo compite con la publicidad, los

**Figura 5.1.** Este anuncio tuvo un enorme éxito, llegándose a vender con él más de 2.880.000 dinosaurios.

catálogos, las facturas y las cartas que nos pueden llegar al buzón; también compite con otros anuncios en la misma página, con el contenido editorial de la publicación y hasta con los chistes. Dado que la mayoría de los lectores no leen el periódico o la revista con la intención de comprarnos el producto, nuestro anuncio tiene que ser lo suficientemente convincente como para generar un impulso de compra.

Lógicamente, la publicidad de respuesta directa también tiene ventajas. Por regla general se puede llegar a grandes cantidades de personas por menos dinero de lo que cuesta hacer una campaña de correo directo o confeccionar un catálogo, y además el proceso no es tan largo. Los grandes anuncios a toda página con cupones recortables o con tarjetas de respuesta comercial encuadernadas con la propia publicación llevan muchos años dando estupendos resultados a empresas como Franklin Mint y Lands' End. Pero muchos pequeños anuncios –desde un octavo de columna en el diario *The New Yorker* hasta un minúsculo anuncio por palabras en *Adweek*– también han demostrado su eficacia.

### Fijarse unos objetivos claros

Un anuncio de respuesta directa puede tener tres objetivos:

1. Ganar dinero.

2. Elaborar un listado de clientes.
3. Obtener información.

*Objetivo nº 1:* si vamos a vender un solo artículo –como, por ejemplo, un nuevo programa de ordenador– y no tenemos intención de ofrecer a nuestros clientes ningún otro producto, nuestro objetivo es simplemente ganar dinero. Lo único que queremos es un cliente que nos compre el producto, después de lo cual ya no lo necesitamos para nada.

*Objetivo nº 2:* la auténtica recompensa de la publicidad impresa es poder hacernos con una base de clientes fieles que vuelvan a comprar nuestros productos. Si tenemos más de un artículo que ofrecer, o si vamos a ofrecer un producto que los clientes necesiten comprar repetidamente, quizá nos interese utilizar la publicidad de respuesta directa para ampliar nuestra base de datos y establecer relaciones a largo plazo con los clientes. Como seguramente no podremos alquilar todas las bases de datos que hay en el mercado, al optar por un anuncio de respuesta directa lograremos llegar a un gran número de personas.

Supongamos, por ejemplo, que llegamos a la conclusión de que los lectores de la revista *Newsweek* son unos destinatarios ideales para nuestro producto. Una opción sería alquilar esa lista. Sin embargo, si ponemos un anuncio de respuesta directa en la revista también tenemos la posibilidad de llegar a personas que no son suscriptoras pero la compran en el quiosco o la leen en la consulta del médico (puede que esas personas ya compren otros productos a través de anuncios de respuesta directa y no estén suscritas a *Newsweek*). Las personas que nos compren pasan a formar parte de nuestra propia base de datos para futuros envíos de publicidad directa.

Si quisiésemos aparecer en el suplemento «Business Plus» de *Newsweek*, que se envía aproximadamente a un millón de profesionales y directivos de alto nivel de renta, el anuncio nos costaría alrededor de 56.500 dólares por una página completa a dos colores. Además, la elaboración del texto, el diseño y la producción mecánica del anuncio costaría otros 3.000 dólares. Redondeando, podríamos decir que el anuncio nos saldría por 60.000 dólares.

Llegar al mismo número de suscriptores de *Newsweek* por correo directo podría costarnos un millón de dólares. Por supuesto, nunca nos vamos a dirigir por correo a un millón de suscriptores. Lo más normal sería empezar por 10.000 y, si ese primer envío funcionase bien, lo extenderíamos a otros 25.000, y así sucesivamente. Por tanto, si queremos llegar a un millón de compradores potenciales de una sola vez, con el objetivo de convertirlos en clientes fieles, deberíamos pensar en un anuncio de publicidad directa.

Una vez que alguien nos hace un pedido se convierte en comprador por correo. Como nos confirmaría cualquier agente de listas, quienes compran a través de ofertas de correo directo tienen más probabilidades de convertirse en clientes fieles que quienes compran por anuncios de respuesta directa. Así pues, si un cliente nos compra una caja de naranjas de zumo por un anuncio de respuesta directa, el siguiente paso sería incluir en la caja de naranjas una oferta de pomelos. A continuación tendríamos que enviarle un catálogo de nuestra línea completa de venta de fruta fresca por correo. De esa manera habremos convertido a una persona que una vez respondió a un anuncio en un cliente que es probable que siga comprándonos.

Algunas empresas, como las que ofrecen platos o muñecas coleccionables, insertan costosos anuncios a toda página en revistas de difusión nacional a sabiendas de que en un principio no van a recibir suficientes pedidos para pagar el anuncio. Sin embargo, también saben que una vez que los clientes compren uno de sus coleccionables es probable que adquieran varios más. Aunque puede que inicialmente no ganen dinero con estos anuncios, merecen la pena por el valor a largo plazo de estos compradores y por la suma total de dinero que acabarán gastándose.

Si ofrecemos un producto caro, o un producto que sea complicado explicar, podemos usar los anuncios de respuesta directa como parte de un proceso que tiene dos etapas. La primera etapa consiste en conseguir el nombre y la dirección de un potencial cliente interesado en el producto, y la segunda en realizar una venta. Muchos anuncios de dos etapas ofrecen algo gratis para atraer clientes. Puede tratarse de una guía, un folleto, un catálogo o una muestra gratuita. Así, por ejemplo, un anuncio para fomentar el turismo en un determinado Estado podría ofrecer una guía gratuita de sus principales atracciones. Una empresa que venda accesorios para ventanas podría ofrecer una guía explicando cómo hay que medir las ventanas para poner unas cortinas, unas persianas o un toldo. En un artículo de *Target Marketing* publicado en el número de abril de 1995, el publicitario Dean Rieck aconseja lo siguiente: «Pensemos en nuestra oferta desde el punto de vista de nuestros posibles clientes. Nosotros no les interesamos; les interesa solucionar su problema concreto. Cuanto más valiosa, substancial y verdaderamente práctica sea nuestra oferta, más respuestas de calidad va a generar».

**CONSEJO:** A veces nuestro objetivo es reunir el mayor número posible de respuestas. Si publicamos un anuncio con una tarjeta de respuesta encuadernada con la propia publicación, tarjetas de prueba con el franqueo pagado y tarjetas que requieran que el posible cliente pague el sello, observaremos que los clientes que están dispuestos a invertir 20 centavos en un sello serán por regla general los que luego den una respuesta de mayor calidad.

La segunda etapa del proceso es convertir la respuesta en una venta. La guía turística podría llevar cupones de descuento para alguna de las atracciones del Estado y condiciones especiales para la contratación de paquetes de vacaciones. Una vez que la empresa que vende accesorios para ventanas haya enviado sus folletos gratuitos, el siguiente paso sería una llamada de telemarketing para decirle al cliente lo siguiente: «Como hace poco tiempo solicitó nuestra guía gratuita, nos gustaría hacerle saber que estamos haciendo un descuento del 20% en todos nuestros productos. ¿Le interesaría que nuestros profesionales fuesen a tomar medida de sus ventanas para hacerle un presupuesto de cortinas, persianas o toldos?».

*Objetivo nº 3:* el tercer objetivo de la publicidad de respuesta directa es obtener información. Así, por ejemplo, una gran empresa que vaya a lanzar un producto nuevo podría poner anuncios en *Woman's Day* y en *Mademoiselle* a la vez. Si la mayor parte de las respuestas proceden de *Mademoiselle*, ya saben que su clientela típica es de mayor nivel socioeconómico que las lectoras habituales de *Woman's Day*, con lo que pueden cambiar su concepción sobre cuál es su mercado y empezar a alquilar listas de personas con mayor poder adquisitivo.

Del análisis de periódicos y revistas se pueden sacar otras lecciones. Muchas publicaciones ofrecen la posibilidad de fragmentar el espacio contratado, de tal manera que en la mitad de la tirada saldrá el anuncio A y en la otra mitad el anuncio B. Supongamos que estamos vendiendo un libro sobre diseño de interiores y vemos dos objetivos de mercado posibles. Uno es el incipiente, quizás un joven que acaba de licenciarse en la universidad o unos recién casados que necesitan ayuda para decorar su primera vivienda. El segundo objetivo es una persona algo mayor, que ya dispone de vivienda y tiene algo de dinero para reformarla. Con los dos objetivos en mente, crearemos dos estrategias de marketing independientes con dos anuncios distintos.

El primer anuncio lleva el siguiente titular: «¿Necesita ayuda para decorar su hogar? ¡Aprenda los secretos de los profesionales!». El titular del segundo anuncio dice: «Descubra cómo reformar su casa sin salirse del presupuesto». A continuación iremos alternando la publicación de los dos anuncios en números consecutivos de los periódicos o revistas de una determinada zona geográfica, con lo que conseguiremos que el resultado del anuncio no quede desvirtuado por el código postal o el barrio donde se vendan.

Podemos conseguir información sobre lo que cuesta publicar anuncios alternos leyendo *Standard Rate and Data,* o llamando a la publicación concreta en la que queremos anunciarnos, y pidiendo un informe sobre índice de respuestas. Una vez que averigüemos qué anuncio produce mejores resultados, podemos publicar sólo ése en todos los números de la publicación o utilizarlo como base para una campaña de publicidad por correo dirigida a un sector más específico.

## Cercanía, cercanía y cercanía

Dicen que el éxito de la venta en comercios se debe a tres cosas: cercanía, cercanía y cercanía. Lo mismo ocurre básicamente con los anuncios de respuesta directa. El lugar donde decidamos publicar nuestro anuncio puede suponer una diferencia de miles de pedidos. Publicar un anuncio bien escrito y bien concebido de un programa informático en la revista *Gourmet* o en *Travel & Leisure* probablemente no dé tan buen resultado como si lo publicamos en *PC Week* o en *Home Office Computing*.

La mejor manera de decidir dónde colocar un anuncio es hablar con personas que encajen en el perfil que hemos creado visualizando a nuestro cliente ideal. Preguntémosles si les interesaría nuestro producto. Y, sobre todo, preguntémosles lo que leen. Hablemos con el mayor número de personas posible mientras estamos elaborando nuestra lista de clientes ideales. Muy a menudo nos darán ideas para la comercialización de nuestro producto que jamás se nos hubieran ocurrido a nosotros.

Si no estamos seguros de las publicaciones a las que podemos acceder, vayamos a la biblioteca y consultemos los directorios publicados por Standard Rate and Data Services, donde podemos encontrar una relación de miles de publicaciones periódicas editadas en Estados Unidos (también hay ediciones extranjeras). Estos libros contienen información sobre el contenido editorial, los nombres y los cargos de los directivos, las cifras de difusión, las tarifas generales de publicidad y los descuentos, las tarifas de los anuncios clasificados, si aceptan o no anuncios alternos (muy importante a efectos de evaluación) y si publican o no ediciones regionales.

Antes de decidir publicar nuestro anuncio en un periódico o revista concretos, hemos de leer varios ejemplares de ellos. Al hacerlo, hagámonos las siguientes preguntas:

- A juzgar por el contenido editorial de la publicación, ¿a qué tipo de lectores parece ir dirigida?
- ¿Coincide su público con el nuestro?
- Miremos los anuncios. ¿Hay muchos de respuesta directa? Si los hay, podemos deducir que están dando buen resultado y, por tanto, podríamos elegir esta publicación para el nuestro.
- ¿Van dirigidos esos anuncios al mismo tipo de público que el nuestro? Si así es, esta publicación también nos puede ir bien a nosotros.
- ¿Se anuncian las empresas de la competencia en esta publicación? Estudiemos varios números de la misma. Si el anuncio de la competencia aparece repetidamente, eso significa que les está dando buen resultado (nadie vuelve a publicar un anuncio que no funciona). Pongamos un anuncio que explique por qué nuestro producto es el mejor de su categoría y los lectores también nos comprarán a nosotros.

Llamemos a algunos de los anunciantes para enterarnos de si les va bien publicando sus anuncios en esa publicación. ¿Consiguieron los resultados que esperaban? ¿Van a volver a sacar allí el anuncio?

**CONSEJO:** Un anuncio de respuesta directa lleva consigo un respaldo implícito de la publicación en la que se inserta. Por tanto, procuremos que el periódico o la revista que elijamos reflejen el estilo de vida y la filosofía del público al que nos dirigimos.

### Trabajando con un presupuesto

Un factor determinante al tomar la decisión sobre el lugar donde vamos a publicar nuestro anuncio de respuesta directa es el presupuesto de que disponemos. El coste de la publicidad varía en función de la difusión que tenga la publicación. Obviamente, a mayor difusión más nos costará el anuncio, igual que ocurre en televisión, donde la tarifa es más alta en los programas con mayor índice de audiencia. Por regla general, es mucho más caro contratar un espacio publicitario en un programa de una cadena de televisión que en un programa local transmitido por cable. De igual manera, una publicación nacional cobrará más por la publicidad que un semanario local.

Hay cuatro opciones básicas de medios impresos donde publicar anuncios de respuesta directa. Cuando estemos diseñando un plan de marketing y tengamos que decidir cuál es el mejor medio de comunicación para nuestro producto, habremos de comparar el coste de cada una de estas opciones:

- *Diarios:* la ventaja de anunciarse en un periódico diario es que es una forma bastante económica de llegar a un gran número de personas, y también que podemos llegar a ellas de una manera rápida (un anuncio enviado a un periódico puede aparecer a los pocos días) y esperar una respuesta también rápida de los lectores. Sin embargo, estamos dirigiéndonos a una audiencia seleccionada por zonas geográficas más que por intereses o por hábitos de compra.
- *Revistas:* los anuncios en revistas pueden ser muy caros, especialmente si es una publicación de ámbito nacional de carácter general. Sin embargo, también hay muchas revistas especializadas que nos permiten llegar a un público con un interés conocido relacionado con un producto o servicio. Algunas revistas nos permiten anunciarnos en una edición regional (la del noreste, por ejemplo), lo que nos costará menos que aparecer en una edición nacional. En este tipo de publicaciones, nuestro anuncio también tiene una vida más larga, pues normalmente las revistas se guardan durante más tiempo que los periódicos. Uno de los principales inconvenientes es que en las revistas hay que esperar mucho tiempo, a menudo de tres a cuatro meses, antes de que nuestro anuncio por fin se publique.

  Si nuestro anuncio contiene un cupón o un boletín de pedido, entran en consideración otros factores. Quizá tengamos un ritmo de respuesta lento porque la gente no quiera arrancar el cupón mientras no terminan de leer la revista o, en el caso de las revistas especializadas de calidad (como *Metropolitan Home* o *Architectural Digest*), quizá los lectores no quieran estropearlas arrancando una parte. En estos casos, la habilitación de un número de teléfono gratuito puede dar mejor resultado que la inclusión de un cupón; o quizá nos interese optar por un anuncio con una tarjeta encuadernada con la propia revista que se puede arrancar sin deteriorarla.

- *Encartes:* son anuncios sueltos que se distribuyen entre las páginas de un periódico o revista. Es frecuente encontrarlos con el periódico del domingo. A muchas personas les resultan molestos porque siempre se caen. Pero quizá por eso sean tan eficaces: cuando vemos un papel volando no podemos evitar seguirlo con la vista. Los inconvenientes son, una vez más, que con los encartes se llega a un público que no se ha seleccionado previamente y que se han hecho tan habituales que es difícil conseguir que el nuestro sobresalga entre los demás.
- *Periódicos semanales:* las publicaciones de periodicidad semanal constituyen una forma económica de anunciarse. Estos periódicos suelen tener un alcance limitado, dirigiéndose con frecuencia a una comunidad concreta, lo que puede resultar perfecto si en ésta se encuentran nuestros clientes ideales.

### *Descuentos en la publicidad*

También hay formas de conseguir descuentos en nuestro gasto publicitario. Casi todas las publicaciones ofrecen descuentos por volumen y por frecuencia, lo que supone que si nos anunciamos en más de una publicación del mismo grupo editor o perteneciente al mismo diario, o si accedemos a sacar nuestro anuncio un determinado número de veces, podemos obtener una tarifa reducida. Muchas publicaciones ofrecen tarifas para anuncios en espera, que son tarifas especiales por espacio no vendido. Esto significa que nosotros remitimos nuestro anuncio a la publicación y ellos lo publicarán cuando tengan un hueco libre (dentro de un determinado margen de tiempo). La ventaja es que muchas veces podemos conseguir muy buenos precios para nuestro anuncio. El inconveniente es que no sabemos exactamente cuándo va a salir y que tenemos que realizar un control minucioso. Una vez que puse un anuncio en espera para un cliente, llamé al periódico para ver si había salido ya y me dijeron que sí. Mi cliente estaba desolado porque no había tenido ninguna respuesta. Cuando pedí un facsímil (una copia del anuncio tal como había salido publicado), nos dijeron que se había producido un error y que aún no había aparecido. Salió al día siguiente.

También podemos publicar nuestro anuncio a través de los servicios de contratación de espacios publicitarios. Son agencias que compran grandes cantidades de espacio en diversos medios y después lo venden a los anunciantes. Si tenemos un presupuesto pequeño para publicidad podemos concertar con ellas un servicio de pago por consulta o de pago por pedido. En estos casos no se cobra nada por el espacio publicitario en sí, pero hemos de dar un porcentaje al servicio de contratación por cada pedido o consulta que nos hagan.

Una de estas empresas es la de Stephen L. Geller, Inc. (con el que no tengo ninguna relación), un servicio de contratación de espacios publicitarios en medios impresos radicado en Connecticut con amplia experiencia en el campo del marketing directo. La presidenta, Sue R. Geller (también sin relación conmigo), esbozó los siete puntos principales que su empresa, y otras del sector, tienen presentes al comprar espacio publicitario para sus clientes:

1. *Investigación demográfica y psicográfica:* basándose en el producto y en la experiencia de la agencia con productos similares, se analizan los aspectos demográficos; por ejemplo, «éste es un producto que probablemente atraerá a mujeres de 18 a 34 años con un nivel mínimo de ingresos de 30.000 dólares». También utilizan datos psicográficos, que se refieren a las actitudes, costumbres, actividades y patrones de conducta de las personas. Estos datos podrían decirles lo siguiente: «Éste es un producto que probablemente atraerá a mujeres que participan en actividades deportivas». La agencia también tiene acceso a herramientas de investigación tales como el Publisher's Information Bureau, que publica informes sobre miles de productos y sobre las publicaciones en las que han aparecido sus anuncios. Esto proporciona a la agencia información sobre los productos que son competitivos.
2. *Coste por millar:* se refiere al coste del anuncio por millar de lectores. Esto es sumamente importante en la respuesta directa porque es posible que el perfil de audiencia de la revista que hemos elegido se ajuste a la perfección a nuestro producto, pero si pagamos un precio demasiado alto por millar, esa revista no producirá suficientes respuestas para que el anuncio resulte rentable.
3. *Historia del producto:* las agencias de contratación publicitaria se basan en su experiencia con otros artículos para dar información sobre futuros productos. Stephen L. Geller, Inc. ha elaborado una base de datos que incluye información sobre todos sus clientes anteriores, los tipos de productos que vendieron, las publicaciones en las que los anunciaron y los resultados que

obtuvieron los anuncios. Probablemente no nos darán todos los detalles –no nos dirán, por ejemplo, el nombre de las empresas–, pero sí pueden decirnos en qué publicaciones dieron buen resultado anuncios de productos similares al nuestro.

Si no recurrimos a un servicio de este tipo, podemos guiarnos por nuestra propia experiencia. ¿Qué publicaciones nos han dado buen resultado anteriormente? ¿Hubo alguna época del año en la que obtuviésemos mejores resultados que en otra? ¿Hubo otros factores de estacionalidad, como las vacaciones? ¿Nos anunciamos en un periódico dominical? ¿Hubo influencia de factores externos sobre las decisiones de compra? En una ocasión realicé un anuncio precioso para un artículo coleccionable que, a juzgar por anuncios anteriores, debería haber dado muy buen resultado. Sin embargo, el día que apareció coincidió con una jornada importante del campeonato de la liga de fútbol... y además cayó una nevada impresionante. La mitad de los clientes potenciales ni siquiera pudieron salir a comprar el periódico, y la otra mitad estaba enfrascada en el partido.

4. *Potencial de extensión:* ¿qué es el potencial de extensión de la publicación en la que estamos pensando? Si tenemos un producto orientado a aficionados al motorismo, hay varias publicaciones que se dirigen a ese tipo de público, la mayor parte con tiradas reducidas. Puede que nuestro anuncio funcione bien en ellas, pero ¿qué más podemos hacer? También es necesario evaluar nuestro anuncio en publicaciones de gran tirada, de tal manera que si da buen resultado en una prueba regional, por ejemplo, podamos extenderlo a una audiencia nacional mucho más amplia.
5. *Enfoque creativo:* cada periódico y cada revista tienen su propio estilo individual tanto en su contenido editorial como en el publicitario. Algunas publicaciones traen anuncios que son bellas ilustraciones a cuatro colores con muy poco texto. Un anuncio con mucho texto alrededor de una foto pequeña no llamaría mucho la atención en esas revistas. El mismo anuncio no funcionará igual de bien en todas ellas, por lo cual tendremos que modificar el anuncio para que encaje en cada revista y periódico o cambiar de publicación.
6. *Nivel de precio del producto:* para poder determinar si una publicación concreta se ajusta a nuestro presupuesto, debemos calcular cuántas unidades de nuestro producto hemos de vender para pagar el anuncio. Si, por ejemplo, un anuncio del pro-

grama informático que queremos vender nos cuesta 12.000 dólares, ¿cuántos tenemos que vender para pagarlo? Si nuestro producto cuesta 49,95 dólares, tendríamos que vender más de 240 para obtener beneficios. ¿Es eso realista dada la difusión de la publicación que hemos escogido? Para una explicación más detallada de estos factores, véase el capítulo 8, «Los costes y la aritmética de la venta por correo».

7. *Objetivo:* lo que estemos dispuestos a pagar por un espacio publicitario depende también de nuestro objetivo. ¿Vamos buscando ganar dinero «a la primera», conseguir que la gente responda instantáneamente enviando su pedido para pagarlo con cheque o con dinero en efectivo o llamando a nuestro teléfono gratuito? ¿O nos interesa un proceso de generación de respuestas en dos etapas, donde los lectores interesados primero llaman para pedir más información y luego hay que convertir esa llamada en una venta? A las grandes empresas les puede preocupar menos el coste de un anuncio individual si tienen empresas auxiliares que puedan cubrir los costes. En tal caso, el objetivo de la empresa podría ser conseguir nombres para su lista de correo y luego venderles otros productos. El objetivo de una pequeña empresa que sólo tenga un producto para vender es conseguir un gran número de ventas inmediatas; por tanto, a esa empresa le preocuparía más anunciarse a un coste que quede cubierto con las ventas resultantes.

## CÓMO CONSEGUIR QUE NUESTRO ANUNCIO DESTAQUE SOBRE LOS DEMÁS

Para que resulte eficaz, una anuncio de respuesta directa tiene que saltarnos a la vista e impedir que pasemos la página. Nuestro anuncio tiene que dar respuesta inmediata a dos preguntas: ¿quién querría comprar este producto? ¿Por qué iban a querer comprarlo? Tenemos que llegar a personas que de pronto se han entusiasmado con un titular destinado a captar su atención y con un texto sobre un producto cargado de beneficios.

El titular no tiene por qué ser ingenioso ni complicado. Algunos de los titulares más eficaces son de lo más sencillo:

**CULTIVE FRESAS GIGANTES**

**CIENTOS DE TOMATES DE UNA SOLA MATA**

**LIMPIAPARABRISAS MILAGROSOS**

¿Quién no iba a comprar cientos de tomates que salen de una sola planta o unas escobillas limpiaparabrisas milagrosas? Uno de los anuncios de respuesta directa más exitosos que se han creado jamás lo realizó hace cincuenta años un pionero de la publicidad llamado John Caples, socio del Advertising Hall of Fame. El titular de ese anuncio a toda página de un curso de música a distancia decía lo siguiente: «Cuando me senté al piano se echaron a reír, pero cuando empecé a tocar...». El largo texto del anuncio narraba la historia de un joven que se convirtió en el centro de atención de la fiesta cuando sorprendió a sus amigos poniéndose a tocar la sonata *Claro de luna* de Beethoven al piano. El anuncio trazaba una imagen tan vívida de la situación que el producto resultaba casi irresistible para cualquier aspirante a músico.

La finalidad de un titular es establecer una relación instantánea con el lector, algo que le haga pararse, mirar y seguir leyendo. He aquí seis posibles tipos de titular:

1. *La solución del problema.* Los lectores que sufren problemas similares al que plantea nuestro titular se identificarán inmediatamente con nuestro producto.

   **¿PASA LAS NOCHES EN VELA PASEANDO POR LA CASA? PRUEBE NUESTRO REMEDIO NATURAL A BASE DE HIERBAS Y CURE PARA SIEMPRE SU INSOMNIO**

   **¿SE HA PERDIDO UN MENSAJE URGENTE DE UN CLIENTE PORQUE ESTABA ATRAPADO EN UN EMBOTELLAMIENTO? ¡NUNCA MÁS! EL TELÉFONO MÓVIL ACME LE DARÁ TRANQUILIDAD EN LA CARRETERA DURANTE HORAS**

   Planteemos un problema y démosle respuesta explicando los beneficios que el producto tiene para el futuro cliente. La respuesta puede ir en el titular (como en los ejemplos anteriores) o al principio del texto del anuncio.
2. *El acontecimiento histórico.* En 1986, Estados Unidos emitió sus primeras monedas de oro. El sencillo pero eficaz titular de Joe England, situado encima de una foto de las monedas, decía lo siguiente: «Las primeras monedas de oro norteamericanas». Este anunció vendió en cuatro meses monedas por valor de 10 millones de dólares. Si hay algo de interés informativo en nues-

tro producto, especialmente si es una primicia o una oferta por tiempo limitado, esto puede suponer un importante tirón.

3. *El testimonio.* Si alguien a quien yo conozco, respeto o con quien me identifico me dice que usa un determinado producto, podría sentirme inclinada a probarlo. Así pues, si veo un anuncio de calzado deportivo con la imagen de Michael Jordan diciendo: «¡ÉSTAS SON LAS ZAPATILLAS QUE ME AYUDARON A TRIUNFAR!», o un anuncio con un producto para el cuidado del cabello y una fotografía de Cher cuyo titular dice: «NO USO OTRA COSA», al leerlo pienso: «Si es bueno para ellos, también lo es para mí». El testimonio no tiene por qué pertenecer a una persona famosa y, en este sentido, podría encontrarme un anuncio con el siguiente titular:

**«UTILICÉ LA BICICLETA ESTÁTICA ACME SÓLO 15 MINUTOS AL DÍA Y PERDÍ 3 KILOS Y MEDIO EN UN MES. ¡AHORA YA PUEDO PONERME MIS VAQUEROS FAVORITOS!»**
**Betsy Jones, Long Island, Nueva York**

Me he sentido tentada de seguir leyendo aunque no conozco de nada a Betsy Jones. Y pese a ello, me inclino a pensar: «Si a Betsy Jones le funciona, también puede funcionar conmigo».

4. *Estadísticas.* La credibilidad de un producto puede verse incrementada si incluye datos estadísticos sobre su eficacia. Cuanto más objetivo y/o científico parezca, mejor. Si nueve de cada diez médicos recomiendan un producto, éste debe de ser seguro y eficaz. También es bueno revelar la fuente de los datos que aportamos. Si un informe de la Asociación Médica Estadounidense confirma que nueve de cada diez médicos recomiendan nuestro producto, nuestra credibilidad se dispara. Igual que ocurre con los testimonios, la fuente no tiene por qué ser muy conocida. Un titular que diga: «EL 70% DE LOS EJECUTIVOS DE FORTUNE 500 QUE HAN LEÍDO ESTE LIBRO FUERON ASCENDIDOS A LAS SEIS SEMANAS», podría llevar detrás un asterisco y una línea al pie del anuncio que diga: «Según una encuesta realizada en 1995 por Pérez y Cía». Quizá no conozcamos de nada esta empresa, pero nos reconfortará el hecho de que el autor del libro no se haya inventado el dato.
5. *Titulares sensacionalistas.* A menudo conseguiremos captar la atención del lector haciendo una afirmación que provoque su

curiosidad y casi le obligue a seguir leyendo. Hace unos años, Rodale Press utilizó un titular en una carta de publicidad directa por correo que a mí siempre me ha parecido perfecta para un anuncio de respuesta directa:

**TODAS LAS MUJERES QUE MUEREN ANTES DE CUMPLIR 120 AÑOS MUEREN PREMATURAMENTE**

La figura 5.2 muestra el anuncio que escribí para las monedas olímpicas de 1984 y que cuenta la historia de Robert Garrett, capitán del equipo de atletismo de Princeton en 1896, que deseaba tanto que Estados Unidos participase en la competición que pagó de su bolsillo el viaje de todo el equipo a Grecia. Se trata de una historia infrecuente que ni los más forofos de los Juegos Olímpicos conocen. La fotografía de Garrett con su extraña indumentaria olímpica contribuyó a potenciar el factor curiosidad.

6. *Preguntas.* Las preguntas son un excelente mecanismo de implicación. Dejar una pregunta sin responder es como acabar una canción antes de la última nota: sumamente frustrante o provocador. Un titular que nos hace una pregunta pretende que sigamos leyendo para encontrar la respuesta. Aquí tenemos algunos ejemplos de este tipo de titular:

**¿SU JEFE LE ESTÁ VOLVIENDO LOCO? ¿NECESITA IRSE A UN LUGAR PLÁCIDO Y TRANQUILO?**

**¿RECUERDA CUANDO EL OLOR DE LA TARTA DE MANZANA DE LA ABUELA LE PARECÍA EL AROMA MÁS DULCE DEL MUNDO?**

El texto de estos anuncios contendrá la respuesta. Tras el primer titular, podríamos encontrarnos algo así: «Venga a nuestra isla paradisíaca y aléjese de todo». El segundo titular podría ir seguido de un texto como éste: «Pues deje que los Dulces Tradicionales McCormick le devuelvan esos recuerdos».

### El texto

Los anuncios de respuesta directa pueden ocupar una o más páginas completas o tres líneas de la sección de anuncios por palabras. La exten-

**Figura 5.2.** El titular que presenta a Robert Garrett (fotografiado con su indumentaria deportiva del siglo XIX) pretendía intrigar a los posibles compradores de monedas para que siguiesen leyendo.

sión más apropiada para un anuncio de respuesta directa viene determinada por el número de palabras que necesitemos para transmitir nuestro mensaje. Hasta el anuncio más pequeño debería contar una historia, desde el titular hasta la frase principal con la que se pretende que los clientes respondan a la oferta, pasando por el boletín o la tarjeta de pedido.

¿Cómo decidimos lo que vamos a escribir? Yo siempre empiezo haciendo una lista de todas las características del producto y de los beneficios que aporta. Después me pongo a escribir hasta que creo que he tratado todos los temas. Inevitablemente, cuando releo lo que he escrito, siempre descubro que los dos primeros párrafos son innecesarios, y que el tercero es el que llama la atención. Éste es el que se convierte en motivo de incitación (la primera frase o párrafo después del titular).

Una de las muchas decisiones que hay que tomar cuando se escribe un texto publicitario es quién narra la historia. La mayoría de los anuncios hablan a través de un narrador omnisciente. La figura 5.3 muestra otro anuncio que escribí yo, éste para «La SUPERDIETA». El titular, pronunciado por alguien que no aparece en el anuncio, declara: «Adelgace 3 kilos en una semana... ¡O le devolvemos su dinero!». El texto pasa a describir todas las ventajas de esta oferta sin riesgos.

Más raro es el anuncio de la figura 5.4. Este anuncio que creamos para RCA Victor narra una historia en primera persona, como si la joven que aparece en el anuncio hablase directamente al lector. Originalmente, el anuncio se hizo en tercera persona. No estaba mal, pero se parecía demasiado a los demás anuncios de colecciones de discos. Después lo convertimos en una historia real contada por Susan Alexander, una empleada de RCA Victor. Esto dio al anuncio el carácter distintivo que necesitaba para sobresalir del resto.

Hay una norma práctica que debemos seguir cuando escribimos un texto publicitario: corregir, corregir y corregir. El texto ha de ser lo más conciso posible, de tal manera que incluya –ni más ni menos– todo lo necesario. Las oraciones han de ser cortas, y el lenguaje sencillo pero descriptivo.

El texto siempre va seguido de un apartado para realizar el pedido. En un pequeño anuncio por módulos, puede ser una simple dirección o un número de teléfono. En un anuncio extenso, se suele incluir un boletín o cupón de pedido. Comprobemos que hemos repetido en el boletín de pedido toda la información importante sobre nuestro producto, incluyendo la oferta. Recordemos que algunas personas pueden arrancar sólo el cupón y no guardar el anuncio completo. Si el cupón no contiene suficiente información, pueden olvidar lo que querían comprar. Como siempre, la finalidad es facilitar al máximo que un lector interesado en nuestro producto se convierta en un cliente fiel.

**Figura 5.3.** Un narrador omnisciente anuncia el audaz titular de este anuncio.

**Figura 5.4.** Este anuncio se perfeccionó cambiando la voz del narrador de tercera a segunda persona.

## RENTABILICEMOS AL MÁXIMO EL GASTO PUBLICITARIO

Nadie nos garantiza que un anuncio, por creativo que sea, vaya a dar los resultados deseados.

Hay, sin embargo, algunas sugerencias que nos pueden ayudar a sacar el máximo partido al dinero que invertimos en publicidad:

★ *No olvidemos utilizar códigos de origen.* Podemos emplear cualquier tipo de código, cualquier combinación de letras y números, que nos diga en qué publicación ha salido publicado el anuncio. De esa manera, si tenemos varios anuncios simultáneamente en más de una publicación, sabremos cuál de ellos produjo mejor respuesta. Si incluimos un número de teléfono gratuito para la respuesta, el código puede ser «Pregunte por Bárbara» en una publicación y «Pregunte por Elizabeth» en otra, o podemos poner dos extensiones telefónicas distintas.

★ *Si incluimos un cupón con nuestra dirección escrita, pongamos el nombre de una calle en lugar de un apartado de correos.* Un apartado postal da muchas veces una sensación de provisionalidad, y por lo general la gente confiará más en nuestra empresa si lleva detrás un nombre y un número de una calle.

★ *Si el presupuesto nos lo permite, utilicemos tarjetas de respuesta encuadernadas con la propia publicación.* Se trata de tarjetas de respuesta comercial que el lector rellena y remite a nuestra empresa, ya sea con una petición de información o con un pedido con la opción de pago contra reembolso (a casi nadie le gusta poner el número de su tarjeta de crédito en una tarjeta postal). La elección de este tipo de tarjetas llama la atención a la gente y les facilita la realización del pedido, que es el objetivo último de todos nuestros anuncios.

★ *Pidamos que saquen nuestro anuncio en un buen lugar.* Los anuncios que más atraen la atención suelen ir en las páginas impares cerca del principio de la publicación. El peor emplazamiento es en las páginas pares junto al margen interior de la página. Aunque normalmente la publicación no nos garantizará la ubicación del anuncio, podemos hacerles saber nuestras preferencias.

★ *Preguntemos por los números especiales.* Muchas publicaciones sacan a lo largo del año números monográficos. Por ejemplo, una revista sobre aficiones puede centrarse un mes en la costura y el mes siguiente en el aeromodelismo. Si lo que vendemos es una máquina de coser, debemos cerciorarnos de que nuestro anuncio se publica en el número dedicado a la costura. Así pues, cuando nos planteemos salir en cualquier publicación, preguntemos si tienen previsto sacar algún número especial relacionado con nuestro producto o servicio.

★ *Evaluemos nuestros anuncios de respuesta directa.* Hagamos una tabla donde aparezcan las distintas publicaciones en las que ha aparecido nuestro anuncio y los ingresos que nos ha reportado cada una de ellas. Midamos los resultados con cuidado. Es fácil buscar dónde están los resultados más satisfactorios y concluir que esa publicación es la «ganadora». Sin embargo, hemos de tener en cuenta nuestros gastos iniciales. Puede que anunciarnos en esa publicación nos haya salido caro. Una publicación más modesta, que quizá nos haya traído menos pedidos, puede arrojar mayores ganancias. Así pues, es importante que llevemos la cuenta de lo que cuesta sacar cada anuncio, de cuántas respuestas produjo, del momento en que cubrimos gastos con cada anuncio y de cuál produjo mayor beneficio.

## Lista de control

### CLARIDAD EN LOS OBJETIVOS

☑ Los tres objetivos de la publicidad de respuesta directa son:

1. Ganar dinero
2. Confeccionar nuestra lista de clientes
3. Obtener información

### DÓNDE PONER NUESTRO ANUNCIO

☑ Leamos atentamente toda aquella publicación en la que estemos pensando anunciarnos. Hagámonos las siguientes preguntas:

✓¿A qué tipo de personas va dirigida la publicación?
✓¿Coincide su público con el nuestro?
✓¿Hay muchos anuncios de respuesta directa en la publicación?
✓¿Van dirigidos esos anuncios al mismo tipo de público que el nuestro?
✓¿Se anuncian las empresas de la competencia en esta publicación?

☑ Los cuatro medios de comunicación básicos para la publicidad de respuesta directa son:

✓Diarios
✓Revistas
✓Encartes
✓Periódicos de publicación semanal

☑ Descuentos

✓Volumen y frecuencia
✓Tarifas por publicidad en espera

HAGAMOS QUE NUESTRO ANUNCIO DESTAQUE ENTRE LOS DEMÁS

☑ Seis tipos de titulares:
- ✓La solución de un problema
- ✓El acontecimiento histórico
- ✓El testimonio
- ✓Las estadísticas
- ✓Los titulares sensacionalistas
- ✓Las preguntas

TEXTOS CREATIVOS

☑ La extensión más apropiada: la que necesitemos para contar nuestra historia

☑ ¿Cómo decidimos lo que vamos a escribir?
- ✓Hagamos una lista de las características y los beneficios del producto y decidamos cuáles son los más importantes
- ✓Hagámonos la siguiente pregunta: «¿Quién va a narrar la historia?»
- ✓Corrijamos, corrijamos, corrijamos
- ✓Incluyamos un boletín o una tarjeta de pedido fáciles de rellenar

RENTABILICEMOS AL MÁXIMO EL GASTO PUBLICITARIO

☑ No olvidemos utilizar códigos de origen

☑ Pongamos en la dirección el nombre de una calle en lugar de un apartado de correos

☑ Utilicemos tarjetas encuadernadas

☑ Pidamos que el anuncio salga en un buen lugar: páginas impares cerca del principio de la publicación

☑ Preguntemos por los números especiales

☑ Llevemos el control de los resultados y evaluémoslos

# 6
# CONEXIONES POR CATÁLOGO

## UNA HERRAMIENTA PARA VENDEDORES SERIOS

En 1987, Steve y Lori Leveen pusieron varios anuncios diminutos en los diarios *The New York Times* y *The Boston Globe* vendiendo lámparas halógenas para el hogar. Recibieron cinco o seis pedidos. Entonces sacaron un anuncio de dos centímetros y medio de las mismas lámparas en *The New Yorker* con un titular que decía «Iluminación seria para lectores serios». El teléfono empezó a sonar y nació el catálogo de la empresa Levenger.

Los Leveen llevaban siete años estudiando la manera de abrir un negocio propio. Ambos trabajaban en el campo de la informática, estaban cansados de la alta tecnología y querían dejarlo. Entonces, en 1987 confluyeron dos factores que hicieron realidad sus sueños. En primer lugar, Lori le regaló a Steve un libro de diseño con cuyo capítulo sobre nuevas tecnologías de la iluminación quedó fascinado. En segundo lugar, a él lo despidieron de su trabajo.

«Siempre estaré en deuda con mi jefe por despedirme», dice Steve. «Mi filosofía sobre la diferencia entre trabajar para una empresa y trabajar por cuenta propia es que es esencial trabajar para otros para poder conseguir experiencia. Pero yo a veces recomiendo a la gente en plan de broma que intenten que los nombren presidentes de la empresa o que los despidan. Las dos posibilidades son asombrosamente similares».

Los Leveen aprendieron el negocio de la venta por correo por ensayo y error. «Una empresa de venta por correo es una de las pocas empresas que podemos abrir en nuestra propia cocina, que es lo que nosotros hicimos», dice Steve. «Vendimos nuestro coche por 8.000 dólares, y con ese dinero pudimos sacar unos cuantos anuncios y hacer nuestro primer catálogo. No sabíamos lo que estábamos haciendo, pero teníamos un amigo que es diseñador gráfico y nos dio unos cuantos consejos gratuitos». El primer catálogo era una hoja de papel a dos colores doblada por la mitad. La tirada inicial, en 1987, fue de 5.000 ejemplares. En 1995, Levenger envió por correo 20 millones de libros de 56 páginas a cuatro colores.

Una de las razones de la expansión de Levenger es que los Leveen respondían a las necesidades de sus clientes. Cuando alguien les compraba una lámpara, muchas veces les hablaban sobre otro producto que les costaba trabajo encontrar. «Cuando hablo con personas que quieren montar una empresa, sea de venta por correo o no, les garantizo una cosa: que irán aprendiendo conforme crezcan. Aunque crean que lo tienen todo planeado, siempre hay sorpresas. Y lo fundamental es cómo te adaptas a esas sorpresas.»

Sin embargo, al principio hubo dos ocasiones en que los Leveen pensaron que no lo iban a conseguir. «Cuando aún trabajábamos en casa, había días en que teníamos un par de devoluciones y además no nos llegaba ningún pedido; era un día negro y nos resultaba muy difícil soportarlo.» Pero el negocio fue creciendo lentamente los dos o tres primeros años, apoyándose sobre todo en anuncios de respuesta directa donde vendían un producto u ofrecían catálogos gratuitos. La expansión rápida comenzó cuando Levenger dio dinero suficiente para alquilar otras listas de venta por correo y enviar catálogos a clientes que no los habían solicitado.

«Ésta fue una propuesta cara», relata Leveen. «Para poder hacer una evaluación válida, yo diría que hace falta un catálogo a color de 24 páginas que pueda competir con esos grandes catálogos que abarrotan el buzón de los clientes. Para evaluar listas ajenas, necesitas 5.000 nombres como mínimo de cada una de las listas que evalúes. Si tienes un concepto viable, querrás evaluar por lo menos de 7 a 10 listas diferentes. Si evalúas diez listas, unas te fallarán y otras darán buen resultado. Si sólo evalúas tres listas, ¿qué pasa si son las malas? Tienes que cerrar el quiosco. Estamos hablando de enviar un mínimo de 50.000 catálogos. A unos 50 centavos por catálogo, son 25.000 dólares. Te estás jugando un mínimo de 50.000 dólares.»

Una de las razones del gran éxito del catálogo de Levenger es que un 90% o un 95% de los productos son exclusivos y se fabrican siguiendo las exigencias de la empresa. Los Leveen y sus expertos en diseño no dejan de buscar nuevas formas de hacer que sus clientes se sientan más cómodos y rindan más cuando leen, escriben e investigan. También prestan especial atención al diseño del catálogo. Hay una estrecha colaboración entre el equipo de diseño y el director de producto para darle el aspecto que desean: atractivo, tentador y de alto nivel. «De hecho», dice Leveen, «tratamos continuamente de mejorarlo. A veces volvemos a fotografiar los productos para mostrar funciones nuevas y otras posibilidades.»

Leveen cree firmemente en la comunicación con sus clientes. Cada catálogo lo abre con una carta (fig. 6.1). Su filosofía es que cada carta debería dar al cliente un incentivo para comprar algo de ese catálogo. Sirve para dar la bienvenida a los clientes y para darles las gracias. «También la utilizamos para recordar a nuestros clientes nuestra garantía, que en nuestro caso es ilimitada», dice Leveen. «A menudo la carta contiene "algo especial" disponible durante un plazo de tiempo limitado y sólo en este catálogo, lo que constituye una llamada a la acción.»

«Estamos en el negocio del marketing, pero también en el del entretenimiento. Los catálogos que llegan a la cocina del cliente no sólo compiten con todos los demás catálogos, sino también con todo lo que rodea sus vidas. Y casi todo tiene mayor importancia que el catálogo que tienen delante. Hay que entretener e informar, tratar de no desperdiciar las palabras, ir al grano y ofrecerles algo.»

## El auge de los catálogos

Según la Asociación de Marketing Directo y el Servicio Postal de Estados Unidos, en 1994 se enviaron por correo casi *14.000 millones* de catálogos, lo que supone que el 85% de todo el correo de cuarta clase se compone de catálogos. Más del 52% de la población adulta estadounidense compra productos por teléfono o por correo cada año, siendo el catálogo el medio más frecuente para la canalización de esos pedidos. Un estudio realizado por la empresa Simmons Market Research Bureau revelaba que la mayoría de las personas que compran por catálogo son mujeres casadas, con edades comprendidas entre los 24 y 56 años, estudios universitarios, ingresos superiores a los 30.000 dólares y propietarias (o copropietarias) de una vivienda valorada en 70.000 dólares o más.

Los artículos que más comúnmente se compran por catálogo son los siguientes:

ropa
electrónica
comida
artículos para jardinería

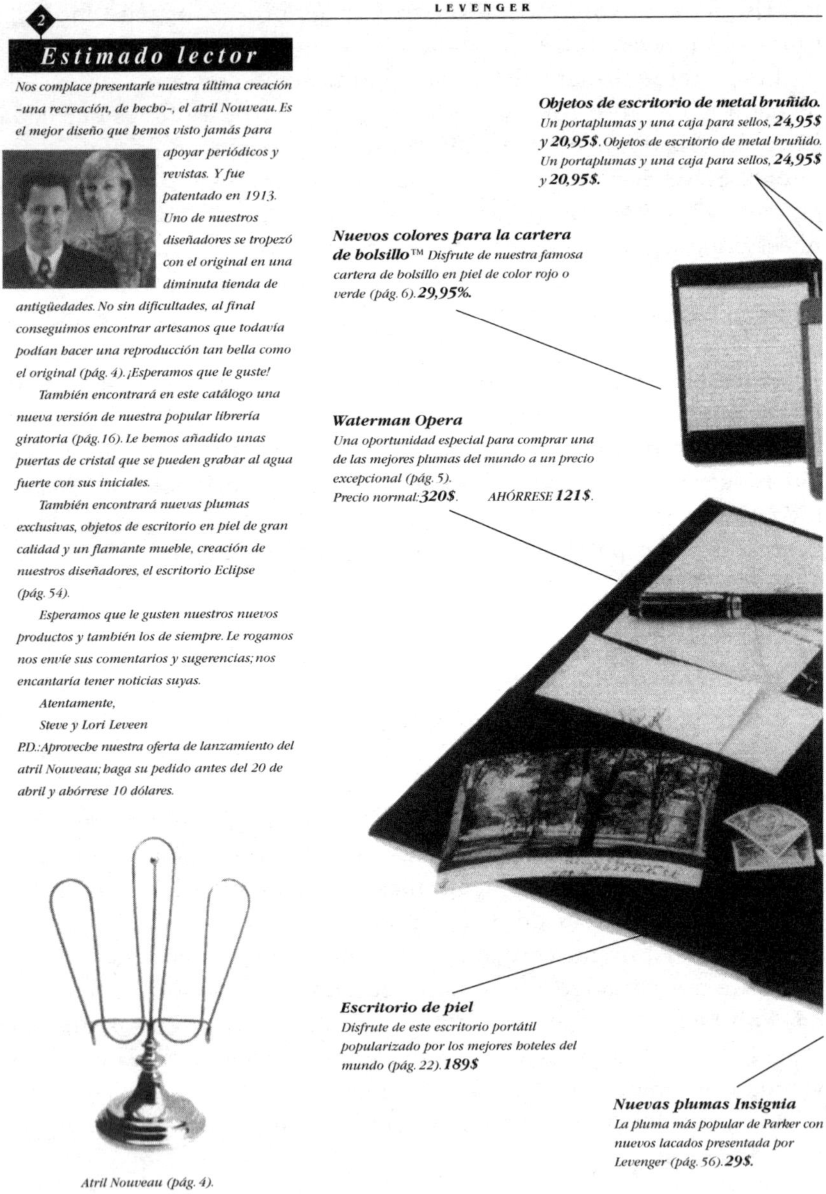

LEVENGER

2

**Estimado lector**

*Nos complace presentarle nuestra última creación -una recreación, de hecho-, el atril Nouveau. Es el mejor diseño que hemos visto jamás para apoyar periódicos y revistas. Y fue patentado en 1913. Uno de nuestros diseñadores se tropezó con el original en una diminuta tienda de antigüedades. No sin dificultades, al final conseguimos encontrar artesanos que todavía podían hacer una reproducción tan bella como el original (pág. 4). ¡Esperamos que le guste!*

*También encontrará en este catálogo una nueva versión de nuestra popular librería giratoria (pág. 16). Le hemos añadido unas puertas de cristal que se pueden grabar al agua fuerte con sus iniciales.*

*También encontrará nuevas plumas exclusivas, objetos de escritorio en piel de gran calidad y un flamante mueble, creación de nuestros diseñadores, el escritorio Eclipse (pág. 54).*

*Esperamos que le gusten nuestros nuevos productos y también los de siempre. Le rogamos nos envíe sus comentarios y sugerencias; nos encantaría tener noticias suyas.*

*Atentamente,*

*Steve y Lori Leveen*

*P.D.: Aproveche nuestra oferta de lanzamiento del atril Nouveau; haga su pedido antes del 20 de abril y ahórrese 10 dólares.*

*Atril Nouveau (pág. 4).*

***Objetos de escritorio de metal bruñido.*** *Un portaplumas y una caja para sellos,* ***24,95$ y 20,95$.*** *Objetos de escritorio de metal bruñido. Un portaplumas y una caja para sellos,* ***24,95$ y 20,95$.***

***Nuevos colores para la cartera de bolsillo***™ *Disfrute de nuestra famosa cartera de bolsillo en piel de color rojo o verde (pág. 6).* ***29,95%.***

***Waterman Opera*** *Una oportunidad especial para comprar una de las mejores plumas del mundo a un precio excepcional (pág. 5). Precio normal:* ***320$.*** *AHÓRRESE* ***121$.***

***Escritorio de piel*** *Disfrute de este escritorio portátil popularizado por los mejores hoteles del mundo (pág. 22).* ***189$***

***Nuevas plumas Insignia*** *La pluma más popular de Parker con nuevos lacados presentada por Levenger (pág. 56).* ***29$.***

**Figura 6.1.** Esta carta dirigida «a los lectores» da la bienvenida a los clientes e incluye una llamada a la acción en una oferta con tiempo limitado.

herramientas
equipamiento
ropa para el hogar (cama y baño)
utensilios domésticos
regalos (excluidos los alimentos)
material deportivo
juguetes y juegos

El crecimiento de la compra por catálogo se puede atribuir a su comodidad. La gente no tiene tanto tiempo para ir de tiendas como antes, especialmente las familias donde ambos cónyuges trabajan. La evolución de la tarjeta de crédito también ha acrecentado la popularidad de los catálogos. En una sociedad de gratificaciones instantáneas como es la nuestra, hasta rellenar un boletín de pedido o un cheque puede parecer una pérdida de tiempo. La facilidad de descolgar el teléfono y hacer un pedido inmediato pagando con tarjeta de crédito hace de la compra por catálogo una actividad rápida y sencilla. También nos da la oportunidad de hablar directamente con un representante de la empresa ante el cliente, representante que además comprobará que hay existencias del artículo que nos interesa. Otro factor que influyó en el crecimiento de la compra por catálogo fue la aparición de los números de teléfono de llamada gratuita, que permitieron a los clientes comprar productos sin tener que soportar los gastos de una conferencia.

Hay tres tipos básicos de catálogo:

- ★ *Catálogos de minoristas:* son los que sacan los comerciantes que quieren atraer público a su establecimiento y expandir su base de clientes fuera de su zona geográfica de influencia. Algunas tiendas que tienen catálogo de venta por correo son Neiman Marcus, Staples, Bombay Company y Pottery Barn.
- ★ *Catálogos especializados de servicios a empresas:* estos catálogos aparecieron como respuesta a la necesidad de los vendedores de equipos muy caros (retroproyectores, sistemas informáticos, copiadoras) de encontrar una forma rentable de vender consumibles. Si una empresa compraba una fotocopiadora de varios miles de dólares, esto no cubría los gastos de las posteriores visitas del vendedor para facilitarles papel y tóner. Un catálogo era una solución mucho mejor. Hoy en día, por supuesto, hay muchos proveedores de productos para empresas, como Dell Computer y MAC Mall, que sólo venden por catálogo.

- *Catálogos especializados para consumidores finales:* ésta es la categoría más amplia de catálogos hoy en día, y se centran en un estilo de vida concreto o en una necesidad especial. Los hay para casi cualquier interés o necesidad imaginable, como catálogos para personas bajas, para altos, de tallas especiales, para golfistas, para amantes de los gatos y los perros, para aficionados al arte de la animación, para coleccionistas de armaduras de samurai, y catálogos ilustrados con fotografías de herramientas para reparación de automóviles, con fotos de dragones, de equipamiento equino y hasta de marisco vivo.

Prácticamente cualquier línea de productos se puede vender por catálogo. Esto lo descubrí hace años cuando trabajaba en Wunderman Cato Johnson (que por entonces se llamaba Wunderman Ricotta & Kline), la mayor agencia de marketing directo del país. Nos encargaron diseñar un catálogo de consumibles para tratamiento de textos para IBM, una apasionante gama de cintas de impresora, todas iguales, y que una vez fotografiadas no parecían más que grandes manchas negras. ¿Cómo íbamos a vender algo que tuviese ese aspecto?

Lo que hicimos fue inventar el primer catálogo con formato de revista (por el que ganamos el prestigioso premio ECHO). El catálogo en cuestión seguía llevando esas aburridas fotos de cintas de impresora, pero también reproducía gran cantidad de testimonios y textos sobre personas que utilizaban esos productos, además de diversos gráficos en color donde se especificaba la cinta que correspondía a cada tipo de máquina. También llevaba artículos breves escritos por profesionales del sector sobre temas como el futuro de los ordenadores. Los teléfonos echaban humo en una de las campañas de marketing directo más exitosas de IBM.

Pero diseñar un catálogo no es fácil. Hay muchas fases y cientos de detalles a tener en cuenta. Este capítulo proporcionará una guía detallada sobre cómo confeccionar un buen catálogo, ya tengamos 20 productos o 2.000.

## Vuélquese en su catálogo

Cuando los clientes hojean nuestro catálogo es como si entrasen en nuestro establecimiento. Debemos, por tanto, hacer de él un lugar que recuerden y al que quieran volver. Cuando los catálogos funcionan bien es porque tienen una personalidad característica. La personalidad que transmiten es la del propietario de la empresa.

No hay ejemplo mejor que el de L.L. Bean. Desde el año 1912 en que abrió su empresa de venta por correo con unas botas de caza en piel con suela de goma que él mismo había diseñado, L.L. Bean no ha dejado de vender seriedad. Conforme iba añadiendo otros artículos de ropa y equipos para actividades al aire libre, uno de los aspectos más distintivos del catálogo, y que se ha mantenido presente a lo largo de los años, es la garantía. Un catálogo de 1917 llevaba en la portada un recuadro con la siguiente leyenda: «Zapato de caza Maine. Garantía. Garantizamos que estos zapatos le darán absoluta satisfacción en todos los aspectos. Si la goma se abre o la piel se cuartea, devuélvanoslos con la garantía adjunta y se los cambiaremos sin gasto alguno por su parte. Firmado, L.L. Bean». Actualmente, la garantía afecta a las botas Bean y a todos los demás productos del catálogo. Los productos están garantizados para dar «satisfacción al 100 % en todos los sentidos», y las devoluciones se aceptarán en cualquier momento. La filosofía sigue siendo la misma que en 1917: «No queremos que usted tenga nada de L.L. Bean que no sea completamente satisfactorio». Bean encontró un hueco muy tempranamente y se acomodó en él (aunque el catálogo tuvo el acierto de diversificarse, pasando de dedicarse en exclusiva a los productos para personas que realmente practican actividades al aire libre a incluir artículos con ese estilo para el público en general).

Un catálogo puede expresar una personalidad característica de muchas maneras:

- ★ *Especialización:* a veces el tipo de producto que se ofrece es suficiente para dar a nuestra empresa un carácter propio. Así, por ejemplo, un catálogo que se llama Red Rose Collection (Colección Rosa Roja, fig. 6.2) ofrece regalos, libros y joyas con una mentalidad nueva y un tema espiritual. Venden artículos como ángeles de Limoges y una camiseta que dice: «Espera un milagro». Muchas de las páginas están impresas en tonos pastel y llevan de fondo un motivo de nubes. Un catálogo así tiene una personalidad claramente distinta, pongamos por caso, a la del catálogo de Shakers, que sólo trae saleros y pimenteros.
- ★ *Estilo:* Mark Cross vende elegantes accesorios y artículos de piel de lujo. Su catálogo también es elegante y lujoso, impreso en papel de altísima calidad y gran diseño con uno o dos productos por página. El catálogo reafirma la imagen de clase de la em-

**Figura 6.2.** Los artículos especializados del catálogo de la Colección Rosa Roja le confieren una personalidad característica.

presa con primeros planos muy cuidados de cada cartera y cada bolso, de tal manera que se puede apreciar el grano de la piel y casi puede sentirse la suavidad y la calidad de cada uno de sus productos. Otros catálogos, como Comfortably Yours, optan por un aire más informal y rural, como si estuviésemos echando un vistazo por la tienda de un pueblecillo. Todos los productos que se ofrecen en este catálogo tienen una relevancia personal para «la dueña de la tienda», Elaine Adler. Cuando describe la cómoda cama para gatos que vende, nos habla de su gata, Farina, que siempre mudaba el pelo encima de la colcha y no quiso dormir en otro sitio mientras Elaine no encontró esta monería de cama. O nos cuenta lo difícil que le resultaba a su suegra coger las cosas colocadas en las estanterías altas hasta que descubrió esa práctica vara con pinzas en un extremo.

★ *Narraciones:* algunos catálogos se limitan a mostrar una colección de productos de los que se describen sus características y se da su precio. Muchos de ellos tienen gran éxito, pero los que mejor resultado han dado siempre son los que hacen de la compra por catálogo algo fuera de lo común, proporcionando diversión y emoción mediante la narración de una historia. Los mejores ya no existen (al menos en su forma original). Banana Republic empezó como empresa de venta por catálogo, y publicaba un catálogo que parecía un diario de viaje. El catálogo de primavera de 1987, por ejemplo, se titulaba «Vueltas y revueltas por los lagos ingleses con Mel y Patricia Ziegler». Entremezclado con los preciosos dibujos (no fotografías) de la ropa en venta, se transcribe el «Diario montañés», relato del viaje de los fundadores Mel y Patricia Ziegler al Distrito de los Lagos inglés que empieza así: «Como hiciera el gran poeta Wordsworth casi dos siglos antes que nosotros, nos dirigimos a los lagos "a invitación de la naturaleza"». Entonces pasa a describir una etapa del viaje en la que escalaron el Skiddaw, el tercer pico más alto de Inglaterra, donde los escaladores

> nos encontramos perdidos en un bosque de tejos, moviéndonos entre el lodo y con las zarzas arañándonos las manos y rasgándonos la tela de los pantalones. Llevamos mapas contradictorios. Cada vez que tenemos que decidir el camino que vamos a seguir estalla la discusión sobre si el «muro de piedra» de mi mapa es en el de ella un «mojón». («¡Siempre vamos por donde tú dices! «¡Nunca seguimos mi mapa!»)...

Leyendo esta historia nos podemos imaginar a nosotros mismos caminando junto a la pareja, asistiendo a sus discusiones y, por supuesto, vistiendo la camisa Mayan 100% de algodón que sale en el catálogo. Banana Republic fue vendida y se abandonó el catálogo para abrir numerosas tiendas por todo el país.

Las historias también se pueden emplear para darnos a conocer a nosotros mismos o nuestro producto de una manera personal. El catálogo de J. Peterman Co., por ejemplo, que parece una colección de historias cortas salpicada de fotos de prendas de vestir, pone a los lectores en situación y les ayuda a imaginarse a sí mismos vestidos con ropa Peterman. Así, el siguiente texto precede a una serie de ilustraciones de un grupo de suéteres y faldas conocidas como ropa «de sport» (fig. 6.3):

> Te acaba de llegar la invitación que tanto esperabas. Te proponen ir a ese sitio tan especial. Un largo fin de semana. Todo puede pasar. Y así suele ser.
>
> Caminar 10 kilómetros por la playa antes del desayuno. (Algo tan sano como correr, según las últimas teorías.) Tazas y más tazas de aromático café, pan de pueblo recién hecho, arándanos frescos, trucha fresca. Bajar en bicicleta al pueblo. Una hora de partida. Remar en el estanque entre las juncias. Cenar en el porche al caer la tarde. Quedarse de tertulia hasta las tantas. Reírse a mandíbula batiente. Irse a dormir. ¿La primera vez en cuánto tiempo?
>
> Y todo eso sólo el sábado.

La historia de un catálogo no tiene por qué tener el planteamiento, nudo y desenlace de una historia tradicional. Puede representar un tema que se mantiene a lo largo del catálogo. Por ejemplo, uno de L.L. Bean presentaba sus productos de primavera y verano más populares. En el reverso de la portada, el texto dice que el catálogo viene «lleno de aquellos productos de L.L. Bean que han superado la prueba del paso del tiempo» porque «si usted es como nosotros, le gustará que todo aquello que posee cumpla bien su función y la siga realizando hasta que esté honrosamente gastado». A lo largo del catálogo se cuenta en columnas laterales la historia de los productos: «Presentamos nuestra cazadora Canvas en 1927. Su resistente y tupido tejido de lona resistió el roce de los matorrales y otras agresiones de la naturaleza». Ahora, las únicas agresiones naturales a las que me expongo son las del metro de Nueva York, pero este texto me si-

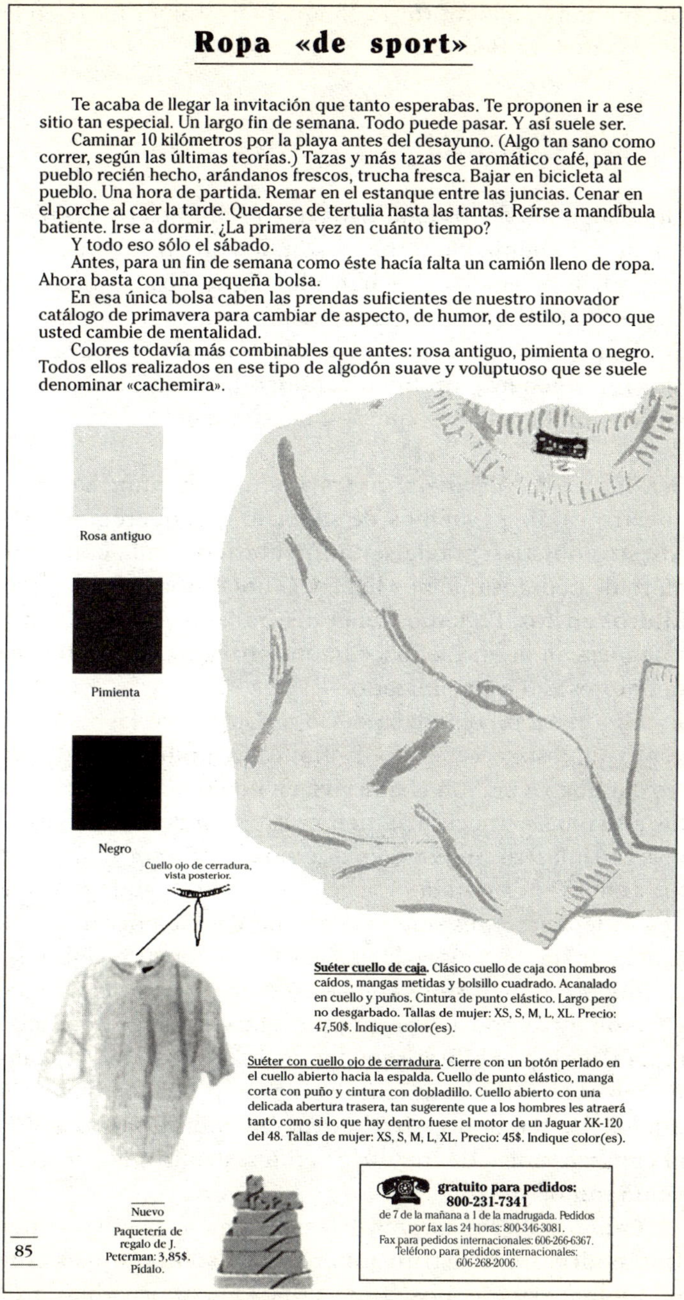

## Ropa «de sport»

Te acaba de llegar la invitación que tanto esperabas. Te proponen ir a ese sitio tan especial. Un largo fin de semana. Todo puede pasar. Y así suele ser.

Caminar 10 kilómetros por la playa antes del desayuno. (Algo tan sano como correr, según las últimas teorías.) Tazas y más tazas de aromático café, pan de pueblo recién hecho, arándanos frescos, trucha fresca. Bajar en bicicleta al pueblo. Una hora de partida. Remar en el estanque entre las juncias. Cenar en el porche al caer la tarde. Quedarse de tertulia hasta las tantas. Reírse a mandíbula batiente. Irse a dormir. ¿La primera vez en cuánto tiempo?

Y todo eso sólo el sábado.

Antes, para un fin de semana como éste hacía falta un camión lleno de ropa. Ahora basta con una pequeña bolsa.

En esa única bolsa caben las prendas suficientes de nuestro innovador catálogo de primavera para cambiar de aspecto, de humor, de estilo, a poco que usted cambie de mentalidad.

Colores todavía más combinables que antes: rosa antiguo, pimienta o negro. Todos ellos realizados en ese tipo de algodón suave y voluptuoso que se suele denominar «cachemira».

Rosa antiguo

Pimienta

Negro

Cuello ojo de cerradura, vista posterior.

Suéter cuello de caja. Clásico cuello de caja con hombros caídos, mangas metidas y bolsillo cuadrado. Acanalado en cuello y puños. Cintura de punto elástico. Largo pero no desgarbado. Tallas de mujer: XS, S, M, L, XL. Precio: 47,50$. Indique color(es).

Suéter con cuello ojo de cerradura. Cierre con un botón perlado en el cuello abierto hacia la espalda. Cuello de punto elástico, manga corta con puño y cintura con dobladillo. Cuello abierto con una delicada abertura trasera, tan sugerente que a los hombres les atraerá tanto como si lo que hay dentro fuese el motor de un Jaguar XK-120 del 48. Tallas de mujer: XS, S, M, L, XL. Precio: 45$. Indique color(es).

Nuevo

Paquetería de regalo de J. Peterman: 3,85$. Pídalo.

gratuito para pedidos:
800-231-7341
de 7 de la mañana a 1 de la madrugada. Pedidos por fax las 24 horas: 800-346-3081.
Fax para pedidos internacionales: 606-266-6367.
Teléfono para pedidos internacionales: 606-268-2006.

85

**Figura 6.3.** El texto de este catálogo evoca un fuerte carácter que es el estilo de marca del catálogo de J. Peterman.

gue incitando a comprar la chaqueta y a tomar parte en la experiencia de L.L. Bean.

## Planificación del catálogo

Aunque algunos de los catálogos que recibimos parecen estar hechos apresuradamente y sin ton ni son, los que mejor resultado dan están muy bien pensados y se han planificado con esmero. La producción de un catálogo es cara, especialmente la primera vez que se saca, por lo que nos interesa cometer el menor número de errores posible. Por regla general, un buen catálogo ha seguido todas las fases de planificación necesarias, que son las siguientes:

★ *Definición de objetivos:* antes incluso de empezar a diseñar nuestro catálogo, hemos de saber lo que queremos conseguir. Nuestro objetivo puede ser aumentar con cada catálogo el número de pedidos que nos hacen. O crear una base de datos para futuros envíos. Podemos tener distintos fines dependiendo de la categoría en la que se inscriba nuestro catálogo: minorista, para empresas o especializado.

*Minorista:* un objetivo podría ser aumentar las ventas y atraer gente a nuestro comercio. En tal caso, podríamos enviar nuestro catálogo a personas que viven a una distancia razonable. Estas personas no necesariamente compran de forma habitual por correo; nuestro objetivo es que nos conozcan y hacerles comprar en nuestra tienda. A veces comercio y catálogo son entidades independientes que venden mercancías distintas. No obstante, en la mayoría de los casos, lo que se anuncia en el catálogo también se puede conseguir en la tienda y viceversa. Otro objetivo podría ser ampliar el radio de acción del comercio, esto es, posibilitar que personas que viven en zonas donde no tenemos establecimiento compren por correo nuestros productos. Un tercer objetivo podría ser evaluar varios artículos en el catálogo antes de incluirlos en nuestro inventario general de venta minorista.

*Catálogos para empresas:* éstos tienen objetivos diferentes. Uno podría ser construir una relación sólida con las empresas, de tal manera que nos convirtamos en su principal proveedor del tipo de mercancía que ofrecemos (por ejemplo, papelería, material informático, uniformes). Otro objetivo podría ser llegar a un gran número de personas. Los catálogos para empresas suelen tener un alto índice de circulación interna: una persona de la empresa le pasa el catálogo a otra persona de la empresa que también puede necesitar nuestros productos, con lo que a menudo nuestro catálogo tiene varios receptores dentro de una misma empresa.

*Catálogos especializados:* nuestro objetivo con un catálogo especializado es llegar a un público muy concreto con un producto que sabemos que quieren o necesitan. Cuanto más hayamos seleccionado las personas a las que enviamos el catálogo, más probabilidades hay de que construyamos una base fiel de clientes.

★ *Análisis del producto:* hagamos una lista de cada uno de los productos que pretendemos ofrecer y de su nivel de precio proyectado (a cuánto pensamos cobrar cada artículo). Si ya hemos vendido antes alguno de los productos, mediante un catálogo de minorista o mediante otros tipos de marketing directo, observemos cuáles son los que más se venden y si hay alguno que los clientes compren repetidamente o del que compren más de una unidad al mismo tiempo.

Hagámonos estas preguntas sobre los artículos que hemos elegido:

- ¿Quedan bien juntos? ¿Encajan en el hueco de mercado en el que se inscribe el catálogo? ¿Va bien con su personalidad y estilo?
- ¿Cumple o supera cada uno de los artículos nuestras normas de calidad?
- ¿Cuál es la disponibilidad de cada uno de los artículos de la lista? ¿Trabajamos con proveedores en cuya puntualidad podemos confiar para la entrega de la mercancía?
- ¿Puede alguno de los artículos de nuestra lista vender otro tipo de artículos? ¿Disponemos, por ejemplo, de juegos de sábanas y funda de cabecera que podamos ofrecer con un edredón? ¿O un bolso a juego con esos zapatos que mejor se venden?
- ¿Resultará el producto atractivo estéticamente dentro del catálogo? ¿Resultará fácil fotografiarlo? ¿Será difícil mostrar su tamaño real, su color o su diseño? ¿Necesitaremos mucho texto para explicar sus características y sus beneficios, o conseguiremos que una fotografía hable por sí sola?

★ *Análisis de competitividad:* estudiemos a la competencia. Hagámonos con un buen número de catálogos que ofrezcan mercancía similar a la nuestra. Busquemos en los anuncios de nuestras revistas preferidas empresas que ofrezcan catálogos semejantes a los que tenemos en mente. No es de extrañar que este sector haya evolucionado hasta un punto en que ya hay catálogos de catálogos. Dos que me vienen ahora a la cabeza son *Shop At Home Catalogs Directory* y *The Best Catalogs in the World*. Estemos al tanto de lo que ocurre en el sector. Leamos la revista *Catalog Age*.

Hagámonos las siguientes preguntas sobre los catálogos que veamos:

- Con independencia de los productos que vendan, ¿cuáles tienen una imagen y un estilo similar al que a mí me gustaría hacer?
- ¿Cuáles no me resultan en absoluto atractivos? ¿Por qué?
- ¿Cuáles son más parecidos al mío en cuanto a productos y nivel de precios?
- ¿Qué puedo hacer para que mi catálogo sea distinto al de ellos?

★ *Análisis del mercado:* ¿quién nos comprará más probablemente los productos que ofrecemos en nuestro catálogo? Si nos dedicamos al comercio minorista, ya dispondremos de una descripción bastante ajustada de nuestro cliente típico. Si es la primera vez que hacemos un catálogo tendremos que trazar un retrato robot de nuestro cliente ideal, incluida la edad, el sexo, sus ingresos, estilo de vida e intereses especiales. Entonces podemos consultar a un agente de listas para que nos dé una idea general del tamaño potencial de nuestro mercado.

## ¿Dónde va cada cosa?

Una vez diseñado nuestro plan y tomada la decisión de seguir adelante, ha llegado el momento de diseñar el catálogo. Lo primero que necesitamos es una tabla de paginación (fig. 6.4), que no es más que una serie de pequeños recuadros, cada uno de los cuales representa una página del catálogo (utilicemos tantas páginas como necesitemos). Debajo de cada recuadro va una lista de la mercancía que vamos a presentar en esa página. Probablemente haremos muchas versiones de esta tabla según vayamos reorganizando los productos para que encajen bien y presenten buen aspecto en la página.

Los estudios realizados al respecto demuestran que las zonas «calientes» de un catálogo, o sitios que originan un mayor número de ventas, son los siguientes:

- la portada
- la contraportada
- el reverso de la portada
- la primera página derecha
- el interior de la contraportada
- la doble página central
- el entorno del boletín de pedido

*Portada.* La portada es el equivalente del escaparate de nuestra tienda. De hecho, podemos optar por diseñar la portada al final, una vez organizado el resto del catálogo, pues éste puede cambiar muchas veces. La portada ha de ser una declaración de quiénes somos. Puede recoger nuestro artículo más vendido, puede llevar una escena que represente un estilo de vida concreto (una familia de excursión, un ejecutivo en el aeropuerto) o puede mostrar una bella ilustración. Lo que elijamos ha de captar la atención del lector. Tenemos que atrapar la mirada de los clientes, porque a medida que hojeen el catálogo van a ir tomando decisiones súbitas sobre si lo van a guardar o si lo van a meter en la papelera.

Una variación de la portada es la sobrecubierta, que va de hecho sobre la portada normal del catálogo y nos permite imprimir mensajes especiales a clientes seleccionados sin tener que reimprimir catálogos enteros. El catálogo de Roaman que se reproduce en la fig. 6.5, por ejemplo, contiene el mensaje: «Bienvenido otra vez... Lo hemos echado de menos», dirigido a un cliente que ha hecho una compra recientemente después de no haber respondido a varios catálogos. La sobrecubierta también anuncia los principales contenidos del catálogo, incluyendo la oferta de envío gratuito del siguiente pedido que haga el cliente. Su uso permite personalizar los catálogos de los clientes según sus intereses especiales o su frecuencia de compra, darles las gracias por su primera compra o, como ocurre en algunos casos, avisarles de que «si usted no compra ningún artículo de este catálogo tendremos que darle de baja en nuestra base de datos». Como la sobrecubierta se suele imprimir en un papel menos caro que el resto del catálogo, por regla general es una manera más rentable de personalizar nuestro mensaje.

*Contraportada.* Esta página tiene la misma finalidad que la portada, aunque suele padecer el síndrome del ciudadano de segunda cla-

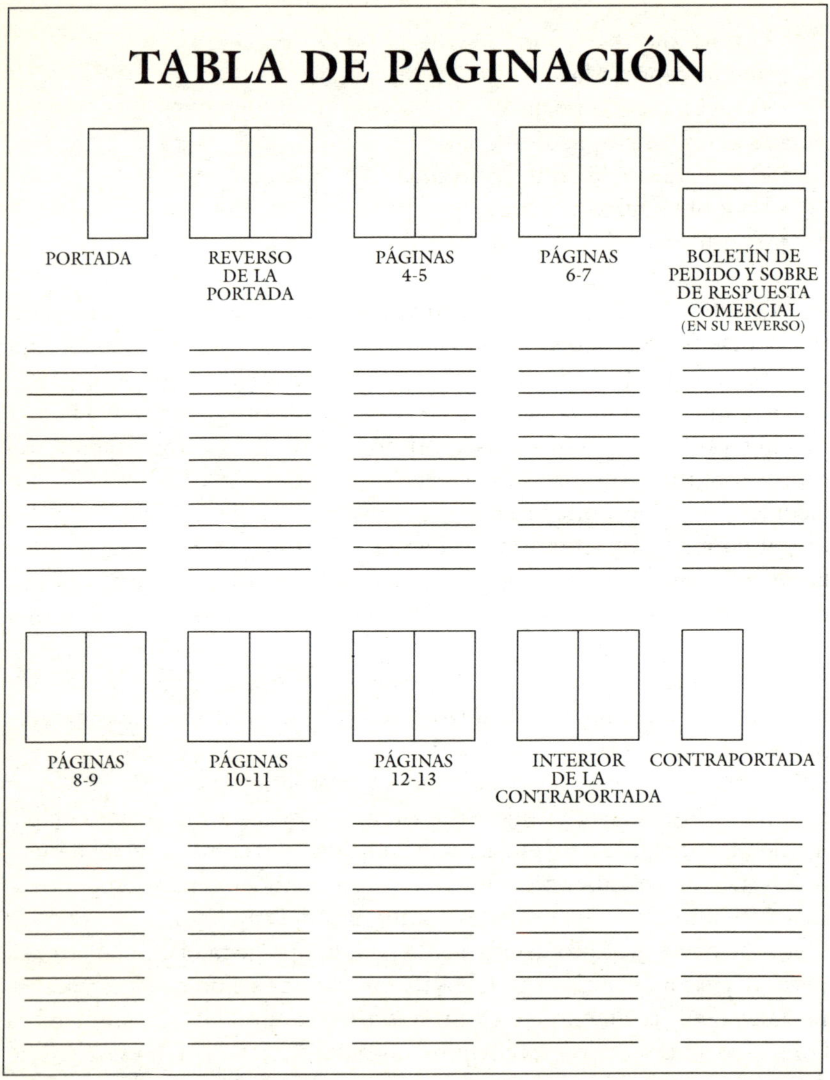


**Figura 6.4.** Una tabla de paginación ayuda a decidir los productos que van a ir en cada página del catálogo.

se. ¿Quién dice que los clientes van a ver primero la portada? Nuestro establecimiento tiene dos grandes escaparates y deberíamos aprovechar ambos.

*El reverso de la portada.* Son de hecho las dos páginas contiguas que encontramos al volver la primera página y determinan el carácter y la personalidad de todo el catálogo. Con ellas el cliente ha de tener inmediato conocimiento del tipo de mercancía que ofrecemos y de la gama de precios.

La página de la izquierda se puede utilizar con un fin muy especial: dirigir una carta al cliente. En este tipo de venta, lo único que éste echa de menos es el contacto humano que establecemos al comprar en una tienda. La carta es una manera de restituir esa relación personal. Nos brinda la oportunidad de darle a conocer nuestra filosofía de empresa, nuestras noticias más interesantes o un artículo especial que va a encontrar en el interior del catálogo. Volviendo a la fig. 6.1, Steve y Lori Leveen se dirigen a sus lectores (con un encabezamiento muy apropiado, puesto que venden productos relacionados con los libros, la papelería, la escritura y las bibliotecas domésticas) para atraer su atención sobre varios artículos. El primero del que hablan es el «Atril Nouveau», diseñado para servir de soporte a periódicos y revistas dejándonos las manos libres mientras los leemos:

> Uno de nuestros diseñadores se tropezó con el original en una diminuta tienda de antigüedades. No sin dificultades, al final conseguimos encontrar artesanos que todavía podían hacer una reproducción igual de bella que el original (pág. 4). ¡Esperamos que le guste!

Esto hace que nuestros clientes piensen que están comprando un producto hecho por encargo. En esta carta se presentan otros dos artículos a los lectores. La carta no sólo alerta a los clientes para que compren la mercancía que pudiera resultarles útil; además, los Leveen han presentado muy hábilmente tres productos: uno del principio del catálogo, otro del centro y otro del final. ¿Hay mejor forma de hacer que nuestros clientes repasen toda la publicación?

Otro catálogo que usa bien la carta de presentación es el *Bear-in-Mind* de Fran Lewis. Su carta refleja de manera precisa la personalidad del catálogo: sencillo, atractivo y cordial, amigo de la familia. La carta (con el encabezamiento de «Queridos amigos») empieza así:

> Hace dos años, aparecí fotografiada en estas páginas con un oso llamado Nickie que me había regalado un amigo. Y ¿saben lo que pasó?... Me casé con él (no con el oso, con el amigo) en enero.

**Figura 6.5.** Esta cubierta-envoltorio permitía a Roaman's adjuntar un mensaje especial para aquellos clientes que no habían hecho ningún pedido en varios meses.

Esta carta no se centra en ningún producto concreto del catálogo, pero sí comunica a los clientes que los precios «estarán vigentes hasta julio» y que a la empresa le gustaría recibir consultas y comentarios de los clientes.

Los catálogos para empresas también usan estas cartas. Cuando IBM Direct sacó su combinación de catálogo y revista llamado *Connections*, en el reverso de la portada llevaba una carta que presentaba a los potenciales clientes el concepto de catálogo con formato de revista. La carta decía, entre otras cosas, lo siguiente:

> *Connections* combina los artículos de tipo revista con un catálogo de repuestos de calidad de IBM, servicios e información para su empresa.
>
> ¿Por qué el nombre de *Connections*? Simplemente porque esta nueva publicación es su conexión con la línea completa de repuestos de IBM para que sus equipos funcionen a pleno rendimiento. Y esperamos que sea también su conexión con el tipo de información que usted necesita para que su trabajo le resulte un poco más fácil.

*Primera página derecha.* La primera página de la derecha del catálogo es también una ubicación clave. Puede servir de introducción al tipo de mercancía que los lectores pueden esperar encontrar en el resto del catálogo, así como para fijar el tono y reflejar nuestra personalidad. Unos catálogos utilizan el reverso de la portada y/o la primera página de la derecha para insertar una tabla de contenidos. La empresa Staples, especializada en material de oficina, incluye una tabla de contenidos y un índice. Si nuestro catálogo ofrece muchos tipos distintos de productos, nos interesa que a los clientes les resulte fácil encontrar lo que necesitan. No obstante, la mayoría de los catálogos no necesitan incluir estos elementos.

**CONSEJO:** La primera página de la derecha debería recoger nuestra mercancía más atractiva, algo que tenga un nivel de precio muy bueno y/o algo que tenga un carácter único. En esta página lo mejor es poner algo que se venda muy bien (o que esperamos que así ocurra).

*Interior de la contraportada.* Éste es otro punto clave que podemos utilizar para presentar aquellos artículos que más se venden. Una vez más, aquí deberíamos incluir artículos de gran atractivo visual e interesantes niveles de precios.

*La doble página central.* Con gran frecuencia, el boletín de pedido se ubica en papel de acabado mate en el centro del catálogo (suele ser mate porque resulta más fácil escribir sobre él que en el papel satinado que normalmente se utiliza en las restantes páginas del catálogo). Crear un boletín de pedido para un catálogo es lo mismo que para cualquier otro tipo de publicidad directa por correo. Los principios analizados en el capítulo 4 también son válidos aquí. Cuando la gente busca el boletín de pedido, automáticamente se fijan también en las dos páginas que van delante y detrás de él. Aunque pongamos el boletín en otro punto del catálogo, la página central es una zona de interés natural.

*El entorno del boletín de pedido.* A menudo, el reverso del boletín de pedido nos proporciona un espacio donde también podemos incluir algún producto. Es un buen lugar para artículos en oferta especial y para las compras impulsivas, ese tipo de cosas que se suelen encontrar junto a la caja en un comercio.

## Estimación de costes

Una vez calculado el número de artículos que vamos a incluir en el catálogo y en qué lugar van a ir, estamos en disposición de valorar los costes de producción. Hay una serie de elementos que tendremos que incluir:

### *Costes de imprenta*

★ *Impresión del catálogo:* uno de los primeros pasos es llamar por lo menos a tres imprentas, darles los detalles del trabajo y pedirles un presupuesto. Podríamos decirles, por ejemplo, lo siguiente: «Quiero hacer un catálogo de 16 páginas en papel satinado de 80 gramos con un boletín de pedido aparte en acabado mate. Va a llevar 64 fotografías a cuatro colores, 10 de las cuales irán sangradas, más la portada y la contraportada también sangradas; esta última llevará una etiqueta». Una fotografía sangrada es la que llega hasta el borde de la página y, por tanto, no lleva un marco blanco alrededor. Los sangrados son más caros de imprimir. También tenemos que saber cuántos catálogos vamos a imprimir, pues el coste unitario baja conforme aumenta la cantidad total. Tengamos en cuenta que no estamos buscando la imprenta más barata. Una mala calidad de impresión se puede reflejar luego en un menor número de ventas.

★ *Separaciones de color:* aunque veamos la versión final impresa de una fotografía en color, lo más probable es que haya pasado por un proceso de impresión que se llama separación, en el que cada uno de los colores incluidos en una fotografía se imprime en un fotolito distinto. Es un componente caro, pero necesario, del proceso y tendremos que tratarlo detenidamente con la imprenta para que todos los costes queden incluidos en el presupuesto.

*Costes de personal*

★ *Director creativo:* un director creativo desarrolla la visión del aspecto final que va a tener el catálogo. Su función es análoga a la del director en una película: interpreta el guión (en este caso el conjunto de la mercancía) según su propio estilo personal. El propietario de la empresa habrá de trabajar en estrecho contacto con él para lograr dar al catálogo un aspecto final que agrade a ambos. Las personas que traducen esta visión son el redactor de los textos publicitarios y el director de arte. El director creativo supervisa todo el proceso y comprueba que éste se desarrolle sin problemas.

Todas las personas que participan en la composición del catálogo pueden ser profesionales independientes o trabajadores de la propia empresa, dependiendo de la organización de ésta. Si no disponemos de este personal, podemos contratar los servicios de un director creativo autónomo para llevar a cabo el proyecto. Él suele ser quien se encarga de la contratación del resto de los profesionales.

★ *El redactor:* es la persona que escribe el texto del catálogo.

★ *El director de arte:* es la persona que realiza la maqueta final del catálogo y realiza la composición. El director de arte supervisa la fotografía, elige los tipos de letra, prepara el texto y la fotografía definitivos en un disco o en un dispositivo mecánico y supervisa la impresión final del catálogo. El director de arte también comprueba que el texto encaja en los espacios que rodean las fotografías. Si no encaja, lo enviará al redactor de textos y le dirá: «Corte dos líneas por aquí, tres por allá, y en esta página necesito cuatro líneas más».

★ *El fotógrafo:* hay unos cuantos catálogos singulares, como el de J. Peterman, que sólo utilizan ilustraciones para mostrar sus productos. Sin embargo, la mayoría de los catálogos se apoyan en fotografías. Cuando contratemos a un fotógrafo, hemos de elegir a alguien que tenga experiencia en fotografiar lo que estamos vendiendo. A uno especializado en moda seguramente no se le darán demasiado bien las fotografías de material de oficina. Necesitamos a alguien que sepa dar a nuestros productos un aspecto seductor.

- *Modelos:* algunos tipos de productos necesitan modelos para poder mostrarlos mejor. Estos profesionales también pueden ser caros, pero en algunos casos son necesarios. Obviamente, casi todos los catálogos de moda los utilizan en la mayoría de las imágenes. Pero también hay otros artículos que los emplean. Los aparatos de ejercicio, por ejemplo, se suelen representar siendo usados por una persona atractiva y en forma. Una almohada especialmente diseñada para leer en la cama puede parecer poco atractiva por sí sola, pero se puede convertir en un éxito de ventas cuando la emplea un modelo que está leyendo una novela erótica relajada y cómodamente al final del día. Los artículos para niños suelen venderse mejor cuando se incluyen modelos jóvenes en la foto, sobre todo bebés. ¡A quién no le gusta ver fotos de bebés!

*Gastos de correo*

- *Centros de tratamiento informático y servicios de tratamiento postal:* ¿cuánto nos va a costar enviar el catálogo final ya impreso a los clientes? Hemos de sumar el coste de todas las operaciones que tengamos que hacer con las listas y los costes del servicio de tratamiento postal que gestione el envío.
- *Franqueo:* la empresa de tratamiento postal tiene que proporcionarnos una estimación del gasto de franqueo que supondrá enviar nuestro catálogo por correo.

## Virtudes del texto

Si el catálogo es nuestro establecimiento, el texto escrito es nuestro vendedor, quien aporta los detalles que es preciso conocer antes de realizar cualquier compra: tamaño, material, función, coste. Éstas son las características. Pero un buen texto contiene algo más que características. Como cualquier buen vendedor, el texto se centra en los beneficios de un producto. Da respuesta a una serie de respuestas del cliente: ¿qué puede hacer este producto por mí? ¿Me va a hacer más feliz, más atractivo, más sano? ¿Me va a ahorrar tiempo?

Un buen ejemplo de esto es el catálogo de Levenger de «herramientas para lectores serios». Al describir una lámpara para leer en la cama, el texto expone que lo que hace de esta lámpara en concreto la mejor luz para ese propósito es «que da al lector –y sólo al lector– una magnífica iluminación, dejando a la otra persona en la oscuridad». El texto sigue hablando de la bombilla halógena de bajo consumo que necesita la lámpara y del hecho de que se puede apoyar en la mesilla de noche, sujetarla con una abrazadera al cabecero de la cama o montarla en la pared. El primer beneficio es obvio: esta lámpara nos permite leer en la cama sin molestar a nuestra pareja. Pero hace algo más que eso: nos ahorra dinero al utilizar bombillas de bajo consumo. Y es flexible: se adapta a cualquier espacio disponible.

Otro catálogo poco habitual se llama *Rent Mother Nature*. A través de él se puede arrendar un árbol frutal, un cafeto, una jaula para langostas, una hectárea de trigo. Después, cuando la cosecha esté lista nos corresponderá una parte de ella. El texto refleja la naturaleza inhabitual de la mercancía, como en el caso siguiente:

> Alquile una oveja. Adopte un adorable cordero o una oveja de Dorset durante una temporada: le tejeremos a medida una reliquia familiar de lana que dará satisfacción a varias generaciones. Disfrute las voluptuosas cualidades de esta fibra natural en una manta de una calidez, confort y duración sin par hecha con la lana de su propia oveja.

## CÓMO ESCRIBIR UN BUEN TEXTO PUBLICITARIO

He aquí algunas sugerencias para escribir textos eficaces:

- ★ *Escribamos el texto como si no dispusiésemos de fotografías.* Se trata de que las palabras que escribamos inciten al cliente a comprar. La fotografía (o ilustración) podría llamar su atención, pero el texto cerrará la venta. Un buen texto da vida a la fotografía y al producto.
- ★ *Sugiramos diversas formas de usar el artículo.* Un cubo de madera envejecida, por ejemplo, se puede usar como macetero, como revistero, para servir palomitas de maíz o para poner flores secas. Nuestras sugerencias hacen que los lectores piensen en có-

mo podrían ellos utilizar este artículo en sus hogares y así aumentamos la tentación de comprar.

★ *Escribamos, corrijamos, volvamos a escribir.* Una carta o un folleto de venta por correo pueden ser todo lo extensos que sea necesario para describir el producto, pero el espacio del texto de un catálogo está estrictamente limitado. Por tanto, es necesario decir lo que tengamos que decir rápida y eficazmente, con independencia del estilo.

**«A nuestros empleados les gusta tanto su ropa que se la ponen hasta en su tiempo libre.»**

Quien así habla es Dan Argall, propietario de Diamond Auto Parts, empresa radicada en Fond du Lac, en Wisconsin. Le resultaba difícil encontrar ropa de buena calidad para sus empleados, prendas que pudiesen llevar con comodidad y orgullo al tratar con los clientes, al atender de trescientas a cuatrocientas llamadas diarias y en sus viajes por el Medio Oeste para comprar repuestos.

«Queríamos una camisa de algodón suave, no grueso y áspero, así que empezamos con su Interlochen. Después pasamos a los jerseys, las gorras y esa chaqueta de Supplex de alta tecnología...

»Todo tiene una imagen estupenda. Las costuras son fuertes. Y el cambio ha sido radical.»

Gracias, Dan. Y si necesitas alguna otra cosa, no tienes más que pedirlo.

Acerca del Supplex: se trata de un nuevo tejido de nailon de tres capas muy fuerte y resistente al agua pero suave como el algodón. Tanto el jersey como la chaqueta con cremallera tienen ventilación en la espalda para que usted no sude cuando está realizando alguna actividad. Se lavan a máquina. Importados. Vea abajo los colores disponibles.

*Tallas unisex S-XXL*
*De hombre: S 34-36, M 38-40, L 42-44, XL 46-48, XXL 50-52*
*De mujer: S 6-8, M 10-12, L 14-16, XL 18-20, XXL 22-24.*

*Con cremallera*

**2914-5N88** **35,00$**

*Jersey*

**2914-4N82** **34,00$**

*Verde cazador, rojo, amarillo sol, azul marino*

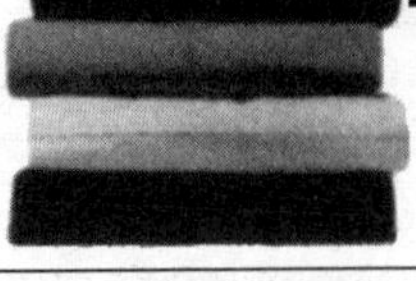

**Figura 6.6.** El testimonio de este empresario de Wisconsin da a los futuros clientes una confianza añadida en la ropa de Lands' End.

★ *Utilicemos testimonios.* No siempre nos fiamos de quien dice cosas buenas de su propio producto o servicio. Pero cuando una tercera persona da fe de su buena calidad, es más probable que nos lo creamos. La figura 6.6 muestra una página del catálogo de Lands' End Corporate Sales. Esta página hace varias cosas de una sola vez: cuenta una historia (incluyendo un problema que logró solucionar la ropa de Lands' End), muestra las prendas vestidas por personas reales en una situación real e incluye un testimonio del propietario de una empresa de repuestos de automóviles de Wisconsin que le dice al lector que a sus empleados les gusta tanto la ropa de Lands' End que «se la ponen hasta cuando no trabajan».

★ *Utilicemos un lenguaje convincente.* Las primeras palabras del texto son cruciales. Si empezamos diciendo: «Éste es nuestro gran Superlimpiabaños», corremos el riesgo de perder la atención del lector. Intentemos utilizar un lenguaje que sea gráfico, que sitúe al lector en el centro de una acción: «¡Deje de restregar esa bañera! ¡Elimine la suciedad y las manchas con nuestro fenomenal Superlimpiabaños!».

★ *Sugiramos acciones concretas.* «Compre uno para cada habitación de la casa», «Tenga uno en el garaje y lleve otro en el coche» o «Compre ya para las vacaciones.»

## ATRAPE LA ATENCIÓN DE LOS LECTORES CON TITULARES INCISIVOS

En un catálogo disponemos de tres oportunidades para interesar a los clientes en nuestra mercancía: la fotografía, el texto y el titular. Éste ha de captar de manera inmediata la atención del lector. Ha de incitar al cliente a seguir leyendo el resto del texto.

Los titulares más básicos son una simple descripción de lo que es o hace el producto: «Microondas para tartas de manzana» o «Silla de coche para animales». Otros titulares añaden una o dos palabras descriptivas para provocar emoción, por ejemplo: «¡Nuevo! ¡Exclusivo! ¡Los mundialmente famosos panecillos!», o «Los entrañables adornos navideños de toda la vida». Sin embargo, uno de los estilos de titular más efectivos es el que consta de una oración completa explicando un beneficio concreto del producto y nos atrae hacia el texto principal, como en estos ejemplos: «Convierta cualquier cajón en un joyero a medida» o «Proteja su biblioteca con un clásico *ex libris*».

Los titulares han de reflejar el mismo estilo y personalidad que el resto del catálogo. En un reciente catálogo de vacaciones, Lands' End utiliza un estilo humano y un tono familiar en titulares como éste: «Para alguien que ha sido muy bueno, nuestras maletas de lujo con adornos en piel».

### Elementos artísticos de los catálogos

Cuando estamos diseñando un catálogo, tenemos cuatro opciones principales respecto al tipo de elementos artísticos que vamos a emplear:

- fotografías en blanco y negro
- fotografías en color
- ilustraciones en blanco y negro
- ilustraciones en color

Nuestras decisiones en este ámbito estarán condicionadas en gran medida por nuestros productos y por nuestro presupuesto.

Algunos productos exigen claramente fotografías en color. Los artículos con *glamour*, como las joyas caras, el arte y la peletería, dan por lo general mejor imagen cuando se reproducen a todo color. Hace poco realicé un catálogo para Crayola. Como esta empresa está especializada en el color, no teníamos más opción que usar fotos a cuatro colores. Otros productos, como los libros (que no dependen de su aspecto para que se vendan), pueden requerir solamente reproducciones en blanco y negro o a dos colores.

Las ilustraciones sólo dan buen resultado en ocasiones muy concretas. Como mencionamos antes, el de J. Peterman es uno de los pocos catálogos que usan esta técnica con éxito. Las ilustraciones también pueden ser caras. Si estamos pensando en diseñar un catálogo empleando ilustraciones, probemos con una muestra de una o dos páginas para ver si nuestros productos se pueden reproducir lo suficientemente bien para que tengan un aspecto realista y atractivo que seduzca a los potenciales clientes.

El presupuesto de que dispongamos también condicionará qué tipo de elementos artísticos es más apropiado para nuestro catálogo. Pidamos presupuesto a varios fotógrafos. Expliquémosles qué tipo de productos van a fotografiar y el número total de fotos que llevará el catálogo. ¿Se pueden hacer en el propio estudio del profesional o hay que buscar un escenario apropiado? Las fotografías de exteriores suelen ser más caras. Quizá tengamos que pagar a alguien que nos alquile sus instalaciones o sus locales y tendremos que costear el desplazamiento del fotógrafo y del personal necesario para el trabajo. Si éste se realiza en otra ciudad, habrá que pagar la estancia de todos los profesionales que participen.

La única manera de estar seguros del tipo de arte que conviene a nuestro catálogo es comparar varias versiones y evaluar cuál produce mejores resultados.

> **CONSEJO:** Tengamos cuidado con el tamaño y las proporciones. Hace poco vi un catálogo en el que se reproducía una habitación entera en una fotografía del mismo tamaño que otra de la misma página donde se representaba una campanilla de sobremesa. Esto hacía que fuese muy difícil juzgar el tamaño real de cualquiera de los artículos mostrados.

### Facilitemos la compra

Pongamos nuestro número de teléfono en todas las páginas y en todos los componentes del catálogo. Los boletines de pedido a veces se desprenden. En mi empresa, por ejemplo, varias personas pueden hojear el mismo catálogo. Si una persona decide encargar algún artículo utilizando el boletín de pedido y lo arranca, la siguiente persona que lo vea también debe tener la posibilidad de hacer un pedido si así lo desea.

### Lista de control

TRES TIPOS BÁSICOS DE CATÁLOGO

☑ Catálogo de minorista
☑ Catálogo para empresas
☑ Catálogos especializados

VUÉLQUESE EN SU CATÁLOGO

☑ Tres formas de expresar una personalidad característica:
- ✓Productos especializados
- ✓Estilo
- ✓Narración sostenida a lo largo del catálogo

PLANIFICACIÓN DEL CATÁLOGO

☑ Definición de los objetivos
☑ Análisis del producto
☑ Análisis de la competencia
☑ Análisis del mercado

¿DÓNDE VA CADA COSA?

☑ Principales ubicaciones:
✓Portada
✓Contraportada
✓Reverso de la portada
✓Primera página de la derecha
✓Interior de la contraportada
✓Doble página central
✓Entorno del boletín de pedido

ESTIMACIÓN DE COSTES

☑ Incluyamos las siguientes categorías:
✓Gastos de imprenta:
✓Impresión del catálogo
✓Separaciones de color
✓Gastos de personal:
✓Director creativo
✓Redactor de los textos publicitarios
✓Director de arte
✓Fotógrafo
✓Modelos
✓Gastos de correo:
✓Centros de tratamiento informático y postal
✓Franqueo

REDACCIÓN DE BUENOS TEXTOS

☑ Escribamos el texto como si no dispusiésemos de fotografías
☑ Sugiramos diversas formas de usar el producto
☑ Escribamos, corrijamos, volvamos a escribir
☑ Utilicemos testimonios
☑ Utilicemos un lenguaje convincente
☑ Sugiramos acciones específicas

LOS TITULARES INCISIVOS LLAMAN LA ATENCIÓN

☑ Todo titular debe incitar al potencial cliente a leer el resto del texto

☑ Tres tipos básicos de titulares de catálogo:
- ✓La simple descripción
- ✓Inclusión de elementos para crear emoción
- ✓Oraciones completas detallando los beneficios del producto

☑ Los titulares han de reflejar el mismo estilo y personalidad que el resto del catálogo

ELEMENTOS ARTÍSTICOS DEL CATÁLOGO

☑ Tenemos cuatro opciones:
- ✓Fotografías en blanco y negro
- ✓Fotografías en color
- ✓Ilustraciones en blanco y negro
- ✓Ilustraciones en color

☑ El tipo de arte que elijamos está condicionado por:
- ✓Nuestro producto
- ✓Nuestro presupuesto

FACILITEMOS LA COMPRA

☑ Pongamos el número de teléfono en todas las páginas o componentes del catálogo

☑ Recordemos que puede haber más de una persona que quiera comprar algo del mismo catálogo, por lo que debe haber una forma de que los clientes nos compren aunque no esté el boletín de pedido

# 7
# ENTREGA DE PEDIDOS Y SATISFACCIÓN DEL CLIENTE

Cuando los clientes hacen un pedido por teléfono o por correo, en esta acción hay implícita una cierta dosis de fe, pues han de tener fe en un producto que nunca han visto, tocado o degustado. Han de fiarse de que realmente van a recibir ese producto tras enviar un cheque o dar el número de una tarjeta de crédito a alguien que nunca han visto. Para tener éxito, el vendedor ha de dar seguridad al cliente de que puede confiar en él. El tiempo que tarde el paquete en llegar, el aspecto que tenga cuando llegue y la manera de envolverlo son factores que pueden hacer que un cliente quede insatisfecho y no nos vuelva a comprar o que se convierta en un cliente fiel y constante.

En marketing directo, servir un pedido a satisfacción del cliente significa entregárselo en la forma prometida (a través del texto escrito y de las fotografías) y en el plazo anunciado. Esto suena fácil, pero es una de las partes más complejas de todo el proceso de marketing directo. Tanto si estamos enviando los productos desde el garaje de casa con la ayuda de la familia como si utilizamos un sofisticado servicio externo, esta fase se ha de realizar con toda corrección.

## Fases del proceso de entrega

El proceso de servir un pedido –desde que el transportista entrega la mercancía procedente de fábrica hasta que se la hacemos llegar al consumidor– se compone de varios pasos: recepción de pedidos, expedición de la mercancía, servicio al cliente y gestión de las devoluciones.

Como el proceso de entrega consta de tantas fases, también hay que tomar muchas decisiones. Una de las primeras es quién va a servir los pedidos: ¿lo vamos a hacer nosotros mismos o vamos a utilizar un servicio externo?

Las tres opciones que tenemos son las siguientes:

1. Encargarnos nosotros mismos de la recepción y el envío de pedidos.
2. Recibir nosotros el pedido y utilizar un servicio externo para enviar los productos.
3. Utilizar servicios externos para la recepción y el envío de los productos.

¿Cómo sabemos cuál es la mejor opción en nuestro caso? Al tomar esta decisión hemos de tener en cuenta varios factores:

★ *Tamaño de la empresa:* si estamos empezando y queremos tener los mínimos gastos imprescindibles, lo mejor es encargarnos de todo el proceso. A medida que crezcamos, siempre podemos derivar una de las funciones o las dos hacia servicios externos. Hay centros de tratamiento informático o servicios de recepción de llamadas gratuitas que se encargarán de recoger el pedido y servicios de transporte que llevarán la mercancía a nuestros clientes. Hay algunas empresas que combinan estas funciones: reciben el pedido y envían la mercancía.

★ *Personal disponible:* ¿disponemos de suficientes empleados para realizar todas las funciones necesarias (introducir los datos en el ordenador, empaquetar los artículos y enviarlos a los clientes)? Si tenemos que contratar personal (o formarlos), ¿cuánto nos va a costar esto en comparación con lo que vale contratar servicios externos ya organizados para realizar estas funciones?

★ *Instalaciones:* ¿disponemos de espacio para almacenar la mercancía? Algunas personas dirigen empresas que funcionan muy bien desde el garaje o el sótano de su casa. No obstante, si trabajamos desde una casa pequeña o un apartamento, puede que no tengamos sitio para almacenamiento. También habremos de tener en cuenta el tipo de productos que vendemos. Almacenar, enviar y transportar puede que no sea un gran problema si vendemos un solo producto que ya viene embalado y cada caja pesa lo mismo. Pero si tenemos todo un catálogo de productos diversos, donde los clientes pueden pedir cualquier cantidad de artículos (lo que diversificaría las operaciones de empaquetado y envío), quizá no dispongamos del espacio necesario para tener los distintos productos apropiadamente clasificados.

Si nosotros mismos fabricamos los productos, los podemos almacenar en nuestros propios locales o utilizar un almacén independiente. A veces, si compramos a otros fabricantes, les podemos pedir que retengan el producto y luego ellos mismos lo envíen directamente a nuestros clientes. Algunas grandes empresas que venden grandes cantidades de productos durante todo el año utilizan servicios de almacenamiento externos. Otras prefieren hacerlo por sí mismas. Depende de las instalaciones que tengan y de si disponen de personal que se encargue de su organización.

## Operaciones previas esenciales

En este capítulo vamos a seguir un orden de principio a fin, desde el momento en que un cliente nos llama o nos escribe para hacernos un pedido, hasta el instante en que el artículo se le entrega en su propio domicilio. Tanto si lo hacemos nosotros mismos como si alguien lo hace por nosotros, el proceso no varía. La única diferencia radica en la envergadura del proceso. Analizaremos en primer lugar una operación realizada por nosotros mismos y, a continuación, veremos lo que ocurre con los servicios externos.

Para seguir este proceso, imaginemos que acabamos de abrir nuestra propia empresa, llamada Internacional de Libros de Cocina. En este momento ofrecemos cinco recetarios a través de un envío de publicidad directa dirigido a 10.000 potenciales clientes. Antes de comenzar hay ciertos factores que debemos prever:

★ *Dirección de respuesta:* Internacional de Libros de Cocina funciona en nuestra propia casa. ¿Queremos que nuestra dirección particular le llegue a las 10.000 personas de la lista? ¿O preferimos recibir toda la correspondencia en un apartado de correos? Si preferimos facilitar una dirección con el nombre de una calle en lugar de un número de apartado postal, algunas empresas privadas de transporte (por ejemplo, Mailboxes Etc.) nos permiten usar su propia dirección.

  Antes de hacer un envío de importancia, consultemos en nuestra oficina postal si el correo de respuesta va a ser entregado en la dirección deseada.

★ *Número de teléfono:* ¿aceptamos pedidos por teléfono? Si es así, ¿vamos a contratar un número de llamada gratuita? Según el *Statistical Fact Book* de la Asociación de Marketing Directo, lla-

**CONSEJO:** Tengamos en cuenta que los apartados postales han servido de domicilio a muchos artistas del timo y a estafadores especializados en la venta por correo, por lo que muchos clientes recelan de las empresas que sólo tienen un apartado de correos por toda dirección. Si es necesario, utilicemos a la vez una dirección y un apartado. Por ejemplo:

Internacional de Libros de Cocina
Calle Oeste, 19
Apartado de Correos 225

mar a un teléfono gratuito es, con diferencia, el método preferido para contactar con las empresas. Más de las dos terceras partes de las personas consultadas por esta asociación eligieron la llamada a un número gratuito como primera opción para comprar a distancia (frente al envío por correo de boletines de pedido aunque fuesen franqueados). De hecho, hay tantas empresas que ofrecen números de llamada gratuita que ya quedan muy pocos disponibles. En muchas zonas, estos números ya no empezarán por 800 sino por 888.

Si queremos ofrecer esta posibilidad, pero no queremos contratar un número propio, hay servicios que podemos utilizar. La ventaja de disponer de un servicio externo es que el teléfono está atendido las veinticuatro horas del día. Si vamos a realizar una campaña nacional, nos interesa recibir pedidos procedentes de todas las zonas horarias de Estados Unidos. El servicio que contratemos contestará las llamadas con el nombre de nuestra empresa, tomará nota del pedido y después nos lo enviará para que lo procesemos. La mayoría de los servicios nos ofrecen la opción de contratar líneas exclusivas o compartidas. En una línea compartida, que es menos cara, también se recibirán llamadas para otras empresas. Una línea exclusiva sólo se usa para nuestra empresa.

Tendremos que acordar con la empresa de telemarketing la elaboración de un guión para uso de los operadores. Cuando los potenciales clientes llamen al número gratuito, la persona que atienda el teléfono tendrá nuestra información en la pantalla del ordenador. Es importante escoger una empresa de telemarketing con operadores amables y lo suficientemente hábiles para dar información a los clientes sin que suene como si lo estuviesen leyendo. Recordemos que los clientes no saben que están hablando con un servicio externo; ellos creen que están hablando directamente con nuestra empresa. La empresa de telemarketing que escojamos ha de tratar a nuestros clientes con tanta cortesía y respeto como si nos hubiesen llamado directamente a nosotros.

También podemos considerar la opción del telemarketing directo (donde los operadores hacen llamadas a los posibles clientes). Aunque el telemarketing directo tiene mala reputación, puede ser una herramienta de marketing muy eficaz si los operadores tienen una formación adecuada. No obstante, hay estrictas leyes que limitan las horas del día o de la noche a las que se pueden hacer llamadas de telemarketing y que estipulan si se puede o no volver a llamar a un cliente que ha rechazado nuestra oferta. Antes de iniciar un programa de telemarketing directo, hemos de consultar las leyes de nuestro Estado al respecto.

Hay que comparar el coste de contratar un servicio externo de telemarketing con los gastos que tendremos que soportar al contratar nuestro propia línea de llamada gratuita y disponer del personal necesario para gestionar el telemarketing inverso y el directo. Tener a personas familiarizadas con nuestro producto atendiendo el teléfono tiene ventajas indudables; sin embargo, quizá no dispongamos del personal necesario para atender el volumen de llamadas que vamos a recibir. Siempre que trabajo con servicios externos de telemarketing, tengo por costumbre enviar a los operadores muestras del producto que quiero que vendan. Pretendo así asegurarme de que pueden describir adecuadamente el artículo a los potenciales clientes y responder cualquier pregunta que éstos puedan plantear, lo que puede resultar difícil si no han visto nunca el producto que están vendiendo.

¿Cómo calculamos si podemos pagar un número de llamada gratuita? Hagamos una prueba. Podemos alquilar un servicio telefónico por meses; si utilizamos el número durante dos meses y los pedidos aumentan considerablemente, restaremos el coste del número gratuito del aumento de ingresos por pedidos. A continuación compararemos los resultados con los otros pedidos para ver cuáles nos dan mayores beneficios. Si nos estamos planteando instalar nuestro propio número de llamada gratuita, hemos de tener en cuenta todos los gastos: personal, espacio, formación, organización, electricidad, líneas telefónicas.

Tanto si pensamos instalar un número gratuito como si no, necesitamos saber si las líneas que ya tenemos pueden dar cabida a los pedidos que nos lleguen, o si hemos de añadir líneas independientes dedicadas a tal fin. Si enviamos 100.000 catálogos, cabe esperar un 1% o un 2% de respuestas. Esto supone que vamos a recibir entre 1.000 y 2.000 pedidos, que comenzarán a llegar entre los 7 y los 10 días siguientes al envío del catálogo. De 800 a 1.600 de estos pedidos se realizarán por teléfono. ¿Podemos atender tantas llamadas en ese espacio de tiempo con la única línea, o como mucho dos líneas, de que disponemos? ¿Va a dar señal de ocupado muy a menudo? En tal caso, tendremos que poner más líneas (lo que supone también más personal) o contratar un servicio externo.

★ *Opciones de pago:* ¿cómo van a pagar los clientes los productos que compren? ¿En efectivo? ¿Con cheque? ¿Con tarjeta de crédito? Hoy en día, muchas veces ni siquiera se ofrece la opción de pago en efectivo, y casi ningún cliente quiere enviar dinero por correo. Si nuestro artículo es sumamente barato, quizá prefiramos que nos paguen con dinero en efectivo, pero no es recomendable. Es demasiado fácil que «se pierda» por el camino.

Si queremos ofrecer la opción de pagar con tarjeta de crédito, hemos de abrir una cuenta con un banco en el caso de las tarjetas MasterCard y Visa o con la propia empresa crediticia, como en el caso de American Express y Discover Card. Abrir una cuenta con un banco o con una empresa de tarjetas de crédito puede ser a veces una tarea complicada que nos llevará una cantidad de tiempo considerable. Ambos suelen ser reacios a abrir cuentas a empresas de venta por correo que están iniciando su actividad.

Si no conseguimos una cuenta propia de Visa o de MasterCard, hay servicios de gestión de pagos con tarjeta de crédito que realizarán estas transacciones por nosotros; cobrando, por supuesto. Las tarifas varían de una empresa a otra. Se pagará una cantidad inicial, que puede ir de varios cientos de dólares a varios miles (según el tipo de productos que vendamos), y después se nos cargará entre un 2% y un 6% por cada transacción que gestionen. Como ocurre con los números de llamada gratuita, la aceptación de pagos con tarjeta de crédito puede incrementar considerablemente las ventas, por lo que deberemos calcular el coste del servicio en comparación con el dinero adicional que obtengamos.

★ *Códigos de artículo:* para llevar el control de nuestro inventario, cada artículo que ofrezcamos debe tener un código. El fabricante ya le habrá asignado uno, denominado número SKU; nosotros podemos utilizar este mismo número como código de artículo o podemos asignarles uno propio.

★ *Programa informático:* puede que todavía haya alguna pequeña empresa de marketing directo que no utilice ordenadores, pero yo no conozco ninguna. Si estamos recibiendo diez o veinte pedidos al mes, quizá podamos llevar el control fácilmente. Pero una vez que nos metamos en grandes cifras, es esencial disponer de un programa informático. Publicaciones como las revistas *Direct Marketing, DM News* y *Home Office Computing* suelen publicar artículos sobre programas comerciales que podemos adquirir en cualquier establecimiento especializado. También podemos encargar a un programador uno adaptado a nuestras necesidades.

El programa de marketing directo ha de contener toda la información que se recoja en el boletín de pedido más la información que necesitemos con fines de control. Esta información debe incluir los siguientes datos:

- Nombre
- Dirección
- Número de teléfono
- Fecha de pedido
- Forma de pago
- Artículos comprados
- Cantidad de dinero recibida
- Dinero recibido por gastos de envío
- Impuestos por ventas recibidos
- Código de origen

Nuestro ordenador también debe disponer de algún programa de control de inventarios. Necesitamos conocer las existencias que tenemos de cada artículo y cuántos pedidos tenemos en espera (éstos se producen cuando nos quedamos temporalmente sin existencias de un producto concreto).

PRIMER PASO: LA RECEPCIÓN DEL PEDIDO

Ya lo tenemos todo dispuesto para empezar a recibir pedidos. Los paquetes de publicidad directa o los catálogos están enviados, los pedidos empiezan a llegarnos en cascada y el teléfono echa humo. Comienza el proceso de servir la mercancía a los clientes. El primer paso de este proceso es la recepción del pedido, momento en que sacamos la información del boletín de pedido y la introducimos en el ordenador.

Cuando el correo llega y se abre, hay que separar los pedidos que adjuntan un cheque de los que se van a pagar con tarjeta de crédito. Empezaremos con los que llevan cheque. Cada pago hay que contrastarlo con los artículos que se solicitan. Supongamos, por ejemplo, que Jane Smith ha pedido tres libros: *101 fabulosas recetas francesas*, al precio de 13,95 dólares; *101 increíbles recetas italianas*, que vale 15,95 dólares; y *101 apetitosas recetas norteamericanas* por 12,95 dólares. El precio base sería 42,85 dólares.

A menos que nuestra oferta vaya sin gastos de envío, la señora Smith tendrá que incluirlos en su cheque. El montante de estos gastos suele estar en relación con el total del pedido; una tarifa típica podría ser la siguiente:

| **Total del pedido** | **Gastos de envío** |
|---|---|
| Hasta 10$ | 3,50$ |
| de 10,01$ a 40,00$ | 5,00$ |
| de 40,01$ a 60,00$ | 5,50$ |
| de 60,01$ a 80,00$ | 6,00$ |
| de 80,01$ a 100,00$ | 6,50$ |
| MÁS DE 100,00$ | 7,50$ |

Así pues, Jane Smith debería haber añadido 5,50 dólares a su pedido de 42,85 dólares. (En nuestro boletín de pedido, podríamos también ofrecer la opción de pagar una sobretasa por entrega urgente o de enviar los libros a una dirección distinta.) Es posible que tenga que añadir el impuesto de ventas. Como dijimos antes, si hacemos una operación comercial en un Estado concreto, los clientes que tengamos allí han de pagar impuestos por los productos que nos compran. Suponiendo que hubiese tenido que añadir un 8,25% por el impuesto de ventas de Nueva York, Jane Smith nos tendría que haber enviado un cheque por un total de 51,89 dólares.

| | |
|---|---|
| *101 fabulosas recetas francesas* | 13,95$ |
| *101 increíbles recetas italianas* | 15,95$ |
| *101 apetitosas recetas americanas* | 12,95$ |
| **TOTAL COMPRA** | **42,85$** |
| impuesto de ventas | 3,54$ |
| gastos de envío | 5,50$ |
| **TOTAL A PAGAR$** | **51,89$** |

Supongamos, sin embargo, que Jane se ha olvidado del impuesto de ventas y ha hecho el cheque por 48,35 dólares. Tendremos que decidir si vamos a absorber el coste (y pagar nosotros el impuesto aunque ella no lo haga) o si le vamos a enviar un aviso de que nos debe dinero. En este caso, quizá sea más rentable absorber el coste, puesto que cualquier tipo de retraso o una nueva transacción con una clienta le da ocasión de cambiar de opinión acerca del pedido.

Pero, ¿y si al cheque le faltasen 10 dólares? ¿Seguiríamos estando dispuestos a absorber el coste? Cada cual debe determinar su propio punto de corte. Si decidimos que tenemos que cobrar el dinero que falta para completar el pedido, deberíamos tener un modelo de carta para notificar a la clienta las opciones que tiene para satisfacer el pago. Con los pedidos en los que se ha calculado mal la liquidación hay básicamente cuatro posibilidades:

1. Absorber el coste y servir el pedido.
2. Servir el pedido y reclamar el pago adicional.
3. Devolver el cheque y reclamar el pago completo.
4. Retener el cheque y el pedido hasta que recibamos el pago adicional, momento en el que serviríamos el pedido.

A menos que haya gran disparidad, por lo general no es buena idea devolver el cheque o retenerlo hasta que recibamos el pago adicional. Puede que el cliente no nos mande otro cheque. Recordemos aquello de que la avaricia rompe el saco. El dueño de una pequeña empresa que conozco tenía un cliente que llevaba años haciéndole pedidos de forma constante. No eran muy grandes, pero sí bastante frecuentes. De repente el cliente le hizo dos grandes pedidos seguidos, pero no incrementó la cantidad por gastos de envío. Este empresario escribió a su cliente solicitándole una cantidad adicional de 10 dólares. Entonces éste decidió cancelar el pedido y no se ha vuelto a saber de él. Ahora el empresario ha perdido mucho más que los 10 dólares de gastos de envío.

Los pedidos con problemas de pago (o con otro tipo de problemas, como las direcciones ilegibles) hay que clasificarlos y tratarlos por separado. Si llevan un número de teléfono, podemos llamar al cliente para aclarar el problema. Si no, se le puede mandar una carta pidiéndole que nos llame o que nos escriba. El resto de los cheques hay que endosarlos y depositarlos. Las grandes empresas utilizan servicios de gestión de cheques, similares a los de autorización de pagos con tarjeta, que nos comunican de inmediato si hay fondos suficientes para hacerlos efectivos. Las empresas más pequeñas suelen esperar a que se compruebe el cheque para servir el pedido.

El siguiente paso es ocuparse de los pedidos que se van a pagar con tarjeta de crédito. Estos pedidos los ha de autorizar el agente emisor (el banco o la empresa propietaria de la tarjeta). Cuando una de estas entidades nos abre una cuenta, nos entrega un pequeño terminal informático con el que transmitimos las operaciones. Cuando nos llega un pedido, tecleamos nuestro número de cuenta, el número del cliente y el importe total. Entonces se nos envía un código de autorización o una señal indicando que la tarjeta ha sido rechazada. A veces, esto se hace mientras se está en comunicación con el cliente. Si estamos utilizando un servicio de llamada gratuita, por lo general esta operación no se realiza hasta que no se recibe el pedido.

Una vez más, ponemos aparte los pedidos que presentan algún tipo de problema y los tratamos de la misma manera en que nos ocuparíamos de un cheque con el importe incorrecto. Todos los cheques y los pagos con tarjeta del mismo día (o semana, lo que más cómodo nos resulte) se agrupan y se les asigna un código para que sea más fácil localizarlos en caso de que surjan problemas más adelante.

Ya estamos en disposición de introducir toda la información necesaria en el ordenador. El proceso de recepción del pedido se cierra cuando creamos una etiqueta de envío, que contiene el nombre y la dirección del cliente, y un comprobante de envío, donde se hace una relación de los artículos que se han pedido y que hay que preparar para servirlos.

Hay otra función que nuestro programa informático tiene que realizar: generar informes. Hay un tipo de informe que se utiliza a efectos contables y que ha de incluir un resumen por producto o código de artículo donde se nos indique cuántas unidades se han vendido de cada uno; el movimiento total de dinero desglosado por ventas, gastos de envío e impuestos; y la cantidad total recaudada. Además, hay que hacer un informe comercial donde se incluya información sobre códigos de origen, de tal manera que podamos saber qué envíos, qué listas, qué campañas de correo directo y/o qué anuncios impresos están dando mejores resultados.

### Envío de los pedidos

Observemos que ya hemos hecho todo el trabajo que hemos descrito y aún no hemos tocado un solo libro de cocina. Cuando se han concluido todos los procesos de recepción del pedido, ha llegado por fin el momento de hacer llegar a Jane Smith el producto que nos ha comprado. El proceso de entrega consta de siete funciones principales. Son las siguientes:

- ★ *Recepción:* se acepta la mercancía que nos envía el fabricante y se comprueba el número de los productos recibidos.
- ★ *Inspección:* se comprueba la calidad de la mercancía que nos llega del fabricante.
- ★ *Almacenamiento:* se almacena la mercancía en cajas de cartón, calzos o estanterías para facilitar el embalaje.
- ★ *Selección:* se escogen los artículos uno a uno para su expedición siguiendo los comprobantes de envío que nos ha hecho llegar el departamento de recepción de pedidos. Los comprobantes detallan producto por producto lo que se ha de enviar, por ejemplo, diez libros de cocina italiana, diez de cocina norteamericana y cuatro de cocina francesa.
- ★ *Embalaje:* se empaquetan los artículos en bolsas o cajas, se etiquetan y se preparan para su envío.
- ★ *Pesaje y medición:* se pesan las bolsas o las cajas que contienen los pedidos y se preparan para enviarlas por correo o por agencia de transporte.
- ★ *Envío:* se envían los pedidos directamente desde nuestros locales o se llevan a la oficina de correos o a un servicio alternativo de reparto.

Una de las principales decisiones que hemos de tomar en Internacional de Libros de Cocina es cómo se van a embalar nuestros productos para su envío. Un solo libro se puede meter sin problemas en un sobre reforzado. Pero ¿qué ocurre cuando un cliente como Jane Smith nos compra más de uno? ¿Vamos a seguir usando sobres en este caso? ¿O sería mejor una caja de cartón? Si optamos por ésta, ¿qué tipo de relleno vamos a usar: espuma, papel, plástico de burbujas? Seguramente tendremos que probar varios tipos de embalaje hasta que demos con el método mejor y más rentable.

Recordemos que lo primero que ve el cliente no es el producto, sino el embalaje, y éste puede beneficiarnos o perjudicarnos. Algunas empresas, como PaperDirect, una firma de venta por catálogo especializada en papel para uso doméstico y comercial, están tan orgullosas de sus productos como de la forma de empaquetarlos. El fundador de la empresa, Warren Struhl, ha declarado que una buena parte del éxito de su empresa se debe al embalaje de lujo que emplean. De hecho, muchos de sus clientes guardan las cajas y las vuelven a utilizar para enviar regalos a parientes y amigos.

Por otra parte, un embalaje deficiente puede hacernos perder clientes. Hace poco encargué unas almohadas anunciadas en un encarte que venía con un prestigioso periódico neoyorquino. Tardaron casi cinco semanas en llegar. Cuando por fin lo hicieron, no podía creer lo que veían mis ojos. Venían embutidas en un saco de plástico desgarrado que parecía una bolsa de basura usada. El paquete no llevaba ninguna carta, ni una simple nota, sólo una etiqueta hecha trozos. No hace falta decir que no volveré a comprarle nada a esa empresa.

Probemos el tipo de embalaje que pensamos emplear. Enviémonos paquetes a nosotros mismos y a amigos de todos el país con envoltorios de distintos materiales y comparemos cuáles llegan en mejor estado. Como demuestra mi experiencia con las almohadas, un embalaje que llega sucio y deteriorado puede hacer que un cliente rechace nuestra mercancía o que no vuelva a hacernos un pedido.

## Uso de servicios externos

Hasta ahora, sólo hemos recibido unos 10 ó 12 pedidos por semana, algo fácil de llevar por nosotros mismos. Pero, de pronto, Internacional de Libros de Cocina despega definitivamente y no disponemos del personal ni del espacio de almacenamiento necesarios para atender todos los pedidos que nos están llegando. Ha llegado la hora de acudir a servicios externos que puedan encargarse de las funciones de recepción y entrega de los pedidos.

La primera parada sería un centro de tratamiento informático. Es el mismo tipo de servicio que ya vimos en el capítulo 3 en relación con las listas de correo. Algunos de ellos también se ocupan de la entrega. En lugar de que los clientes nos remitan los pedidos a nosotros por correo, podemos hacer que se los dirijan a ellos. Cuando los pedidos se toman por teléfono –en nuestros propios locales o a través de un servicio de recepción de llamadas gratuitas (los centros de tratamiento informático no suelen encargarse directamente de esta tarea)–, se les envían por fax o módem para que los procesen. Todos los pasos que detallamos anteriormente para la recepción del pedido los puede realizar este tipo de servicio. Las etiquetas y los comprobantes de envío se envían después a un transportista y a nosotros nos envían directamente el informe contable y el comercial.

Esta empresa nos cobrará por cada uno de los pedidos que lleguen a su sistema. Allí disponen de programas estándar que utilizan para la mayoría de los clientes, y también tienen programas que han sido modificados para adaptarlos a clientes concretos. Si es necesario hacer modificaciones a los programas que ya tienen configurados, nos cobrarán el trabajo de programación, lo que puede resultar muy caro. Por consiguiente, si podemos adaptar nuestros parámetros para que coincidan con los suyos, nos podemos ahorrar mucho dinero. El centro de tratamiento informático nos pedirá un plan de marketing, y nos dirá si nuestros pedidos se pueden introducir en uno de sus programas estándar o bien cómo modificarlos para que se adapten a sus sistemas.

**CONSEJO:** El experto en entrega de pedidos George McGreal advierte que cuando utilizamos un servicio externo es importante tener en cuenta que vamos a establecer una estrecha relación con ellos. «Sobre todo si estamos empezando, el servicio informático nos puede dar valiosos consejos y ayudarnos a tomar muchas de las decisiones relacionadas con el proceso de marketing directo», dice McGreal.

Cuando buscamos un servicio de tratamiento informático hay varias preguntas que debemos hacer antes de decidir si es el que más nos conviene:

- ★ *¿Trabajan ustedes el tipo de producto que yo ofrezco (por ejemplo, envíos de publicidad directa sobre un solo producto, envío de catálogos o plan de opción negativa como un club de lectores)?* Algunas empresas de este tipo están especializadas en un tipo de programa. Nos interesa encontrar a alguien que tenga experiencia en nuestro ámbito.
- ★ *¿Me pueden dar referencias de clientes que estén utilizando sus servicios con programas similares al mío?* Una vez más, necesitamos saber cómo está realizando la empresa nuestro tipo de programa. Hablar con clientes que utilicen este servicio para un club de lectores cuando nosotros tenemos un catálogo de

venta por correo, no nos aportará la información que necesitamos.

★ *¿Cuánto tiempo llevan funcionando?* Como en cualquier empresa, nos interesa trabajar con alguien que lleve tiempo en el negocio y que tenga un excelente nivel y reputación.

★ *¿Cuál es el tamaño de su organización?* ¿Quién va a llevar mi cuenta? Hay servicios de tratamiento informático que gestionan cuentas multimillonarias y hay otros más pequeños que se dedican a las pequeñas y medianas empresas. Si la nuestra tiene un volumen bajo, podemos optar por un servicio de este último tipo, que nos prestará una atención más personalizada. Pero asegurémonos de que serán capaces de crecer con nosotros a medida que vayan aumentando nuestros pedidos.

Sea cual sea el tamaño de la empresa con la que trabajemos, hemos de saber quién se va a encargar de nuestra cuenta. Lo ideal es que haya una persona concreta que se ponga al teléfono siempre que llamemos. Esa persona conocerá todos los detalles de nuestra empresa y de nuestros planes de marketing y será capaz de contestar cualquier pregunta que le hagamos. También preguntaremos si hay alguien a quien nos podamos dirigir si nuestro contacto habitual se pone enfermo o se va de vacaciones.

★ *¿Cuáles son sus tarifas? ¿Qué mínimos tienen?* Una vez que les hayamos explicado nuestro programa, nos tendrán que explicar su sistema de facturación y darnos un presupuesto de lo que nos va a costar (dependiendo de los pedidos que recibamos). Se nos cobrarán independientemente cada uno de los siguientes conceptos:

- Recepción, apertura y clasificación del correo y preparación de los depósitos.
- Obtención de autorizaciones para las tarjetas de crédito.
- Mecanización de los datos de nombres y direcciones y elaboración de las etiquetas de envío.
- Cualquier cambio necesario en los programas informáticos.

★ *¿Me pueden recomendar un transportista?* Casi todos los servicios de tratamiento informático trabajan en estrecha colaboración con una o más agencias de transportes, y nos darán con mucho gusto sus nombres y números de teléfono (si estamos buscando un agente de listas o un servicio de tratamiento postal también pueden remitirnos a este tipo de empresas).

**CONSEJO:** ¿Cómo sabemos si el servicio externo que vamos a contratar está haciendo bien su trabajo? Hagámonos pasar por cliente de nuestra propia empresa. Llamemos al número de teléfono gratuito y hagamos un pedido (utilizando otro nombre), o pidámosle a alguien que lo haga por nosotros. ¿Fueron amables los operadores? ¿Estaban bien informados? ¿Fueron simpáticos? Hagamos el mismo pedido utilizando un cupón de respuesta por correo. Paguemos con cheque; sumemos mal la cuenta y veamos qué solución nos dan. Paguemos con terjeta de crédito y devolvamos el artículo para ver si nos reembolsan el dinero en un plazo razonable. Cuando nos llegue la mercancía, examinémosla cuidadosamente. ¿Venía bien empaquetada? ¿Se nos entregó puntualmente? ¿Presentaba algún daño?

### LOS RETRASOS EN LA ENTREGA Y LA LEY DE VENTA POR CORREO

Tanto si usamos nuestro propio programa informático como si utilizamos servicios externos, el sistema tiene que estar configurado de tal manera que nos avise cuando no nos queden existencias de un artículo. Supongamos que se nos ha agotado el artículo número 200, *101 increíbles recetas italianas*. Cuando metamos en el ordenador el pedido de Jane Smith e introduzcamos el código de artículo 200, saldrá un mensaje diciéndonos que se ha solicitado la reposición del artículo. Entonces tenemos tres opciones:

1. Cancelar el pedido y devolverle a la clienta su dinero.
2. Sustituirlo por un artículo de igual valor (con permiso de la clienta).
3. Servir el pedido incompleto junto con una explicación.

En este caso (como en la mayoría), la mejor opción es enviar la mercancía disponible con una notificación de que se está a la espera de reponer existencias del otro artículo.

La Ley de Venta por Correo, promulgada hace veinte años por la Comisión Federal de Comercio estadounidense, establece que una empresa debe servir la mercancía en el plazo de tiempo que se indique en un catálogo o en un anuncio, o en un máximo de 30 días si no se indica plazo. Si el artículo no se puede servir en 30 días, la ley obliga a notificar tal circunstancia al cliente. Ahora es éste el que tiene tres opciones. A vuelta de correo puede pedirnos que hagamos una de estas tres cosas:

1. Cancelar el pedido y reembolsarle el dinero.
2. Enviarle el artículo en cuanto esté disponible.
3. Cambiarle el artículo por otro.

Si el cliente exige el reembolso de su dinero, o si pensamos que no vamos a poder enviarle el artículo, hay ciertas normas que debemos seguir. Si el cliente pagó en efectivo, con cheque o por giro postal, tenemos que devolverle la cantidad correspondiente por correo de primera clase en un plazo de siete días hábiles desde la cancelación del pedido. Si pagó con tarjeta de crédito, tenemos que hacer un abono en la cuenta del cliente o notificarle que no se le va a hacer el cargo dentro de la primera liquidación de su cuenta que se realice tras la cancelación del pedido.

La figura 7.1 es un modelo de carta que se puede utilizar para informar a los clientes de que no hay existencias de uno de los artículos que han pedido y que se está a la espera de reponerlo para enviárselo. Para más información sobre la Ley de Venta por Correo se puede escribir a la siguiente dirección: Division of Enforcement, Federal Trade Commission, 6th & Pennsylvania Avenue NW, Washington, DC 20580.

## Normativa sobre venta por correo

Si estamos pensando en abrir una empresa de venta por correo, hemos de conocer las leyes que regulan este tipo de actividad. En 1938, la Comisión Federal de Comercio (CFC) fue facultada para prohibir «las prácticas comerciales injustas o fraudulentas». Entre las muchas directrices que publica la CFC se encuentran las siguientes:

- Guías sobre el uso de recomendaciones y testimonios en la publicidad.
- Guías sobre el uso de la palabra «Gratis» y equivalentes.
- Guías contra los precios engañosos.
- Guías contra la publicidad engañosa.

Estas publicaciones y otras relativas a la venta por correo se pueden conseguir llamando al número de teléfono (202) 326-3175 o escribiendo a la dirección de la Comisión Federal de Comercio antes indicada.

**INTERNACIONAL DE LIBROS DE COCINA**
Calle Oeste, nº 19
Apartado de Correos 225
Spring Valley, NY 10970
(800) 555-0000

**Fecha:**

Dª Jane Smith
Calle Mayor, 79
Localidad, Provincia 10010

Estimada señora Smith:

En primer lugar, queremos agradecerle la confianza que ha puesto en nosotros. Lamentamos informarle que debido a [MOTIVO DEL RETRASO], no nos resulta posible de momento servirle su pedido de [NOMBRE DEL PRODUCTO].

Esperamos poder enviarle este artículo antes del [FECHA PREVISTA DEL ENVÍO]. Si antes no hemos tenido noticias suyas, tenga la seguridad de que le enviaremos el producto que nos solicita. Si desea cancelar su pedido o cambiarlo por algún artículo equivalente, le rogamos nos remita la tarjeta de respuesta franqueada que le adjuntamos debidamente cumplimentada.

Permítanos reiterarle nuestro agradecimiento, rogándole nos disculpe por cualquier molestia que le haya podido ocasionar este retraso.

Atentamente,

Firma

Cargo

**Figura 7.1.** He aquí un modelo de carta comunicando a una clienta que no hay existencias de un artículo.

Hay normas de la CFC que estipulan que no se pueden dar datos falsos sobre los productos. No se puede decir que un producto curativo es milagroso si no hay pruebas clínicas que respalden tal afirmación. No se pueden hacer afirmaciones falsas sobre precios; no se puede decir de un artículo que «antes costaba 59,85 dólares» a menos que se hayan vendido a ese precio un número considerable de unidades. Y también somos responsables de la veracidad de los testimonios que se reproduzcan. Si citamos algo que ha dicho una persona y que luego resulta ser mentira, no podemos alegar que creíamos que estaba diciendo la verdad. Aun así se nos puede acusar de hacer publicidad engañosa.

Aunque por correo se pueda vender casi de todo (armas incluidas), hay cuatro categorías de productos que no están permitidos:

- Material pornográfico y obsceno.
- Medicamentos nuevos (se necesita un permiso especial de la Agencia de Alimentación y Medicamentos).
- Loterías.
- Sistemas de venta piramidal o en cadena.

LISTA DE CONTROL

¿HEMOS DE ENCARGARNOS NOSOTROS MISMOS DE SERVIR LOS PEDIDOS?

☑ Para tomar esta decisión hay que tener en cuenta tres factores:
✓El tamaño de nuestra empresa
✓El personal del que disponemos
✓Nuestras instalaciones

PREPARATIVOS PARA LA ENTREGA

☑ Éstos son los elementos esenciales que hemos de tener dispuestos antes de empezar a servir los pedidos:
✓Dirección: una calle y/o un apartado postal
✓Número de teléfono: número gratuito, suficientes líneas
✓Opciones de pago: efectivo, cheque o tarjeta de crédito
✓Códigos de artículo para controlar el inventario
✓Programa informático

RECEPCIÓN DEL PEDIDO

☑ Clasifiquemos el correo en pedidos que se van a pagar con tarjeta de crédito y pedidos que adjuntan un cheque

☑ Establezcamos un punto de corte para absorción de errores en el cálculo de los pagos

☑ Cuatro opciones para solucionar los errores en el cálculo del importe total del pedido:

1. Absorber el coste y servir el pedido

2. Enviar el pedido y reclamar el dinero que falta
3. Devolver el cheque y reclamar el pago completo
4. Retener el cheque y el pedido hasta que se reciba el pago correcto, momento en el que se serviría el pedido

☑ Generar etiquetas y comprobantes de envío
☑ Generar informe contable e informe comercial

ENVÍO DE LA MERCANCÍA

☑ Las siete funciones principales del proceso de entrega del pedido son las siguientes:
- ✓Recepción de la mercancía
- ✓Inspección de la mercancía
- ✓Almacenaje de la mercancía
- ✓Selección de los artículos pedidos
- ✓Embalaje de los artículos en cajas de cartón o en bolsas
- ✓Pesaje y medición
- ✓Envío por correo o servicio alternativo de reparto

USO DE SERVICIOS EXTERNOS

☑ Cuando busquemos un centro de tratamiento informático hemos de cerciorarnos de que:
- ✓Tiene experiencia en el tipo de actividad que realizamos
- ✓Nos pueden dar referencias de otras empresas que utilizan sus servicios para programas similares al nuestro
- ✓Tiene buena reputación en el sector
- ✓Va a haber un encargado de nuestra cuenta con quien vamos a estar en contacto personal
- ✓Nos explican las diversas funciones por las que nos van a facturar y nos facilitan un presupuesto de todos los gastos
- ✓Nos pueden remitir a un transportista (si ellos no se encargan también de esta función), a un agente de listas y a un servicio de tratamiento postal si así lo deseamos

LOS RETRASOS EN LA ENTREGA Y LA LEY DE VENTA POR CORREO

☑ Ley de Venta por Correo: las empresas deben servir la mercancía en el plazo que se indique en catálogos o anuncios; o en un máximo de 30 días si no se indica plazo
☑ Si no tenemos existencias de un artículo, hay tres posibilidades:

1. Cancelar el pedido del cliente y reembolsarle el dinero
2. Sustituirlo por un artículo de igual valor (con autorización del cliente)
3. Hacer un envío parcial con una explicación

☑ El cliente tiene tres opciones de respuesta:

1. Cancelar el pedido y recibir un reembolso
2. Esperar a que se le envíe el artículo en cuanto esté disponible
3. Optar por un artículo equivalente

ARTÍCULOS QUE NO SE PUEDEN VENDER POR CORREO

☑ Material pornográfico y obsceno
☑ Medicamentos nuevos
☑ Loterías
☑ Sistemas de venta piramidal o en cadena

# 8
# LOS COSTES Y LA ARITMÉTICA DE LA VENTA POR CORREO

Al contrario que otros métodos de marketing y de publicidad, el marketing directo podemos controlarlo con precisión y analizarlo científicamente. Se puede calcular con total exactitud cuánto nos hemos gastado en una campaña concreta y cuánto dinero hemos ganado o hemos perdido. Utilizando las cifras recogidas por medio de diversas pruebas de evaluación, podemos introducir cambios en una o más de las siguientes áreas para aumentar los beneficios.

- *Aumentar el precio de venta.* Se podría pensar que un incremento de precios hará descender el número de pedidos que recibamos. Sin embargo, una subida de unos pocos dólares no tiene por qué influir en las ventas. A veces un aumento de precio trae más pedidos al subir la percepción de valor de nuestro producto.
- *Aumentar el índice de respuestas.* Dicho de otra forma, intentar hacer que un mayor número de personas compre nuestro producto. Hemos de probar distintas ofertas, estrategias creativas y listas hasta que demos con la combinación que nos dé índices de respuesta cada vez más altos. Si es posible, debemos contener los costes de promoción y producción para poder llegar por correo a un mayor número de personas. Recordemos que hay que evaluar las variables de una en una para poder determinar cuáles son los elementos que atraen a un mayor número de clientes.
- *Reducir los costes.* No debemos realizar ninguna reducción que vaya a afectar a la calidad de nuestro producto o servicio. Debemos estudiar los costes para ver si podemos recortar los de producto o los de entrega sin poner en peligro la calidad. Por lo general, los recortes hay que hacerlos en los costes de producción, por ejemplo, arañando 15 dólares por millar en los gastos de imprenta, lo que nos puede reportar grandes ahorros. Podríamos

llegar a la conclusión de que el catálogo a cuatro colores que teníamos pensado se puede quedar en dos y seguir siendo un instrumento de venta eficaz. Esa sola decisión nos podría ahorrar varios miles de dólares y suponer un incremento de beneficios significativo.

### Determinemos los costes de promoción

Aunque nadie nos da garantías de cómo va a funcionar una campaña, utilizando cálculos precisos y los presupuestos que nos hagan los proveedores sí podemos hacernos una idea bastante certera del potencial de beneficios de una campaña antes de poner ningún dinero. Para esto hemos de conocer los gastos de producción, correo y entrega de nuestro producto.

Hemos de empezar por hacer nuestra lista de intenciones, conformando un programa modelo que contenga todos los elementos que nos gustaría tener si dispusiésemos de un presupuesto ilimitado. Por ejemplo, quizá nos gustase personalizar la carta y el sobre para cada cliente, con un boletín de pedido independiente, una carta de impulso y un folleto a cuatro colores de 28 × 36 centímetros. A medida que recibamos presupuestos de distintos proveedores iremos descubriendo posibles formas de recortar gastos. La imprenta podría sugerirnos cambiar el tamaño del folleto a 22 × 28 centímetros para que quepan más ejemplares en una plancha, con lo que los gastos por este concepto bajarían considerablemente. O que si cambiamos la forma del boletín de pedido y de la carta de impulso se pueden meter juntos en la prensa, reduciéndose aún más los costes.

Una vez decididos todos los elementos de que constaría nuestro paquete ideal, hagamos una lista de control con todos los componentes de la campaña (cerciorémonos de que se han incluido los impuestos en aquellos casos en que sea necesario). La figura 8.1 es un modelo de lista de control para una campaña de venta por correo. Utilizamos dos cantidades distintas: el coste total y el coste por millar (CPM). Este último facilita la comparación entre distintos envíos, listas y soportes publicitarios.

Empecemos a elaborar la lista de control escribiendo el nombre del producto y las características del trabajo, donde haremos una descripción detallada del paquete (por ejemplo, una carta de 22 × 28 centímetros en offset con tratamiento láser; un sobre de ventana del número 10 a dos colores, un folleto a cuatro colores de 11 × 28 centíme-

**LISTA DE CONTROL DE CORREO DIRECTO - COSTES DE PROMOCIÓN**

**Nombre del producto:** ______________________

**Características del trabajo:** ______________________

______________________

**Nº de piezas enviadas:** ______________________

| DESCRIPCION DEL TRABAJO | COSTE TOTAL | CPM |
|---|---|---|
| ❑ DISEÑO | | |
| ❑ Redacción y revisión | $______ | $______ |
| ❑ Diseño | ______ | ______ |
| ❑ Mecanización (manual o por ordenador) | ______ | ______ |
| ❑ Tipografía | ______ | ______ |
| ❑ Escáner (fotos) | ______ | ______ |
| ❑ FOTOS E ILUSTRACIONES | | |
| ❑ Fotografía | ______ | ______ |
| ❑ Modelos | ______ | ______ |
| ❑ Retoques | ______ | ______ |
| ❑ Ilustraciones | ______ | ______ |
| ❑ IMPRENTA | | |
| ❑ Separaciones de color | ______ | ______ |
| ❑ Carta | ______ | ______ |
| ❑ Carta de impulso u otros insertos | ______ | ______ |
| ❑ Boletín de pedido/tarjeta de respuesta | ______ | ______ |
| ❑ Folleto | ______ | ______ |
| ❑ Catálogo | ______ | ______ |
| ❑ Sobre exterior | ______ | ______ |
| ❑ Sobre de respuesta | ______ | ______ |
| ❑ Otros | ______ | ______ |
| ❑ LISTAS Y TRATAMIENTO INFORMÁTICO | | |
| ❑ Alquiler de listas | ______ | ______ |
| ❑ Cruce/depuración, cambio de dirección, otros | ______ | ______ |
| ❑ SERVICIO DE TRATAMIENTO POSTAL | | |
| ❑ Ensobrado | ______ | ______ |
| ❑ Direcciones (con personalización láser) | ______ | ______ |
| ❑ Clasificación, envío | ______ | ______ |
| ❑ FRANQUEO | | |
| ❑ Franqueo externo | ______ | ______ |
| ❑ Franqueo interno | ______ | ______ |
| ❑ TELEMARKETING | | |
| ❑ Inverso | ______ | ______ |
| ❑ Directo | ______ | ______ |
| ❑ VARIOS | | |
| ❑ Mensajería, teléfono, etc. | ______ | ______ |
| ❑ Administración | ______ | ______ |
| ❑ **TOTALES:** | ______ | ______ |

**Figura 8.1.** Lista de control de costes de promoción.

tros y un sobre de respuesta comercial del número 9. Pongamos después el número de unidades que pensamos enviar. Esto es importante, pues algunos costes varían según el número de piezas que enviemos. El coste de impresión por unidad, por ejemplo, bajará según aumente la cantidad, por lo que imprimir 2.000 cartas nos puede costar 35 dólares por millar e imprimir 30.000 puede valer 25 dólares por millar. Hay cuatro grandes categorías de gastos a tener en cuenta:

★ *Diseño creativo:* aquí se engloban los costes reales en efectivo de redacción, diseño final, mecanización, composición y escaneo de las fotografías.
★ *Fotos e ilustraciones:* aquí se incluyen los honorarios del fotógrafo y de los modelos y de los retoques que tuvieran que realizarse, así como los dibujos o ilustraciones que se usen. Es necesario decir a los fotógrafos e ilustradores cómo vamos a utilizar su trabajo. A veces se pueden comprar todos los derechos para usar una foto o una ilustración siempre y con cualquier fin; otras veces únicamente compramos los derechos para un solo uso. Esto hay que negociarlo por adelantado con los profesionales o con sus agentes.
★ *Imprenta:* aquí se incluyen los costes de cada uno de los componentes del paquete de venta por correo: la carta, el sobre exterior, el sobre de respuesta comercial, la carta de impulso, el folleto y cualquier otro elemento que queramos incluir. Puede que en la imprenta nos den un presupuesto por todo el trabajo sin detallar los precios de cada componente. En tal caso, pongamos simplemente la cantidad total y calculemos el coste por millar. También nos podemos encontrar con que hemos de utilizar los servicios de más de una imprenta (puede haber una especializada en sobres, por ejemplo). Lo más conveniente es ver cómo está el mercado para poder conseguir el mejor precio para la totalidad del paquete.
★ *Listas:* si no estamos utilizando listas propias, incluyamos las tarifas por alquiler, gastos de selección (por sexo, código postal o fecha de última compra), etiquetas, cambio de dirección y cruce/depuración. Si sólo usamos nuestra lista interna, tendremos que incluir cualquier gasto de mantenimiento o actualización en el que podamos incurrir.
★ *Servicio de tratamiento postal:* éste es otro concepto del que pueden darnos el precio total o detallar el de cada uno de los servicios. Sea como fuere, asegurémonos de incluir en la lista de control el coste total y el coste por millar.

★ *Franqueo:* el «franqueo externo» es lo que cuesta enviar a los clientes el paquete que hemos preparado. Estas tarifas postales pueden variar dependiendo del número de unidades que enviemos a cada zona postal. El servicio de tratamiento postal nos cobrará la tarifa más alta para el número de unidades que vamos a enviar, nos dará un recibo con el coste exacto del franqueo y luego nos hará un abono si el coste real fuese inferior al del presupuesto inicial.

El «franqueo interno» cubre lo que pagamos a la oficina de correos por los sobres o tarjetas de respuesta a franquear en destino que utilizan los clientes para realizar pedidos o solicitar información.

★ *Telemarketing:* el telemarketing inverso es lo que pagamos cuando los clientes nos llaman a un número gratuito para hacer sus pedidos. Tenemos gastos de telemarketing directo cuando alguien de nuestra empresa llama a un posible cliente para hacer una venta o cuando contratamos un servicio externo para que lo haga en nuestro nombre.

★ *Gastos varios:* en esta categoría se incluyen gastos de mensajería, fax, teléfono, entrega inmediata, viajes y gastos de representación, impuestos de ventas y, en general, cualquier gasto que no encaje en las siete categorías anteriores.

A la figura 8.1 se le puede añadir cualquier otro coste de promoción que no figure en ella.

La figura 8.2 recoge una lista de control para un paquete de correo directo de Internacional de Libros de Cocina. El envío incluye una oferta de *El libro gigante de recetas de todo el mundo* por 45,98 dólares más un tenedor para pasta de regalo. Se va a hacer un envío de 50.000 unidades, incluyendo una carta de dos páginas de 22 × 28 centímetros, una carta de impulso de 10,2 × 15,2 centímetros, un folleto a cuatro colores en papel satinado de 80 gramos con 6 fotografías, un sobre exterior con ventana del número 10 a dos colores y una tarjeta de respuesta comercial a un color en cartulina.

## CÁLCULO DEL PUNTO EN QUE CUBRIMOS GASTOS

Una vez que conocemos los costes de promoción (que a veces se llaman costes de marketing), podemos determinar cuál es el punto en que cubrimos gastos, es decir, cuándo se igualan con los ingresos de

**LISTA DE CONTROL DE CORREO DIRECTO - COSTES DE PROMOCIÓN**

**Nombre del producto:** El libro gigante de recetas de todo el mundo.

**Características del trabajo:** 1 carta de dos páginas de 22 x 28 cms; 1 carta de impulso de 10,2 x 15,2 cms; 1 folleto a 4 colores en papel satinado con 6 fotografías; 1 sobre exterior con ventana del número 10 a dos colores; 1 tarjeta de respuesta comercial a 1 color en cartulina.

**Nº de piezas enviadas:** 50.000

| DESCRIPCION DEL TRABAJO | COSTE TOTAL | CPM |
|---|---|---|
| ❑ DISEÑO | | |
| ❑ Redacción y revisión | $ 4,000 | $ 80,00 |
| ❑ Diseño | 2,000 | 40,00 |
| ❑ Mecanización (manual o por ordenador) | 1,200 | 24,00 |
| ❑ Tipografía | 400 | 8,00 |
| ❑ Escáner (fotos) | 400 | 8,00 |
| ❑ FOTOS E ILUSTRACIONES | | |
| ❑ Fotografía | 1,000 | 20,00 |
| ❑ Modelos | 0 | |
| ❑ Retoques | 500 | 10,00 |
| ❑ Ilustraciones | 0 | |
| ❑ IMPRENTA | | |
| ❑ Separaciones de color | 1,200 | 24,00 |
| ❑ Carta | 1,100 | 22,00 |
| ❑ Carta de impulso u otros insertos | 800 | 16,00 |
| ❑ Boletín de pedido/tarjeta de respuesta | 800 | 16,00 |
| ❑ Folleto | 5,000 | 100,00 |
| ❑ Catálogo | 0 | |
| ❑ Sobre exterior | 3,000 | 60,00 |
| ❑ Sobre de respuesta | 1,000 | 20,00 |
| ❑ Otros | | |
| ❑ LISTAS Y TRATAMIENTO INFORMÁTICO | | |
| ❑ Alquiler de listas | 5,600 | 112,00 |
| ❑ Cruce/depuración, cambio de dirección, otros | 500 | 10,00 |
| ❑ SERVICIO DE TRATAMIENTO POSTAL | | |
| ❑ Ensobrado | 350 | 7,00 |
| ❑ Direcciones (con personalización láser) | 500 | 10,00 |
| ❑ Clasificación, envío | 350 | 7,00 |
| ❑ FRANQUEO | | |
| ❑ Franqueo externo | 13,3000 | 266,00 |
| ❑ Franqueo interno | 2,000 | 40,00 |
| ❑ TELEMARKETING | | |
| ❑ Inverso | 2,000 | 40,00 |
| ❑ Directo | 1,000 | 20,00 |
| ❑ VARIOS | | |
| ❑ Mensajería, teléfono, etc. | 1,000 | 20,00 |
| ❑ Administración | 1,000 | 20,00 |
| ❑ **TOTALES:** | $50,000 | 1.000,00 |

**Figura 8.2.** Lista de control de costes de promoción de *El libro gigante de recetas de todo el mundo*.

tal manera que no obtenemos beneficios pero tampoco perdemos dinero. Este punto es el número de pedidos que necesitamos recibir para que los ingresos cubran los gastos.

Es importante advertir que nuestra primera campaña de correo directo siempre será más cara que la segunda, pues muchos costes sólo afectan al primer envío. La redacción, la tipografía, los fotolitos y las separaciones, por ejemplo, son básicamente gastos que se hacen una sola vez. A menos que hagamos cambios no volveremos a incurrir en ellos. Los únicos costes recurrentes serán los relativos a imprenta, franqueo, listas y telemarketing. Por consiguiente, el punto en que cubramos gastos en posteriores envíos se encontrará en un nivel mucho más bajo.

Conocer este punto nos ayuda a determinar la viabilidad de la campaña. Supongamos que los números nos dicen que para cubrir gastos tenemos que vender 5.000 artículos con un envío a 10.000 personas. Esto implica que necesitamos un índice de respuesta del 50%, unas expectativas poco realistas. Estas cifras nos están diciendo que en nuestro plan hay algo que no encaja: o los costes de producción son demasiado altos o el precio de venta excesivamente bajo.

El primer paso para determinar en qué punto cubrimos gastos es calcular *todos* los costes. La figura 8.1 nos permitía calcular el coste de un aspecto de la campaña: la promoción. Para conseguir el coste total, hemos de sumar todos los conceptos por los que estamos poniendo dinero, desde la fabricación o la compra del producto hasta la recepción de los pedidos, su envío a los clientes y quizás hasta las devoluciones de los productos que no les convencieron.

La figura 8.3 nos muestra el punto en que cubrimos gastos con el envío de *El libro gigante de recetas de todo el mundo:*

- ★ *Coste del producto.* ¿Cuánto supone comprar o fabricar el producto? A Internacional de Libros de Cocina le cuesta 6,98 dólares producir el libro. El tenedor para pasta que se ofrece como obsequio cuesta 35 centavos, lo que hace que el coste total del producto se eleve a 7,33 dólares.
- ★ *Gestión de los pedidos.* Esta categoría incluye todos los costes derivados de la recepción del pedido y del envío del producto al cliente. Los costes de proceso del pedido de Internacional de Libros de Cocina se elevan a 2,98 dólares.
- ★ *Gastos financieros y devoluciones.*
  - La primera subcategoría de este apartado es la relativa a los gastos de la tarjeta de crédito. Si aceptamos esta modalidad de

**LISTA DE CONTROL DE CORREO DIRECTO**
**PUNTO EN QUE SE CUBREN GASTOS**

**Nombre del producto:** El libro gigante de recetas de todo el mundo

**Número de envíos:** 50.000

| **COSTES POR PEDIDO** | **SUBTOTAL** | **TOTAL** |
|---|---|---|
| COSTE DEL PRODUCTO | | |
| ❑ Coste de compra o fabricación | $ 6,98 | |
| ❑ Coste del regalo | ,35 | |
| Total: | | $ 7,33 |
| GESTIÓN DEL PEDIDO | | |
| ❑ Mecanización de datos | ,75 | |
| ❑ Materiales de embalaje (cajas, bolsas, relleno, cinta) | ,36 | |
| ❑ Selección, empaquetado, sellado, etiquetado | ,25 | |
| ❑ Coste de envío del paquete | 1,62 | |
| Total: | | 2,98 |
| GASTOS FINANCIEROS Y DEVOLUCIONES | | |
| ❑ Comisiones de gestión de tarjetas | 1,07 | |
| ❑ Devoluciones | ,13 | |
| ❑ Impagados | ,61 | |
| Total: | | 1,81 |
| COSTES VARIOS | | |
| ❑ Teléfono gratuito | ,60 | |
| ❑ Otros | | |
| Total: | | ,60 |
| **COSTE POR PEDIDO** | | $ 12,72 |
| **PRECIO DE VENTA DEL PRODUCTO** | $ 45,98 | |
| más envío y manipulación | 5,00 | |
| **Precio total de venta** | | $ 50,98 |
| Menos coste total por pedido | | 12,72 |
| **MARGEN:** coste de marketing por pedido | | $ 38,26 |
| **NÚMERO DE PEDIDOS NECESARIO PARA CUBRIR GASTOS** | | |
| Coste total de marketing | $ 50.000,00 | |
| Margen | 38,26 | |
| **Punto en que se cubre gastos: coste de marketing ÷ margen (número de pedidos)** | | 1307 |

**Figura 8.3.** Lista de control del punto en que se cubren gastos para *El libro gigante de recetas de todo el mundo*.

pago, tendremos que abonar una cantidad por gastos de gestión al banco o a la empresa propietaria de la tarjeta. Si aceptamos, por ejemplo, cuatro tarjetas distintas, dos de las cuales nos cobran un 3% de comisión y las otras dos un 4%, la comisión media sería de un 3,5% (suponiendo que todas las tarjetas se usen en igual medida). Para calcular la comisión media habrá que multiplicar el precio de venta del producto más los gastos de envío por 0,35. En este caso, como el precio total de venta es de 50,98 dólares (45,98 más 5 de gastos de envío), la comisión media ascendería a 1,78 dólares (50,98 × 0,35 = 1,78). A continuación tendremos que determinar qué porcentaje de las ventas se va a realizar mediante tarjeta de crédito. Internacional de Libros de Cocina suele recibir un 60% de los pedidos por esa vía; por tanto, habría que hallar el 60% de 1,78 dólares para calcular la comisión media por pedido (1,78 × 0,60 = 1,07 dólares).

- La siguiente subcategoría corresponde a las devoluciones. Por bueno que sea el producto, todas las empresas tienen devoluciones. Lo normal es un 5% en productos que no sean ropa. El coste de la devolución incluye los gastos de envío y manipulación y los de acondicionamiento del producto para reexpedirlo (lo habitual en estos casos es un 10% de su coste). Si sumamos los gastos de envío y manipulación más los de acondicionamiento, los costes para Internacional de Libros de Cocina por este concepto serían los siguientes:

| | |
|---|---|
| Envío | 1,62$ |
| Manipulación | 0,25$ |
| Acondicionamiento | 0,70$ |
| **Total** | **2,57$** |

Si multiplicamos esa cantidad por el 5% del índice de devolución obtendremos el coste unitario de las devoluciones, que en el caso de Internacional de Libros de Cocina ascienden a 0,13 dólares (2,57 × 0,05 = 0,13 dólares).

- La tercera subcategoría es la morosidad, algo que se da en todo negocio. Si no tenemos ninguna experiencia previa en la que basar esta cifra, podríamos prever un 5%. Para determinar este concepto se multiplica el coste de producto, gestión de la respuesta y entrega por el 5%. En el ejemplo que nos ocupa ascendería a 0,61 dólares.

★ *Costes varios:* aquí se incluye cualquier coste específico de nuestra empresa, por ejemplo, si utilizamos un servicio de llamada gratuita o una empresa de telemarketing.

- Si contratamos un número de llamada gratuita también hemos de incluir lo que nos cueste. Para calcularlo hay que multiplicar el coste del uso del número por pedido por el porcentaje de pedidos que recibimos por esta vía. Internacional de Libros de Cocina recibe de esta manera el 60% de sus pedidos y les cuesta aproximadamente un dólar gestionar cada uno de ellos. Por tanto, el coste medio de telemarketing es de un dólar ($1 \times 0{,}60 = 0{,}60$ dólares).

★ *Coste por pedido:* la suma de los costes del producto, la gestión y entrega del pedido, los gastos financieros y las devoluciones y los gastos varios nos da el coste medio total de cada pedido que recibimos (coste por pedido, o CPP). A Internacional de Libros de Cocina cada pedido de *El libro gigante de recetas de todo el mundo* le cuesta 12,72 dólares.

★ *Precio de venta del producto:* es lo que cobramos al comprador, más los gastos de envío y manipulación. Las *Recetas de todo el mundo* le cuestan al cliente 45,98 dólares más 5 dólares de envío y manipulación, lo que hace un total de 50,98 dólares.

★ *Márgenes:* para calcular esta cifra, restamos el coste total por pedido del precio total de venta de nuestro producto. En este caso, Internacional de Libros de Cocina resta 12,72 dólares de los 50,98 del precio total de venta, lo que les deja un margen de 38,26 dólares por cada pedido que reciben.

★ *Cantidad de pedidos necesarios para cubrir gastos:* 38,26 dólares es la cantidad de dinero que Internacional de Libros de Cocina se puede gastar en marketing por cada pedido sin perder dinero. Tampoco ganarán, sólo cubrirán gastos. Para calcular el punto en que cubrimos gastos dividimos el gasto total de marketing por el margen. Esto supone que Internacional de Libros de Cocina necesita 1.037 pedidos para cubrir gastos, lo que supone un índice de respuesta de aproximadamente un 2,61%. Es un porcentaje bastante alto, pero para Internacional de Libros de Cocina es aceptable porque sabe que este envío incluye gastos que no volverán a tener en futuras ocasiones.

La figura 8. 4 es una lista de control en blanco para calcular el punto en que se cubren gastos que podemos utilizar añadiendo cualquier coste específico de nuestro producto.

### CÁLCULO DEL PUNTO EN QUE SE CUBREN GASTOS EN UN ANUNCIO DE RESPUESTA DIRECTA

Utilizando las mismas listas de control de las figuras 8.2 y 8.3, vamos a calcular el punto en que se va a cubrir gastos en un anuncio de respuesta directa. Para ello, sustituyamos los costes de marketing por el coste de nuestro anuncio y dividámoslo por el margen. Si Internacional de Libros de Cocina puso un anuncio que le costó 5.000 dólares, por ejemplo, necesitaría 131 pedidos para cubrir gastos (5.000 ÷ 38,226 = 131).

Si queremos conocer el porcentaje necesario de respuestas de los lectores del catálogo, multipliquemos por 100 el número de pedidos que necesitamos para cubrir gastos y dividamos el resultado por la difusión del catálogo. Si la difusión es de 350.000 ejemplares, la fórmula en este caso es:

$$13.100 \div 350.000 = 0{,}039\%$$

o un índice de respuestas en torno al 0,25%.

### ANÁLISIS DE LA VENTA POR CATÁLOGO

Para analizar una venta por catálogo o determinar su potencial de beneficio, lo mejor es considerar dicho catálogo como una colección de anuncios individuales. Con cada artículo de la página deberíamos recuperar sus costes y sacarle un beneficio. Supongamos que confeccionar y enviar nuestro catálogo de 28 páginas cuesta 56.000 dólares. Dividamos el coste total por el número de páginas y obtendremos un precio por página de 2.000 dólares. Dividamos después cada página por el número de artículos que contiene. Si una página sólo lleva dos artículos, anunciar cada uno de ellos nos cuesta 1.000 dólares. Un cuarto de página vale 500 dólares, un octavo 250, y así sucesivamente.

Para analizar la venta de un artículo concreto hemos de conocer el coste de cada producto que aparece en el catálogo. Podemos usar la lista de control de la figura 8.4 para determinar el coste total por pedido de cada artículo.

La figura 8.5 es un fragmento de una lista de control para un análisis por páginas del catálogo de primavera de Internacional de Libros de Cocina. *El libro gigante de recetas de todo el mundo* aparecía en una

**LISTA DE CONTROL DE CORREO DIRECTO**
**PUNTO EN QUE SE CUBREN GASTOS**

**Nombre del producto:** ____________________

**Número de envíos:** ____________________

| COSTES POR PEDIDO | SUBTOTAL | TOTAL |
|---|---|---|
| COSTE DEL PRODUCTO | | |
| ❑ Coste de compra o fabricación | ______ | |
| ❑ Coste del regalo | ______ | |
| Total: | | $ ______ |
| GESTIÓN DEL PEDIDO | | |
| ❑ Mecanización de datos | ______ | |
| ❑ Materiales de embalaje (cajas, bolsas, relleno, cinta) | ______ | |
| ❑ Selección, empaquetado, sellado, etiquetado | ______ | |
| ❑ Coste de envío del paquete | ______ | |
| Total: | | ______ |
| GASTOS FINANCIEROS Y DEVOLUCIONES | | |
| ❑ Comisiones de gestión de tarjetas | ______ | |
| ❑ Devoluciones | ______ | |
| ❑ Impagados | ______ | |
| Total: | | ______ |
| COSTES VARIOS | | |
| ❑ Teléfono gratuito | ______ | |
| ❑ Otros | ______ | |
| Total: | | ______ |
| **COSTE POR PEDIDO** | | $ ______ |
| **PRECIO DE VENTA DEL PRODUCTO** | $ ______ | |
| más envío y manipulación | ______ | |
| **Precio total de venta** | | $ ______ |
| Menos coste total por pedido | | ______ |
| **MARGEN:** coste de marketing por pedido | | $ ______ |
| **NÚMERO DE PEDIDOS NECESARIO PARA CUBRIR GASTOS** | | ______ |
| Coste total de marketing | $ ______ | |
| Margen | ______ | |
| **Punto en que se cubre gastos: coste de marketing ÷ margen (número de pedidos)** | | ______ |

**Figura 8.4.** Lista de control del punto en que se cubren gastos.

mitad de la página 12. Veamos cómo se calculó la relación beneficios/pérdidas:

- ★ *Cantidad de dólares generados por ventas:* se vendieron 50 libros de cocina, lo que nos da un volumen total de ventas de 2.549 dólares (50 × 50,98 = 2.549).
- ★ *Coste del producto:* conforme a la lista de control del punto en que se cubren gastos (fig. 8.3), el coste de producción de este libro es de 12,72 dólares, que multiplicado por el número de ejemplares vendidos (50) da un total de 636 dólares.
- ★ *Beneficio neto:* restando el coste del producto del total de ventas generadas, tenemos un total de 1.913 dólares.
- ★ *Coste del espacio consumido:* según cifras anteriores, media página de este catálogo cuesta 1.000 dólares:

56.000 $ ÷ 28 = 2.000 $ ÷ 2 = 1.000 $

- ★ *Relación beneficio/espacio:* para hallar esta cifra se divide el coste del espacio consumido por el beneficio neto. La relación beneficio/espacio para este libro es de 1,91 (1.931 $ ÷ 1.000 $ =

**LISTA DE CONTROL DE CATÁLOGOS**
**ANÁLISIS DE VENTAS**

Análisis por páginas: Página nº 12

❑ Código de artículo: 300 ❑ Descripción: El libro gigante de recetas de todo el mundo

❑ Espacio consumido: 1/2 página

| | | | |
|---|---|---|---|
| ❑ Dinero generado por ventas: | $ | 2.549,00 | |
| ❑ Coste del producto: | | 613,00 | |
| ❑ Beneficio neto: | $ | 1.913,00 | |
| ❑ Coste del espacio consumido: | $ | 1.000,00 | |
| ❑ Relación beneficio/espacio: | | | 1,91 |
| ❑ Beneficio/pérdida por artículo: | $ | 18,26 | |

**Figura 8.5.** Lista de control para análisis de ventas por catálogo de *El libro gigante de recetas de todo el mundo*.

1,913). Si la relación baja de 1,00 estamos perdiendo dinero. Si se queda en 1,00 cubrimos gastos, y si es superior a 1,00 estamos teniendo beneficios.

★ *Relación beneficio/pérdida por artículo:* restemos el coste del espacio consumido del beneficio neto, dividamos el resultado por el número de artículos vendidos y obtendremos la relación beneficio/pérdida por artículo. En este caso hay un beneficio de 18,26 dólares:

1.913 $ – 1.000 $ = 913 $ ÷ 50 = 18,26

El mismo tipo de cálculo tendríamos que hacer para cada artículo del catálogo. La figura 8.6 nos muestra cuál sería la relación beneficio/pérdida si *El libro gigante de recetas de todo el mundo* se hubiese anunciado en una página completa del catálogo en lugar de a media página. La relación beneficio/espacio sería entonces de 0,96, lo que se traduce en una pérdida de 1,74 dólares. Esto indicaría que hemos dado demasiado espacio a este artículo. La próxima vez que imprimamos el catálogo, seguramente nos interesará darle menos espacio. En tal caso, después tendríamos que analizar los resultados para cercio-

**LISTA DE CONTROL DE CATÁLOGOS**
**ANÁLISIS DE VENTAS**

Análisis por páginas: Página nº 12

❑ Código de artículo: 300 ❑ Descripción: El libro gigante de recetas de todo el mundo

❑ Espacio consumido: página completa

| | | | |
|---|---|---|---|
| ❑ Dinero generado por ventas:............... | $ | 2.549,00 | |
| ❑ Coste del producto:............................ | | 613,00 | |
| ❑ Beneficio neto:.................................. | $ | 1.913,00 | |
| ❑ Coste del espacio consumido:........... | $ | 2.000,00 | |
| ❑ Relación beneficio/espacio:................ | | | 0,96 |
| ❑ Beneficio/pérdida por artículo:........... | $ | –1,74 | |

**Figura 8.6.** Lista de control para análisis de ventas por catálogo de *El libro gigante de recetas de todo el mundo*.

rarnos de que el número de ventas no ha caído como consecuencia de la reducción de espacio. Quizá tengamos que hacer varias evaluaciones hasta que obtengamos los resultados deseados. Un artículo que no cubre gastos en media página podría dar muy buen resultado a página entera. Si tenemos mucha fe en ese producto, quizá nos interese sacarlo en una sola página y analizar también cómo funciona en este caso.

Al analizar la relación beneficio/espacio de cada artículo, podemos ajustar el tamaño del espacio y la ubicación para que todo producto que sigamos ofreciendo sea un éxito de ventas.

### ANÁLISIS DE LOS RESULTADOS DE LAS LISTAS

Supongamos que hemos alquilado cinco listas distintas de 10.000 nombres para nuestro envío. Tenemos que saber cuáles dieron mejores resultados, de tal manera que en el siguiente envío sean éstas las que utilicemos junto con otras similares que encontremos.

Para determinar el índice de respuestas de cada lista, dividamos el número de pedidos que recibamos de esa lista por el número de envíos realizados a personas que figuran en ella y multipliquemos el resultado por 100. Así, por ejemplo, si recibimos 250 pedidos de los 10.000 nombres de la lista A, la fórmula sería la siguiente:

$$(250 \div 10.00) \times 100 = 2{,}5\%$$

Si queremos conocer la cantidad media de dinero de un pedido de esa lista, dividiríamos el valor total en efectivo por el número de pedidos. Si este valor en la lista A fue de 8.000 dólares, la fórmula sería:

$$8.000\ \$ \div 250 = 32\ \$$$

Para calcular la cantidad de ventas por millar de envíos, multipliquemos el índice de respuestas por la cantidad del pedido medio por X (número de millares enviados). La fórmula para hallar las ventas por millar de catálogos enviados a nombres de la lista A sería:

$$2{,}5 \times 32\ \$ \times 10 = 800\ \$ \text{ por millar}$$

Estas tablas y estas fórmulas las utilizaremos continuamente en el marketing directo. Son lo que hacen de éste un arte y una ciencia a la vez. Podemos tener el mejor paquete de venta por correo o el anuncio de respuesta directa más creativo, pero de nada nos servirán si los precios nos dejan un margen demasiado estrecho. Si tenemos un diseño poco realista que no nos va a permitir cubrir gastos, lo mejor sería plantearnos de nuevo toda la campaña.

LISTA DE CONTROL

TRES FORMAS DE AUMENTAR LOS BENEFICIOS

☑ Incrementar el precio de venta, o
☑ Incrementar el índice de respuestas, o
☑ Reducir costes

DETERMINAR COSTES DE PRODUCCIÓN INCLUYENDO LAS SIGUIENTES CATEGORÍAS

☑ Diseño creativo
☑ Fotos e ilustraciones
☑ Imprenta
☑ Listas y tratamiento informático
☑ Servicio de tratamiento postal
☑ Franqueo
☑ Telemarketing
☑ Varios

CÁLCULO DEL PUNTO EN QUE SE CUBREN GASTOS

☑ Calcular todos los costes para hallar el *coste por pedido*
  ✓Coste del producto
  ✓Gestión del pedido
  ✓Gastos financieros y devoluciones
  ✓Varios
☑ Fijar el precio de venta (incluyendo envío y manipulación)
☑ Calcular el margen (precio total de venta – coste por pedido)
☑ Calcular el número de pedidos necesarios para cubrir gastos (coste total de marketing ÷ margen)

DETERMINAR EL PUNTO EN QUE SE CUBREN GASTOS EN UN ANUNCIO DE RESPUESTA DIRECTA

☑ Dividir el coste del anuncio por el coste total del producto
☑ Determinar el índice de respuestas
  ✓Multiplicar por 100 el número de pedidos necesarios para cubrir gastos

✓Dividir el resultado por la difusión de la revista

ANÁLISIS DE LAS VENTAS POR CATÁLOGO

☑ Dividir el coste total del catálogo por el número de páginas para determinar el coste por página

☑ Dividir cada página por el número de artículos que contiene

☑ Determinar la relación beneficios/pérdidas, incluyendo las siguientes categorías:

✓Cantidad de dinero generado por las ventas

✓Coste del producto

✓Beneficio neto (restando el coste del producto del total de ventas que se genere)

✓Coste del espacio consumido (cuánto vale cada página, cada mitad, cuarto y octavo de página)

✓Relación beneficio/espacio (dividiendo el coste del espacio consumido por el beneficio neto); si la relación es superior a 1, estamos obteniendo beneficios

✓Relación beneficios/pérdidas por artículo (restando el coste del espacio consumido del beneficio neto, dividido por el número de artículos vendidos)

ANÁLISIS DE LOS RESULTADOS DE LAS LISTAS

☑ Determinar los índices de respuesta de cada lista que alquilemos

✓Multiplicar el número de pedidos que recibamos por 100; dividir el resultado por el número de envíos realizados

☑ Determinar la cantidad media de dinero de un pedido de cada lista

✓Dividir el valor total en dinero por el número de pedidos

☑ Determinar la cantidad de ventas en dinero por millar de piezas enviadas.

✓Multiplicar el índice de respuestas por la cantidad del pedido medio por X (número de millares enviados)

9

# PLANIFICACIÓN DE LA CAMPAÑA

La gracia de proyectar una campaña de marketing directo radica en ser creativo: encontrar ideas y diseños nuevos, titulares inteligentes y frases que vendan. Pero el marketing directo no es una mera cuestión de creatividad. También tiene que ver con la consecución de metas muy concretas; metas que serán distintas para cada profesional y cada campaña.

En los ocho primeros capítulos de este libro, nos hemos ocupado de los diversos componentes del marketing directo, como las ofertas y las listas de correo, los paquetes de venta por correo, los anuncios de respuesta directa y los catálogos. Hemos visto también la manera de hacer llegar nuestra mercancía al cliente y algunos de los principios presupuestarios que hay que contemplar para hacer de cualquier campaña un éxito. Una vez comprendidos estos principios de forma individual, ha llegado el momento de reunirlos en un plan coherente.

Como ocurre con cualquier otro proyecto complejo, en el marketing directo también es necesario organizar y planificar para lograr un éxito sólido. La planificación de una campaña nos exige definir y llevar a la práctica los grandes objetivos globales, pero también los detalles más insignificantes. Como ya sabemos a estas alturas, toda campaña de marketing directo se compone de cientos de pequeños elementos que pueden dar problemas en un momento dado. Es como si Murphy se hubiese dedicado al marketing directo: siempre habrá algo que salga mal en algún momento del proceso.

Aquí es donde entra el plan de marketing directo. Hay tantos procesos en juego, tantas personas desempeñando tantas funciones distintas (todo el que participa en un programa de marketing directo acaba asumiendo más de una responsabilidad), que es absolutamente necesario disponer de una guía que pormenorice el objetivo general de nuestra campaña y cada uno sus detalles.

Hay dos razones para elaborar un plan de marketing: 1) obligarnos a reflexionar sobre cada aspecto de la campaña y sobre cada decisión que se ha de tomar –desde los objetivos globales hasta las tareas diarias que hay que organizar y llevar a cabo– antes de iniciar el proceso en sí; y 2) disponer de un mapa de ruta al que podamos acudir en cualquier punto de la campaña para mantener encauzado el proyecto.

Este plan es la clave del éxito de cualquier campaña de marketing directo. Planes los hay de todas las formas y tamaños. Jamás olvidaré el día en que, trabajando en Wunderman, nos llegó IBM con su plan de marketing directo, de un grosor cercano al de la guía telefónica de Nueva York. Incluía absolutamente toda la información sobre sus productos, todos los datos posibles, incluso todo lo que se había dicho sobre esta campaña. Pero también he visto otros planes –buenos planes, concisos y pertinentes– que no ocupan más de tres o cuatro páginas en forma de esquema. En realidad, lo de menos es cómo organicemos el plan, siempre y cuando recoja siete áreas de información relevante que son imprescindibles para que nuestra campaña funcione: antecedentes, objetivos, estrategia, tácticas, un presupuesto lo más ajustado posible, planes de contingencia y calendario.

## Antecedentes

El primer apartado de nuestro plan de marketing directo, denominado antecedentes o análisis de situación, es una descripción general de nuestro producto (o servicio) y de todo aquello que le ha ocurrido hasta el momento de redactar el plan. Se incluyen los siguientes elementos:

- *Descripción física:* dimensiones, peso, color, material.
- *Función:* qué hace el producto y cómo lo hace.
- *Beneficios:* qué necesidades –reales o emocionales– de nuestros clientes satisface el producto.
- *Propiedades únicas:* qué hace a este producto diferente de sus rivales.
- *Precio:* a qué precio se pretende vender este producto.
- *Ampliaciones de la gama:* ¿hay en la actualidad, o puede haber en el futuro, algún producto que se pudiera vender junto con éste o como accesorio suyo? ¿Se puede vender con él algún producto complementario? Por ejemplo, si vendemos productos para el cuidado del cabello, podríamos vender cepillos para el pelo, peines, pasadores y moldeadores.

Si es posible, en esta sección también tienen cabida las muestras y las fotografías.

Al recoger información de referencia, la evaluación de la competencia es tan importante como el análisis de nuestro propio producto. ¿Qué oferta de productos similares al nuestro hay en el mercado? ¿En qué se parecen? ¿En qué se diferencian? ¿Qué precio tienen? ¿Dónde y cómo se venden? ¿Qué campañas publicitarias o de marketing directo están usando para venderlos?

Toda persona implicada en la venta de nuestro producto ha de buscar información continuamente. Deben estar en constante alerta ante los productos de la competencia. Hemos de pedirles que recorten cualquier anuncio que se encuentren en periódicos y revistas (y que escriban claramente el nombre y la fecha de la publicación) y que guarden cualquier envío de publicidad directa que reciban.

Cuando hayamos reunido suficientes muestras, analicémoslas. ¿A qué público se dirige nuestra competencia? ¿A qué características y beneficios se da mayor realce en el texto? ¿Qué oferta hacen? Si es posible, consigamos números anteriores de las publicaciones en las que han aparecido los anuncios. ¿Han ido cambiando con el tiempo? ¿Qué se ha mantenido? ¿Qué se ha añadido o eliminado?

Analicemos el producto y veamos si la competencia da lo que promete. Hagamos el mismo tipo de examen que hicimos para nuestra propia operación de entrega: hagamos varios pedidos para nosotros mismos y para otras personas que conozcamos. Paguemos con cheque o con tarjeta de crédito, enviemos el pago incompleto, devolvamos un artículo solicitando la devolución del dinero o un vale por el importe pagado. ¿Qué valoración nos merecen sus servicios de entrega de pedidos?

Resumamos la información que hemos conseguido para nuestro plan de marketing. Esto nos dará una panorámica más amplia de las similitudes –y, lo que es más importante, de las diferencias– entre nuestro producto o servicio y el de la competencia. Los consumidores quieren saber por qué deben comprar nuestro producto y no otro. Cuanta más información consigamos sobre la competencia, más eficazmente podremos distinguirnos en el mercado.

Una vez realizado el análisis de situación y el análisis del mercado, dispondremos de una descripción objetiva de los principales defectos y virtudes de nuestro producto y de cuáles son sus ventajas frente a las de la competencia. Una vez que sepamos esto podremos pasar a determinar nuestros objetivos.

### Objetivos

Al diseñar una campaña de marketing directo, primero hay que decidir lo que queremos que la campaña haga por nosotros. ¿Qué queremos lograr con nuestro marketing directo? ¿Sólo aumentar los beneficios? ¿Vamos a lanzar un producto o a introducirnos en mercados nuevos? No podemos comenzar a diseñar una campaña eficaz mientras no definamos claramente nuestros objetivos.

Los clientes siempre me dicen que su objetivo es ganar dinero. En el fondo, ése es el objetivo de todo el mundo, pero no es lo suficientemente concreto para reportarnos ningún bien. Nuestro objetivo ha de ser lo más específico posible, con metas numéricas y marcos temporales limitados. Objetivos claros podrían ser los siguientes: conseguir índices de respuesta del 2% en los seis próximos meses; vender 4.000 unidades más hasta el mes de octubre de dentro de dos años; aumentar nuestra base de datos en un 25% en un periodo de nueve meses.

**CONSEJO:** Cuando fijemos nuestros objetivos, guiémonos por nuestros resultados anteriores de marketing. Si ésta es la primera vez que hacemos marketing, investiguemos y utilicemos como punto de referencia la media del sector.

### Estrategia

Una vez que conozcamos nuestro objetivo de marketing directo podremos determinar nuestra estrategia. La estrategia es la «gran idea» que me permite pasar de mi objetivo a mis tácticas. Cuando trabajábamos en la campaña de Ford dirigida a las mujeres, la gran idea era crear una base de datos de mujeres y de sus intenciones respecto a la compra de un coche: queríamos saber qué tipo de coche tenía en ese momento la clienta A y cuándo iba a estar en disposición de comprar un coche nuevo.

Veamos otro ejemplo de estrategia. Tuvimos hace poco un cliente cuyo objetivo era vender pelucas a mujeres sometidas a quimioterapia. Dedicamos varios meses al diseño de la estrategia. Tras estudiar los antecedentes de este producto y las experiencias de los enfermos de cáncer, decidimos que la estrategia más apropiada era presentar el producto por publicidad directa a enfermeras destinadas en unidades de oncología, enviándoles folletos de las pelucas para que se los diesen a sus pacientes y se las recomendaran.

La elección de nuestra estrategia se basará en nuestros objetivos y en nuestro presupuesto, en nuestro producto, nuestras limitaciones de tiempo y el público al que nos dirigimos.

## Tácticas

La táctica utilizada en la campaña de Ford consistió en establecer una relación duradera con la clienta (el boletín *Noticias para el Conductor Canadiense*) que llenase el espacio de tiempo existente desde el momento en que conseguíamos su nombre hasta que finalmente comprase un coche. La táctica de la campaña de las pelucas fue dar un incentivo a las enfermeras de oncología, haciéndoles un regalo para darles las gracias por exponer el folleto en sus despachos y entregárselos a las clientas.

Los mismos factores que determinan nuestra estrategia, determinan también nuestras tácticas. El presupuesto es probablemente la primera consideración. ¿Cuánto podemos gastarnos en poner en práctica la estrategia? Para tomar nuestras decisiones tácticas, hemos de determinar qué elementos son esenciales para vender nuestro producto dentro de los límites de nuestro presupuesto.

Otra consideración es el mercado al que nos dirigimos. ¿Disponemos de un fichero interno de nombres que podamos usar como base para identificar nuestro mercado? O, si se trata de un producto nuevo, ¿cómo nos imaginamos a nuestro cliente ideal? ¿Dónde podríamos encontrar a ese tipo de persona?

A continuación tenemos que tomar todas las decisiones creativas. En el marketing directo, nuestras tácticas se descompondrán en los pequeños pasos necesarios para llevar una campaña desde su concepción hasta su conclusión. Tenemos que hacernos preguntas del siguiente tipo a lo largo de todo el proceso: ¿voy a utilizar correo directo o anuncios de respuesta directa en prensa o televisión? ¿Qué listas voy a utilizar? ¿Qué tengo que decir en la carta? ¿Cuál va a ser mi oferta? ¿Hace falta que incluya un folleto? ¿Tiene que ser a cuatro colores o en blanco y negro? Si vamos a vender varias vidrieras distintas fabricadas artesanalmente, quizá necesitemos un folleto con fotografías a cuatro colores. Por el contrario, si lo que queremos vender es un libro o una revista, quizá no necesitemos fotografías o consideremos que el producto quedará perfecto en una foto en blanco y negro.

Lo más importante es recordar que no hay una sola decisión posible en ninguna de estas áreas. Podrían dar resultado muchas estrategias distintas, y también cientos de tácticas alternativas. Cuando creemos nuestro plan, lo mejor es elaborar varias estrategias y tácticas diferentes y revisarlas todas hasta que encontremos las que más nos convengan dentro de las limitaciones del presupuesto.

> **CONSEJO:** No desechemos las ideas no utilizadas; guardémoslas para otra campaña.

Es importante que conservemos una copia del plan y que sigamos muy atentamente sus resultados. Como el marketing directo es una ciencia computable, podemos llevar un registro preciso de las respuestas que recibamos. De esta manera sabremos qué estrategias y qué tácticas nos dieron buen resultado y nos ayudaron a lograr nuestro objetivo. Así podremos repetir el éxito.

### Presupuestos ajustados

Una vez establecidos los antecedentes, los objetivos, las estrategias y las tácticas, hemos de conocer cuánto nos va a costar ejecutar el programa que hemos diseñado. Nuestro plan debería incluir presupuestos de lo que va a costar el trabajo dependiendo de las diversas tácticas que hemos esbozado. Cuando yo elaboro un plan de marketing, suelo incluir un presupuesto para un programa de campanillas, con pegatinas, impresión a cinco colores y boletines de pedido troquelados, y otro para un trabajo más modesto.

Si disponemos de un presupuesto abultado, podemos probar ambos enfoques y comprobar cuál da mejor resultado. No obstante, lo más normal es quedarse en un término medio y decidirse por un programa que contenga algunos de los elementos del más completo y otros del más modesto. O podemos olvidarnos de las campanillas, quedarnos con el más barato y utilizar un mayor número de listas. Tenemos que actuar con sensatez, basándonos en nuestra experiencia y en el conocimiento del mercado.

Una vez dispongamos de presupuestos para cada una de las campañas propuestas, el paso siguiente es calcular cuál ha de ser el índice de respuestas para cubrir gastos y empezar a obtener beneficios (utilizando las tablas y las fórmulas del capítulo 8). A continuación propondremos, para cada presupuesto, una serie de escenarios alternativos: «¿Y si la campaña de correo directo propuesta da un índice de respuesta del 1%? ¿Y si da un 1,5%? ¿Y si da un 2%?». Usando estos escenarios, se puede ver el potencial de éxito o el riesgo de fracaso de cada una de las campañas que se proponen.

No hay forma de pronosticar con precisión cuál va a ser el índice de respuestas. Para eso están las evaluaciones. Si nos dirigimos por correo a 50.000 personas en una evaluación inicial, sus nombres procederán de distintas listas. Supongamos que obtenemos un índice global de respuesta del 1%. Cuando analicemos los resultados, observaremos que unas listas produjeron un índice del 0,5%, otras del 1% y otras del 2%; con estos datos estaríamos en situación de extenderlo a las listas que dieron mejor resultado.

En esta sección también se integraría cualquier otra fuente de ingresos. Podríamos, por ejemplo, incluir en el paquete de nuestro producto una oferta a vuelta de correo. Frecuentemente, los costes de un elemento pequeño de un paquete de publicidad directa pueden quedar cubiertos en los costes iniciales de imprenta (si vamos a imprimir un folleto, por ejemplo, y queda espacio libre en la prensa –papel que normalmente se desecharía–, a veces se puede ajustar otro trabajo pequeño, como un anuncio de otro producto). De esta manera se amortiza el coste de imprenta y todas las respuestas que tengamos a nuestra oferta a vuelta de correo se sumarán a los beneficios.

## PLANES DE CONTINGENCIA

Los planes de contingencia incluyen más escenarios alternativos. Por ejemplo:

*¿Y si el primer envío del catálogo tiene una respuesta mínima?* En lugar de enviar un segundo catálogo, probaremos a hacer un envío de correo directo con un folleto de cuatro páginas.

*¿Y si el catálogo da una respuesta superior a la prevista?* Lo extenderemos lo más rápidamente posible a las listas que han dado mejor resultado.

Si hacemos frente a estas decisiones, estaremos preparados para cualquier resultado, sabremos qué hacer al poner en marcha cada uno de los pasos de nuestra campaña y sabremos cuáles han de ser los siguientes.

## CALENDARIO

Hay que establecer claramente un calendario para que toda persona implicada en el plan sepa cuándo vencen los plazos y cuánto va a durar cada etapa. Si nos proponemos hacer dos envíos, uno en enero y el otro en mayo, es importante saber cuándo hemos de iniciar y concluir cada fase de la campaña: ¿cuándo tenemos que redactar el texto, enviarlo a la imprenta, enviar el paquete ya terminado? ¿Quién se encarga de las distintas etapas? ¿Tiene que aprobar el texto la dirección? En tal caso, ¿cuál es el plazo para dicha aprobación? ¿Quién toma la decisión de pasar a la siguiente fase de la campaña? Hay que dar respuesta a todas estas cuestiones para que todo el mundo comprenda el programa.

## EJEMPLO DE PLAN DE MARKETING

Detallamos a continuación un plan de marketing para una empresa ficticia llamada Four Star Computers:

*Antecedentes.* Four Star Computers fue fundada hace cinco años cuando a Joe Barton, de 45 años de edad, lo despidieron de su trabajo de coordinador de viajes de una gran empresa y se dispuso a abrir su propio negocio dedicado a la publicación de un boletín sobre viajes. A medida que diseñaba el plan de empresa y el análisis de costes, comenzó a darse cuenta de que sus costes iniciales –en tiempo y en dinero– se concentraban en la instalación de un sistema informático en su propia casa.

Como Barton no estaba muy ducho en informática, le resultaba difícil calcular cuánto necesitaba y qué componentes se combinarían mejor y le interesarían más. Los vendedores de la tienda de informática no le ayudaban mucho. Cada vez que elaboraba un presupuesto, se encontraba con que no había incluido todos los elementos, y al final el sistema le costó un 35% más de lo que había calculado en un principio.

Hablando con otras personas que iban a comprar un ordenador por primera vez, Barton se dio cuenta de que había mucha más gente en su misma situación y fundó Four Star Computers, el primer sistema integrado de hardware, software y periféricos, compatible con IBM y con Macintosh y diseñado específicamente para personas no entendidas en informática que fueran propietarias de empresas radicadas en su propio hogar.

*Descripción del producto.* Los ordenadores Four Star están fabricados en plástico rígido ligero. El sistema se compone de un monitor, disco duro y dos unidades de disco flexible, unidad de CD-ROM, ampliación de memoria, módem interno, teclado, ratón, impresora de inyección de tinta y todos los cables necesarios. Está diseñado para funcionar como un centro de negocios básico; lleva cargado un procesador de texto, un programa de contabilidad y hoja de cálculo, un listín telefónico, una base de datos, un programa básico de gráficos y aplicaciones para el acceso a Internet.

*Beneficios.* El ordenador Four Star se vende a un precio único, no hay que ir buscando el mejor precio de cada componente (lo que quizá logremos o quizá no). Está diseñado con la vista puesta en el usuario no experto. El manual está escrito en un lenguaje sencillo, da instrucciones muy detalladas e incluye ilustraciones. El ordenador trae instalados programas de aprendizaje que aparecen en pantalla en cuanto lo encendemos y nos dice lo que tenemos que hacer para llegar al programa que nos interesa. Cada programa lleva su propia ayuda, que se puede borrar fácilmente cuando ya no se necesita. Hay también un número gratuito de servicio técnico que funciona las veinticuatro horas del día y que está atendido por personas formadas especialmente para ayudar a los principiantes.

*Propiedades únicas.* Se trata de un sistema integrado diseñado para la pequeña empresa que funciona en el propio hogar y para el usuario inexperto de ordenadores.

*Precio.* El precio de venta previsto es de 2.995 dólares.

*Ampliaciones de la gama.* La primera ampliación de la gama es una impresora de cuatro colores. Dentro de esta línea de productos para empresas radicadas en el propio hogar, Four Star Computers ofrecerá distintos productos, como mobiliario de oficina especialmente diseñado para cumplir más de una función y para adaptarse a espacios reducidos.

*Análisis de competitividad.* Los precios de Four Star Computers son competitivos frente a los supermercados informáticos y frente a las empresas de venta por correo. Además, esta empresa ofrece mejor servicio técnico. Al comprar en un supermercado informático, los clientes a menudo reciben consejos contradictorios dependiendo del vendedor que los atienda. Y casi ninguna empresa de venta por correo está orientada al usuario inexperto; los compradores tienen que saber previamente lo que necesitan y qué componentes son compatibles con los demás. Por el contrario, las personas que atienden el teléfono gratuito de Four Star Computers siguen un completo programa de formación sobre todos los aspectos del producto con el que obtienen un profundo conocimiento del mismo. La misión de la empresa es establecer relaciones duraderas con los clientes, estar disponibles para dar respuesta a sus preguntas contribuyendo a resolver sus problemas y ayudarles a hacer frente al aumento de sus necesidades informáticas.

*Objetivos.* El objetivo es vender 10.000 ordenadores y otros productos de la gama durante el primer año.

*Estrategia.*

- Definir el público al que se dirige:

  personas que inician una segunda actividad;
  profesionales independientes o personas que tienen una empresa en su propia casa;
  jubilados y parejas cuyos hijos ya se han marchado de casa;
  personas que poseen una empresa a la que se dedican a tiempo parcial.

- Evaluar anuncios de respuesta directa publicados en distintos medios de comunicación.
- Comprobar el resultado de envíos de publicidad directa con evaluación independiente de cada grupo de destinatarios, hablando con los posibles clientes de manera personal y sin utilizar un lenguaje especializado.
- Proporcionar formación a los clientes de Four Star Computers; no limitarse a facilitarles hardware y software.

*Tácticas.* Elaborar un plan de listas y crear un mercado preferente. Las listas podrían incluir los siguientes grupos de personas:

- Pequeñas empresas de reciente creación.
- Suscriptores de publicaciones como las siguientes:
  *Entrepreneur*
  *Home Office Computing*
  *Modern Maturity*
  *Inc.*

- Asociaciones:
  AARP
  Editorial Freelancers Association

La primera prueba será un anuncio de respuesta directa y un envío de publicidad directa. Este último incluirá una carta personalizada firmada por Joe Barton donde explique cómo lo despidieron, cómo se aventuró en el laberinto de conseguir información sobre ordenadores y en el trato con los vendedores y cómo llegó a desarrollar el concepto de Four Star Computers. El envío contendrá además un folleto y una oferta especial de un año de suscripción gratuita al boletín de Joe Barton, donde se recogerán historias de personas reales sobre cómo utilizan sus ordenadores Four Star y consejos para usarlos mejor. También se aportarán otras informaciones de carácter didáctico, como sugerencias para las agencias de viajes, consejos dirigidos a las pequeñas empresas sobre cómo ahorrar dinero en impuestos, gestionar los movimientos de efectivo o conseguir créditos. También se publicarán perfiles de trabajadores de Four Star Computers –sus nombres, su vida familiar, sus intereses personales y sus aficiones, para qué usan sus propios ordenadores Four Star–, de tal manera que los clientes tengan la sensación de estar relacionándose con personas reales, no sólo con una empresa de informática.

*Presupuestos.* Se calcula que el envío de 50.000 piezas costará 800 dólares por millar, lo que hace un total de 40.000 dólares. La proyección para este envío es que se traducirá en un índice de respuestas entre el 0,75% y el 2%. También se hará un seguimiento de los anuncios de respuesta directa, que tendrán un presupuesto de entre 23.000 y 25.000 dólares. El coste del boletín dependerá del número de ejemplares que se envíen, pero el presupuesto previsto para el primer año (en el que será el propio Joe Barton quien lo escriba) es de 3.000 dólares.

*Planes de contingencia.*

1. Si Four Star Computers no consigue al menos el 0,75% de respuestas se reconsiderará la oferta. ¿Fue suficiente con el boletín? ¿Fue suficiente con el servicio técnico?
2. Se analizarán las listas para determinar cuáles dieron mejores resultados y poder así seleccionar más los mercados.
3. Anuncios selectivos de respuesta directa para captar clientes. Utilizando la información obtenida con el análisis de las listas y con la evaluación de los primeros anuncios de respuesta di-

recta, se insertarán anuncios de respuesta directa de dos etapas en publicaciones que lleguen al tipo de personas que tienen más probabilidades de convertirse en clientes de Four Star Computers, con lo que se conseguirá reducir el coste por pedido.

4. Estudiar la posibilidad de incluir encartes en un periódico o revista con un coste bajo por millar, o de enviar publicidad junto con otro producto también dirigido a usuarios principiantes de ordenadores que no suponga competencia para el nuestro.
5. Ofertas de descuento a asociaciones apropiadas, como la AARP. Aunque esto puede generar un menor margen de beneficios, merecería la pena para aumentar las ventas.
6. Si el índice de respuesta supera el 2%, se realizará inmediatamente un nuevo envío a la mejor lista. Simultáneamente se solicitarán anunciantes para el boletín.

*Calendario*

Día 1 Se toma la decisión de llevar a cabo un programa de correo directo y comienza la redacción del plan. Se tardará aproximadamente dos semanas, incluyendo el tiempo que lleve conseguir los presupuestos de proveedores y profesionales independientes.

Día 11 Se aprueba el plan.

Día 12 Dar instrucciones a los creativos. Dar instrucciones a los agentes de listas. Empezar a hablar detenidamente con los encargados del telemarketing, el personal encargado de servir los pedidos, el centro de tratamiento informático y el servicio de tratamiento postal. Difundir el plan lo máximo posible.

Día 18 Conseguir pruebas de la parte creativa (esbozos a lápiz) para finalizar los presupuestos e incluirlos en el plan.

Día 20 Revisar las fichas del agente o agentes de listas y seleccionar las más apropiadas. Encargarlas al agente.

Día 21 Finalizar los preparativos del telemarketing, el centro de entrega, el servicio de tratamiento postal, etc.

Día 25 Guiones del telemarketing [lo que van a decir los operadores cuando llamen nuestros clientes].

Día 26 Primer borrador del diseño. Criticarlo y devolverlo.

Día 33 Segundo borrador del diseño. Dedicar un par de días a afinarlo.

Día 35 Empezar a fijar el tipo de letra y acomodarla a la composición. Comenzar a hacer las fotos. Encargar al servicio de tratamiento postal el proceso láser de la carta.

Día 35 Aprobar el formato dado a la carta. Aprobar el tipo de letra.

Día 39 Empezar a escanear las fotos.

Día 40 Enviar a la imprenta los textos, las fotos escaneadas, etc., en cinta, disquete o Syquest [un tipo especial de disquete donde cabe gran cantidad de información] junto con el material original.

Día 41 Llegan las listas al centro informático. Se empiezan las operaciones de cruce/depuración y la codificación por procedencia [si no se han encargado ya codificadas]. Se da formato a los nombres para su impresión láser en este mismo momento.

Día 48 El centro informático envía al servicio de tratamiento postal la cinta magnética con todos los nombres y direcciones y la secuencia de códigos postales, con formato para tratamiento láser y listos para utilizar.

Día 50 La imprenta nos envía las pruebas. Se autorizan.

Día 52 Se empieza a imprimir.

Día 55 El material está impreso, cortado, plegado y se envía al servicio de tratamiento postal.

Día 57 El servicio de tratamiento postal comienza el proceso láser y el ensobrado.

Día 62 Se termina el ensobrado y se llevan los sobres a la oficina de correos.

Día 76 Se reparten las cartas. Los teléfonos empiezan a sonar. El centro de entrega empieza a servir los pedidos.

Día 78 Llega el primer pedido por correo. Seguirán llegando pedidos durante tres meses más o menos.

Día 90 Se empieza a analizar el programa y a preparar el siguiente.

## USO DE NUESTRO PLAN DE MARKETING A MODO DE REFERENCIA

El más sencillo de los planes es mejor que no tener ninguno. Se tiene que incluir en él toda la información que necesitemos para tomar decisiones e iniciar una campaña exitosa. Puede contener ideas para el futuro de nuestro producto o servicio, como posibles socios de promoción u ofertas posventa. La finalidad del plan es descubrir el mayor número de defectos posible y sortear todos los escollos que nos encontremos antes de dar inicio al programa.

El plan de marketing que elaboremos no es para echarle un vistazo y olvidarlo. Es importante que lo tengamos presente y recurramos a él durante toda la campaña. Si no nos convencen los resultados del primer envío, por ejemplo, podemos echar mano del plan y quizá nos encontremos con que son mejores de lo previsto inicialmente. Quizá no recordemos todos los planes de contingencia que contemplamos en su momento, y la revisión del plan cada cierto número de meses puede servirnos de recordatorio y evitar que volvamos a inventar la rueda.

LISTA DE CONTROL

NUESTRO PLAN DE MÁRKETING DEBERÍA INCLUIR

☑ Antecedentes:
- ✓Descripción física del producto
- ✓Función y características
- ✓Beneficios
- ✓Propiedades únicas
- ✓Precio de venta previsto
- ✓Posibles ampliaciones de la gama y/o servicio posventa
- ✓Un análisis del mercado:
  - ✓¿Qué oferta hay en el mercado de productos similares al nuestro?
  - ✓¿En qué se parecen? ¿En qué se diferencian?
  - ✓¿Qué precio tienen?
  - ✓¿Dónde y cómo se venden?
  - ✓¿Qué campañas publicitarias o de marketing directo están usando para venderlos?
  - ✓¿A qué público se dirige nuestra competencia?
  - ✓¿A qué características y beneficios se da mayor realce en su publicidad?
  - ✓¿Qué oferta hacen?

☑ Objetivos:
- ✓¿Qué queremos conseguir?

☑ Estrategia:
- ✓¿Cuál es la «gran idea» que va a hacer que el programa funcione?

☑ Tácticas:
- ✓¿Qué acciones concretas van a hacer que funcione la estrategia?

☑ Presupuestos:
- ✓¿Cuánto nos va a costar lograr nuestro objetivo?

☑ Planes de contingencia
✓¿Cuáles son los siguientes pasos que vamos a dar dependiendo de cómo funcione (o no funcione) la campaña?

☑ Calendario:
✓¿Cuánto se va a tardar en dar cada paso?

# 10
# PROGRAMAS DE FIDELIZACIÓN: PASAJEROS HABITUALES, COMPRADORES HABITUALES

¿Se acuerdan de los cupones? Seguro que todo el que tenga más de 40 años los recuerda. Al comprar en la tienda del barrio o al echar gasolina daban un cierto número de sellos según el importe de la compra. Entonces había que guardarlos pegados en cartillas especiales y, cuando reuníamos los suficientes, los canjeábamos por fantásticos regalos totalmente «gratis». La mayoría éramos capaces de dar un rodeo, cruzar la ciudad si era necesario, por comprar en los comercios donde se repartían cupones.

Esos sellos fueron los pioneros de los programas de fidelización, haciendo que los clientes se mantuviesen fieles a un comerciante al ofrecerles un incentivo para volver (y gastar más dinero). Un ejemplo más moderno es el programa para pasajeros habituales iniciado por American Airlines en 1981.

Nos puede parecer que el programa para pasajeros habituales no tiene nada en común con el marketing directo, pero sí que lo tiene. Según Gordon Young, gerente de servicios en vuelo de Air Canada (y oficialmente su director de marketing), el más preciado beneficio de este programa es que permite a la compañía aérea recoger datos sobre cada uno de sus clientes para después dirigirse a ellos con ofertas específicas adaptadas a sus necesidades.

«Yo a esta relación la llamo gestión», dice Young. «Antes de empezar con los programas para pasajeros habituales, en las compañías aéreas sabíamos quiénes eran las empresas que trabajaban con nosotros. Conocíamos las agencias de viajes que nos remitían clientes. Pero no los nombres y las direcciones, las costumbres y los gustos de las personas concretas que viajaban con nosotros. Ahora sabemos cuánto vuelan, adónde y con qué frecuencia. Sabemos cuáles son sus hoteles favoritos y el tipo de coches que alquilan.» Al conocer a sus clientes, las compañías aéreas ya pueden desarrollar campañas de marketing directo con ofertas especiales destinadas a los más fieles.

En muchos casos, esto da a la empresa la oportunidad de «ascender» a los clientes. «Si sabemos que una persona viaja con frecuencia y siempre en clase turista, podemos ofrecerle billetes en clase de negocios o en primera clase con un aumento simbólico en la tarifa que pagan actualmente. Éste es el tipo de persona al que nos interesa dirigir una promoción de correo directo.»

No hace falta ser una gran empresa para ofrecer incentivos. Hay actualmente en Nueva York un gabinete de manicura en un cruce del distrito de Midtown. La primera vez que una clienta acude a este establecimiento recibe una tarjeta con diez cuadraditos. Cada vez que vuelve por allí y presenta su tarjeta le pican un recuadro, y cuando todos están taladrados tiene derecho a una manicura gratis. Las amables propietarias también mandan a las clientas habituales tarjetas de aniversario con textos como éste: «Ya hace seis meses que vino por primera vez. Pásese por aquí a tomar un café y a recoger el regalo que tenemos para usted». Además envían certificados redactados a mano con descuentos en los productos que venden para el cuidado de las uñas y el cabello. Tanto Air Canada como la manicura de la esquina están cimentando su base de clientes haciendo que vuelvan una y otra vez para recoger una recompensa concreta.

Pero nos estamos adelantando, pues antes de empezar a ofrecer premios e incentivos para atraer clientes y conservarlos, hemos de determinar los tres elementos más importantes para edificar la fidelidad de nuestros clientes: productos o servicios de alta calidad, una atención extraordinaria y una comunicación ininterrumpida.

### Productos de alta calidad

El marketing directo es un negocio a largo plazo. Como ya hemos señalado, encontrar nuevos clientes lleva consigo mucho trabajo, y cada uno que conseguimos nos cuesta dinero. Por tanto, lo mejor es poner los medios para que se queden con nosotros durante un buen periodo de tiempo.

Si tenemos un producto horrible, ni los más denodados esfuerzos por servir bien a nuestros clientes conseguirán hacer que vuelvan. Por contra, aunque dispongamos del mejor artículo del mercado, si no reciben un buen trato inevitablemente buscarán la calidad en otro lugar.

Cuando los clientes están juzgando la calidad de nuestros productos todo cuenta. Todos los aspectos de nuestra empresa tienen que apoyar la calidad del producto. Los envoltorios no tienen por qué ser los más maravillosos, pero sí tienen que ser lo suficientemente resistentes para que nuestro producto llegue en buenas condiciones. Tiene que llegar, además, en un plazo razonable y ha de tener el aspecto prometido. Si hemos mostrado una fotografía del artículo que ofrecemos, cuando el cliente lo reciba en su casa ha de tener el mismo buen aspecto. Si un vestido que en la foto parece morado es en realidad azul oscuro, la clienta no sólo lo va a devolver, sino que probablemente dejará de comprarnos porque se sentirá a disgusto con lo que se le ha entregado.

Esto siempre es así con independencia de cuál sea el producto. Cuando hace años preparé el catálogo de cintas IBM, a menudo teníamos que repetir las fotos varias veces hasta conseguir que saliesen tan negras como eran en realidad. Si no salían bien, los clientes podían devolver el producto diciendo que no era eso lo que habían pedido.

Este concepto también funciona en sentido inverso. Nuestra presentación ha de ser igual de buena que nuestro producto. Una empresaria trataba de vender no hace mucho unas cajas de cartón para guardar ropa de bebé, utilizando para ello anuncios de respuesta directa. Las cajas llevaban impresa en la parte de superior la imagen de un precioso osito de trapo y espacios en blanco donde adherir etiquetas detallando el contenido. Se anunciaban a un precio de 19,95 dólares, pero no se vendían y esta mujer quería saber cuál era el defecto de su anuncio. En cuanto me envió una le dije lo que ocurría. La caja real, grande y resistente, parecía pequeña y frágil en la fotografía del anuncio y, como las dimensiones no se mencionaban en ningún momento, el producto no parecía valer lo que costaba. Eso dificultaba a los clientes la estimación del valor del producto que se les ofrecía.

Los clientes seguirán comprándonos si piensan que les ofrecemos algo de valor, concepto siempre relativo, pues, si compramos algo por cinco dólares y nosotros lo tenemos en gran estima (por su utilidad o por razones sentimentales, por ejemplo), su valor es mayor que los cinco dólares que pagamos.

**CONSEJO:** Los clientes nos serán fieles si ven que el valor de lo que se les vende es superior al precio que pagan por ello.

### SERVICIO EXQUISITO DE ATENCIÓN AL CLIENTE

Una gran parte del valor añadido de nuestro producto deriva del tipo de servicio que los clientes puedan esperar de nuestra empresa. Yo sé que, entre dos tiendas o dos catálogos, ambos con la misma mercancía, siempre elegiré la que me dé el mejor servicio aunque los precios sean algo más altos. Que me traten bien, y me quedaré de por vida.

Algunos de los elementos de un buen servicio son los siguientes:

★ *Entrega puntual:* no deseamos defraudar a nuestros clientes. Según la Ley de Venta por Correo vista en el capítulo 7, hemos de cumplir nuestros compromisos de entrega. Disponemos de 30 días para enviar la mercancía, pero si prometemos a un cliente un plazo menor, tal promesa es vinculante. En otras palabras, si un cliente nos hace un pedido por teléfono y le decimos: «Este artículo se le va a enviar dentro de 72 horas», hemos de cumplir dicho plazo. Si no podemos, hemos de atenernos a las normas de notificación al respecto.

  El cumplimiento de la ley no es la única razón para realizar puntualmente las entregas. Los clientes así lo esperan y lo merecen. Si es algo que quieren o que necesitan, y tarda mucho tiempo en llegarles, pueden ir a comprarlo a otro sitio (y devolver el nuestro cuando les llegue). Puede que los clientes compren nuestros productos para hacer un regalo en una ocasión especial. Un regalo de cumpleaños que llegue con un día de retraso puede costarnos un cliente.

★ *Credibilidad:* los clientes desean poder confiar en nosotros. No quieren tener que estar pendientes de la letra pequeña o de gastos sorpresa. Quieren saber que nuestra prioridad son sus intereses.

★ *Facturación precisa:* teóricamente, los clientes saben que se producen errores. Pero emocionalmente nada daña más la credibilidad que tener que pagar de más por algo que has encargado. La comodidad por la que optan los clientes cuando utilizan el marketing directo queda anulada cuando se ven obligados a perder el tiempo poniéndose en contacto con nosotros o con la empresa de la tarjeta de crédito para corregir una facturación errónea.

★ *Facilidad para las devoluciones y los reembolsos:* si hay una oferta que se debería incluir en toda campaña de marketing directo, ésta es la devolución del dinero. Los clientes necesitan saber que si cometen un error al hacer un pedido, o si no quedan satisfechos con la mercancía que reciben, tienen la opción de dar marcha atrás. También necesitan saber que no va a ser un proceso dificultoso. Muchas empresas incluyen etiquetas de devolución con su dirección (y con instrucciones en el reverso) para que los clientes sepan exactamente cómo y a quién deben devolver la mercancía.

- ★ *Flexibilidad:* una de las mayores frustraciones que puede padecer un comprador es que le digan: «Lo siento, son normas de la casa», o «No puedo hacer nada». Los clientes quieren que los escuche alguien con una actitud positiva deseoso de ayudarles a solucionar sus problemas.
- ★ *Interés:* hay algunas empresas que nos hacen sentirnos como si estuvieran haciéndonos un favor por dejarnos comprarles sus productos. Los clientes prefieren hacer sus compras a aquellas empresas que son capaces de entender sus puntos de vista y que se toman interés por satisfacer sus necesidades.

Los programas de fidelización ayudan a conservar los clientes porque son una forma de tratarlos bien, pero también nos permiten detectar cuándo están insatisfechos. Gordon Young cita a modo de ejemplo la historia de un ejecutivo que vivía en Nueva York y tenía un contrato de asesoramiento con una empresa de Chicago. Como consecuencia de este trabajo tenía que desplazarse a Nueva York en avión todos los fines de semana. La compañía aérea, que consiguió identificar sus hábitos de viaje a través del programa de fidelización, llamó al ejecutivo poco después de un mes y le dijeron: «Hemos tenido el placer de contar con su compañía todos los viernes durante los seis últimos meses y ya llevamos un tiempo sin verle. ¿Hemos cometido algún error?».

La mayoría de los clientes que estén a disgusto con nuestro servicio simplemente dejarán de comprarnos. Sólo una pequeña minoría llega a manifestar sus problemas a la empresa. «Al recoger la información procedente del programa de fidelización, podemos detectar deserciones súbitas como la del señor de Chicago, pero también las de personas cuyos hábitos de compra se van deteriorando con el tiempo», dice Young. «Cuando disponemos de esa información, también procuramos hacer algo para recuperar a ese cliente.»

Muchas empresas de venta por correo se han edificado sobre la base de un excelente servicio al cliente. Una de las mejores en este sentido es L.L. Bean. Si les compramos algo y tenemos cualquier tipo de problema con el producto, no tenemos más que llamar a su número de teléfono gratuito y un representante del servicio de atención al cliente muy amable y muy correcto nos ayudará a encontrar una solución. Hace unos años, le compré a mi hijo unas botas de su catálogo. Como se le estropearon muy pronto, llamé a L.L. Bean para preguntarles dónde podía ponerles medias suelas. En lugar de proporcionarme esa información, me pidieron que les devolviera las botas y me enviaron un par nuevo. Siempre seré cliente de L.L. Bean. Construyeron su empresa sobre la reputación de dar un servicio excelente y mantienen su promesa.

El verano pasado tuve ocasión de visitar sus locales de Freeport, en el Estado de Maine, y quedé gratamente sorprendida al descubrir que sus vendedores son tan serviciales en persona como por teléfono. No obstante, en muchos casos el teléfono es el único medio de contacto que los clientes tienen con la empresa de marketing directo, por lo que el servicio telefónico tiene que ser el mejor. Tanto si tenemos una legión de operadores como si son sólo dos personas sentadas alrededor de una mesa de cocina, todos tienen que estar entrenados en el arte de tratar con los clientes.

### Comunicación continua

Una de las mejores maneras de conseguir la fidelidad del cliente es establecer una comunicación continua con las personas que son más importantes para nuestra empresa, como hizo la empresa Ford en Canadá cuando lanzó su campaña para atraer más compradoras a sus concesionarios. Hay una empresa de informática que utiliza esta táctica con gran éxito. Al poco de comprar un ordenador, el cliente recibe una carta preguntándole lo que piensa del producto, cómo lo va a usar en su casa o empresa y si le está dando los resultados esperados. La empresa utiliza las respuestas a estas preguntas no sólo para determinar el grado de satisfacción del cliente, sino también para adaptar los diseños de los futuros ordenadores y otros nuevos productos con el fin de que se ajusten a sus necesidades.

Hay muchas otras formas de mantener abiertas las líneas de comunicación con los clientes. A Carole Ziter, de la que hablamos en el capítulo 1, se le da muy bien mantenerse en contacto con ellos utilizando métodos nuevos e inusuales; tanto es así que cuando se fue de vacaciones a Europa con su familia, ella, su marido y sus hijos escribieron postales a toda su lista de clientes.

Uno de mis métodos favoritos para mantener una comunicación ininterrumpida es ofrecer formación a los clientes. Esto es algo que pongo en práctica en mi propia agencia. Me gusta invitarlos a comer en mis locales y traigo a un conferenciante para que dé una breve charla. Siempre se trata de alguien que es una autoridad en un campo relacionado con la actividad de los invitados, o de alguien que ha tenido gran éxito en un tipo de negocio similar. Invito a algunos de mis mejores clientes y a unos cuantos posibles futuros clientes (para que puedan ver lo contentos que están los que ya lo son). A uno de estos seminarios invité a una investigadora de mercados llamada Pat Cameron para que hablase sobre tendencias de consumo en los noventa. Resultó todo un éxito: a Pat le salieron varios encargos con los contactos que hizo durante el almuerzo, los invitados obtuvieron una información muy valiosa con su charla y uno de los posibles clientes que asistieron nos contrató por lo impresionado que había quedado con lo que había visto y oído.

Quizá no podamos invitar a los clientes a nuestros locales para participar en un seminario, pero sí que podemos ofrecerles materiales formativos. En el capítulo 1 vimos cómo el doctor Teitelbaum envía un sencillo folleto de una página que contiene información sobre quiromasaje. Si vendemos maquillaje, podríamos remitir una o dos veces al año un boletín gratuito con consejos sobre belleza que no guarde relación alguna con las compras, sino como un servicio a nuestros clientes y como una manera de mantener vivo en su recuerdo el nombre de nuestra empresa.

Otro método de comunicación continua con los clientes es enviarles algo que puedan usar durante todo el año, para que tengan siempre a la vista nuestro nombre. Puede ser una cosa tan simple como un imán para la puerta del frigorífico o un bolígrafo con el nombre de la empresa grabado. Cada año por Navidad, Wordtronics, una empresa de servicios de producción de publicidad directa con la que trabajo a menudo, me manda un soporte de plástico para una página de almanaque. Después, cada mes me hacen llegar la hoja correspondiente. Es una táctica muy hábil, pues si me lo enviasen completo de una sola vez, me acostumbraría a verlo delante de mí y ni siquiera volvería a fijarme en su nombre. Pero con cada página nueva que me llega por correo, también me mandan una breve carta promocional (fig. 10.1). Esta carta, aunque no tenga una gramática o una puntuación perfectas, expresa la personalidad de la empresa y de la persona que la escribió. Es informal y amable y también me recuerda algunos de sus servicios.

WX WORDTRONICS

316 North Street
Prospect Park, New Jersey 07508
(201) 956-5600

30 de junio de 1995

Dª Lois Geller
Presidenta
The Lois K. Geller Company, Inc.
333 East 46th Street - Oficina 1G
Nueva York, NY 10017

Querida Lois,

¡Hola!

Verano

Una época para el descanso

Pero también para la planificación

De esa importante campaña de otoño

Llámame para que discutamos tus planes

Y estaré encantado de darte un presupuesto

A unos precios con los que te ahorrarás mucho dinero

Quedo a la espera de recibir tus gratas noticias,

Atentamente

Jeffrey Schwarz
Director comercial

**Figura 10.1.** Wordtronics consigue que los clientes siempre tengan a la vista su nombre enviándoles cada mes una carta promocional y un almanaque.

**GRANDES MOMENTOS DEL MARKETING.** POR KEN MAHOOD.

*«No, pensándolo mejor, vamos a ver a Lois Geller.»*

## FEBRERO 1996

| D | L | M | Mi | J | V | S |
|---|---|---|---|---|---|---|
| | | | 1 | 2 | 3 | 4 |
| 5 | 6 | 7 | 8 | 9 | 10 | 11 |
| 12 *Cumpleaños de Lincoln* | 13 | 14 *Día de San Valentín* | 15 | 16 | 17 | 18 |
| 19 | 20 *Día del Presidente* | 21 | 22 *Cumpleaños de Washington* | 23 | 24 | 25 |
| 26 | 27 | 28 | | | | |

**Figura 10.2.** La página del almanaque que envía Wordtronics personaliza de manera muy inteligente la viñeta de cada mes incluyendo el nombre del cliente en el texto.

No obstante, lo que hace su regalo verdaderamente especial es que cada mes del calendario lleva una viñeta personalizada en la que aparece en lugar destacado mi nombre, «Lois Geller» (fig. 10.2). Su mensaje es tan inteligente que puede darse por bien empleado lo que les cuesta remitirlo: como constantemente me recuerdan su nombre, yo utilizo sus servicios a menudo y además los recomiendo a otros clientes.

### CÁLCULO DEL VALOR A LARGO PLAZO

Supongamos que a Wordtronics le cuesta 1 dólar imprimir cada página del almanaque y 0,55 dólares enviarla por correo. Hacer la carta que adjunta les cuesta otros 50 centavos. ¿Vale 2,05 dólares al mes (24,6 al año), más los 5 dólares del soporte de plástico, conservarme como cliente? Mi empresa puede gastarse anualmente miles de dólares con Wordtronics; dedicar 29,60 dólares a que yo siga siéndoles fiel parece un precio muy pequeño.

Para saber cuánto podemos gastarnos en un programa de fidelización hemos de determinar el valor a largo plazo de nuestros clientes, lo que se consigue calculando el gasto medio de los más fieles. Supongamos que un cliente habitual normal se gasta 100 dólares al año. Crear un programa de fidelización que nos cueste 29,6 dólares al año por cliente seguramente no es una buena idea: es un precio demasiado alto para lo que obtenemos a cambio. No hay una fórmula mágica para determinar cuánto hemos de gastarnos para conservar a nuestros clientes. Lo mejor es desarrollar varios programas y comprobar las diversas opciones. Podemos encontrarnos que con un gasto de 5 dólares por cliente no obtenemos los resultados apetecidos, pero que con 8 dólares sí. Esos 8 dólares anuales –o incluso 10– para hacer que nuestros clientes sigan comprando nuestro producto o servicio pueden darse por bien empleados, pero quizá 12 dólares sean un gasto excesivo.

Supongamos que decidimos que la mejor respuesta la obtenemos con 10 dólares. Podemos gastarlos de una sola vez o dividirlos de muy distintas formas: podríamos mandar unas cuantas cartas personalizadas a lo largo del año y un regalo de 5 dólares por Navidad; podríamos enviar un boletín; se puede ofrecer un vale de descuento de 10 dólares con ocasión del cumpleaños del cliente. Todo el dinero que gastemos en conservar a nuestros mejores clientes siempre será una inversión mejor que emplear una cantidad aún mayor en conseguir clientes nuevos.

## Preparémonos para un largo viaje

Hay un aspecto importante de los programas de fidelización que debe tenerse en cuenta: mantener la mayoría de ellos cuesta trabajo y dinero. Algunos pueden ser muy simples y económicos, como la tarjeta perforable de la manicura. Pero otros pueden llegar a ser sumamente complicados, como los programas para pasajeros habituales instituidos por las compañías aéreas. Debido a los elevados costes administrativos de poner en marcha el programa, muchas aerolíneas han tenido que aumentar la cantidad de millas que hay que volar para conseguir un viaje gratis. Por tanto, no debemos extrañarnos si nuestro programa necesita algunos ajustes de vez en cuando.

Pero si emprendemos un programa de este tipo, preparémonos para un largo viaje. No hagamos promesas que no podemos cumplir. Si decimos que vamos a enviar una página del almanaque cada mes, no podemos saltarnos octubre de repente. Cuando se organizan juegos o concursos, hemos de dejar perfectamente claros los plazos. No hay nada más decepcionante para un cliente que lleva todo el año acumulando puntos para hacerse con nuestro fabuloso premio, que decirle que dicho programa ya no existe. Esta persona tendrá la sensación de que la hemos engañado y de que hemos roto la promesa que le habíamos hecho.

Si queremos instituir un programa de fidelización, podríamos empezar de manera progresiva, con un programa sencillo que tenga un plazo reducido para determinar si merece la pena seguir. Podríamos hacer, por ejemplo, una oferta a fecha fija: «Consiga un descuento del 10% por cada compra superior a 100 dólares que haga antes del 1 de julio». De esta manera podemos corregir todos los fallos del programa. Si nuestro teléfono de atención al cliente comunica todo el día con llamadas de personas que piden aclaraciones sobre la oferta, quizá hayamos hecho un programa demasiado complicado. Al mantenerlo durante un plazo limitado de tiempo, podremos contener unos costes que de otra manera se nos irían de las manos.

Si, por el contrario, descubrimos que el programa nos da buen resultado, podríamos prorrogarlo o volver a iniciarlo ampliándolo un poco. Podríamos enviar una carta que dijese: «Nuestro anterior oferta cosechó un éxito tan grande que hemos decidido alargar el plazo para hacerle más llevaderas sus compras de Navidad. Así que ya puede seguir acumulando puntos hasta el 1 de diciembre y canjearlos en cualquier momento hasta el día de Nochebuena». Aquí podemos incorporar todos los cambios realizados a partir de lo que aprendimos durante nuestra primera oferta.

### MANTENGÁMOSLO VIVO Y AMENO

Para que un programa de fidelización consiga la máxima eficacia, hemos de animarlo de vez en cuando. Las compañías aéreas siempre están añadiendo formas nuevas de incrementar el total de millas acumuladas. Recientemente, un programa para pasajeros habituales al que yo pertenezco puso en marcha un club gastronómico con el que se ganan millas según el dinero que gastes en los restaurantes que participan en la promoción.

Para mantener vivo nuestro propio programa, conviene cambiar periódicamente el premio o añadir otros nuevos (cerciorándonos de que demos cumplida noticia a los participantes cuando decidamos eliminar algo). Si solemos enviar información, como un boletín o un prospecto, cambiemos el formato de vez en cuando (aunque sólo sea de forma ocasional, como un número especial con motivo de alguna festividad) o alteremos el contenido. Enviemos a nuestros mejores clientes un regalo sorpresa de buenas a primeras. A la gente le encantan las sorpresas, los regalos y los agradecimientos. ¿Qué mejor combinación podríamos encontrar? Hagamos de nuestro programa de fidelización algo divertido y misterioso. Nuestros clientes se quedarán con nosotros a la espera de lo que pueda venir a continuación.

Sweet Energy, una empresa con unos beneficios de 2 millones de dólares propiedad de Carole Ziter, no aparece en Fortune 500. Pero esta empresa ha registrado un crecimiento constante desde que se fundó en 1979 con una inversión de 200 dólares. Una de las principales razones de este crecimiento es que Carole Ziter ha conseguido dominar el arte de conservar a sus clientes. He aquí algunos secretos de lo que ella llama el marketing de la lealtad:

* *El poder de la relación personal:* Carole tuvo noticia por primera vez del marketing directo cuando su marido trabajaba para una empresa llamada Garden Way, una de las pioneras en este campo. Se dedican a la venta de productos y maquinaria para jardinería. Uno de los productos que venden es un arado mecánico con palas giratorias, lo cual no es precisamente una maravilla. Sin embargo, las cartas personalizadas que sus clientes

recibían de Dean Leak, jefe de ventas de Garden Way, eran tan persuasivas y amables que la gente se fiaba de su opinión. Si él decía que el producto era bueno, ellos lo creían.

«Las cartas de Dean eran tan efectivas», dice Ziter, «porque cuando recibías una era como si él estuviese sentado en el porche contigo, hablando sobre tu jardín y explicándote cómo acababa él de labrar el suyo.»

Ziter recuerda una experiencia que tuvo mientras ayudaba a su marido en una feria. Un hombre se acercó a ver un arado mecánico que tenían en la exposición. «Llegó y, al poner la mano sobre la máquina, los ojos le brillaron como si fuese el objeto que más desease en el mundo», dice Ziter. «Cuando le pregunté si necesitaba ayuda, me dijo: "Me llegó una carta de Dean la semana pasada diciéndome que tenían una oferta especial". En ese momento me di cuenta de la fuerza de la relación personal con los clientes, esa proximidad que no puedes conseguir aunque vendas aspiradoras casa por casa. El hecho es que puedes hacer llegar personalmente un mensaje específico a un millón de personas, y que no quede diluido por un vendedor que quizá no lo transmita de la manera que tú quisieras verlo expresado. Consigues llegar directamente a las personas que quieres, y puedes decirles exactamente aquello que quieres decir.»

Carole envía una carta personalizada de Sweet Energy con cada pedido. Cuando su empresa aún estaba empezando, mandaba notas manuscritas a todos y cada uno de sus clientes. La nota no tenía más de dos o tres líneas, como: «Querida Sharyn, muchísimas gracias por tu compra y feliz Día de la Madre».

Esa breve carta personal producía una respuesta inesperada. «La gente me contestaba hablándome de su familia, de su jardín y de su vida», dice Ziter. «Se desarrollaba una relación a la que no quería renunciar. Así que cuando informatizamos la empresa hicimos un programa capaz de generar una carta para cada uno de los pedidos.»

Esta carta sigue siendo parte importante de Sweet Energy. Algunas, como la de la figura 10.3, son básicamente un agradecimiento y una oferta a vuelta de correo. Está personalizada en la medida que se dirige a la clienta por su nombre propio y que hace referencia a los productos que acaba de pedir.

Otras cartas, como la de la figura 10.4, contienen noticias sobre Sweet Energy y la familia Ziter. Está personalizada en la medida en que incluye una disculpa por un error del catálogo.

Sweet Energy
Colchester
Vermont, 05446

Querida Bárbara:

Muchas gracias por aceptar nuestra oferta. Nos complace poder ayudarle con las compras de Navidad de este año. Su pedido se le enviará en el plazo acordado.

También queremos ayudarle con sus necesidades de repostería para estas fiestas. A principios de noviembre recibirá nuestra OFERTA DE DULCES NAVIDEÑOS, un catálogo que recoge todas las especialidades que sin duda necesitará para dar a los suyos esos productos tradicionales que tanto les gustan. Productos como

Fruta escarchada
Nueces de California
Cerezas glaseadas rojas y verdes
¡TODOS EN OFERTA!

Pero no tiene que esperar a que le llegue nuestro catálogo de Navidad. ¡Ya puede hacer su pedido!

Fruta escarchada - cidra, naranja, limón, piña y cerezas rojas; suaves y jugosas, perfectas para pasteles de frutas.
Refª FCM a 4,5$ / kg. AHORA SÓLO 3,99$ / kg.

Nueces de California - frescas y crujientes, en mitades y enteras.
Refª 01NWL a 4,95/kg. AHORA SÓLO 4,20$/kg.
Refª 05NWL a 23,75/kg. AHORA SÓLO 19,95$ (3,99$/kg.)

Para calcular los gastos de envío, consulte la tabla que figura en el boletín de pedido del catálogo adjunto.

Le deseamos unas felices fiestas.

Carole

P.D. Recuerde que puede ahorrarse otro 10% o 20% en cada compra haciéndose socia del Club de la Salud de Sweet Energy. Para más información, consulte el boletín de pedido.

**Figura 10.3.** Una carta de agradecimiento y una oferta a vuelta de correo remitida por Sweet Energy acompaña cada pedido.

En la carta se informa a la clienta de que se le va a dar crédito por la diferencia de precio. Podemos apostar a que esta clienta no sólo perdonó el error sino que además siguió siendo una compradora fiel de Sweet Energy.

★ *Contactos entre pedidos:* en época de vacaciones (Sweet Energy hace la mitad de las ventas en las diez semanas anteriores a la Navidad), Ziter manda a sus clientes un catálogo a cuatro colores de 25 a 50 páginas. El resto del año, sus clientes reciben un boletín de ocho páginas a dos colores que Ziter llama

Sweet Energy
Colchester
Vermont, 05446

Querida Mary:

¡YA HEMOS METIDO LA PATA! Como seguramente habrás notado, los precios de los albaricoques, las ciruelas y las pasas de nuestra GRAN OFERTA TRIPLE no reflejan los descuentos del 10% y del 15% que habíamos prometido. Enviamos el catálogo a la imprenta sin revisarlo lo suficiente. No obstante, no tienes por qué preocuparte. Te adjuntamos un bono por la diferencia. Queremos darte las gracias por hacernos llegar tu pedido pese a todo confiando en que subsanaríamos el error. Se trata de los artículos que vienen en las páginas 2 y 3 de nuestra gaceta.

Esperamos que estés pasando un buen verano. Aquí en Vermont está haciendo más calor que de costumbre, pero no me quejo. A mediados de agosto Tom y yo nos vamos a Turquía a visitar las fábricas donde envasan nuestros estupendos albaricoques e higos. Estamos deseando ver todo el proceso de recogida, secado y envasado. Vamos a hacer un montón de fotografías y a la vuelta os lo contaremos todo.

Te enviamos el Bono Especial de Navidad de Sweet Energy. Guárdalo en lugar seguro hasta que te llegue nuestro nuevo catálogo a primeros de octubre. Recuerda que sólo puedes emplearlo para compras del Catálogo de Regalos de 1994, no pudiendo canjearlo en pedidos de artículos de «La Gaceta».

Mucha salud y felicidad,

Carole

P.D. Si perteneces al Club de la Salud, no olvides hacerte el descuento correspondiente en cada pedido. Si aún no eres socia, basta con rellenar el impreso de solicitud adjunto para empezar a ahorrar hoy mismo.

**Figura 10.4.** Esta carta, pidiendo disculpas por un error contenido en el catálogo, también incluye noticias de la familia Ziter, lo que contribuye a crear una relación personal entre Sweet Energy y sus clientes.

*La gaceta* y que confecciona ella misma: «Ya domino el ordenador, así que sigo haciendo *La gaceta* yo sola», dice Ziter. «Ahora tengo en casa un Macintosh y utilizo programas como el Quark Express. Mi catálogo está hecho completamente con este equipo y hasta puedo sacarlo en cuatro colores. La tecnología ha avanzado con tanta rapidez y ha bajado tanto de precio que una persona como yo ya puede hacer gran parte del trabajo sola.» Ziter reconoce que es una maniática del control, pero le gusta poder comunicarse personalmente con sus clientes (aunque trabaja con un publicista que le ayuda a pulir los textos).

Hay varios factores que contribuyen a que *La gaceta* sea tan eficaz. Como se puede ver en la figura 10.5, la portada trae una foto de la propia Carole. Esto refuerza la relación personal que ha establecido con sus clientes. Cada nueva edición también anuncia una oferta especial. Siguiendo otro de los principios de Garden Way, Ziter cree en las palabras de Lymon Wood, su fundador, que dijo: «Cuando utilices el correo, ten siempre una razón para dirigirte a la gente». Por ello *La gaceta* siempre contiene una oferta especial o un artículo en promoción.

★ *La oferta «exclusiva» para socios del club:* Sweet Energy ofrece a sus clientes la posibilidad de pertenecer al Club de la Salud (fig. 10.6). Como recompensa por entrar en el club, a los socios se les hacen ofertas especiales «no disponibles para el público en general», un descuento automático del 10% en todos los productos (obsérvese la oferta para socios *preferentes*), y una suscripción al boletín del club, repleto de «información para ayudarle a gozar de buena salud».

★ *El cheque de dividendos de final de año:* cada compra que un cliente realiza a Sweet Energy queda registrada en su sistema informático. Todos los años, en enero, los clientes reciben un cheque de dividendos, o reembolso, por una cantidad que depende del importe total de las compras realizadas durante el año anterior. «Y no sólo eso», dice Ziter. «Además llevamos el control de las compras realizadas por cualquier persona que usted nos recomiende y sumamos el total a su cheque de dividendos. Pensamos que es un gran incentivo para que nuestros clientes nos hagan llegar los nombres de aquellas personas a las que sospechen que les encantan los albaricoques.»

★ *Feliz cumpleaños, señores clientes:* cada boletín de pedido de Sweet Energy lleva un recuadro donde se pregunta por el cumpleaños del cliente (mes y día, no el año). Estas fechas se meten en la base de datos y cada mes se saca un listado de cumpleaños y uno o dos días antes reciben una tarjeta manuscrita de Sweet Energy, junto con un bono por 2 dólares. «Los clientes olvidan que pusieron esa información en la hoja de pedido», dice Ziter, «y todos los días recibimos cartas de agradecimiento diciéndonos que les ha sorprendido gratamente recibir una tarjeta nuestra y que no se explican cómo sabíamos que era su cumpleaños.»

GRAN OFERTA 3 TRIPLE

Sweet Energy

GRAN OFERTA 3 TRIPLE

Agosto 1994

# LA GACETA

Agosto 1994

*Queridas amigas:*

*Este número de La gaceta de Sweet Energy marca para nosotros el comienzo de la temporada de Navidad. Ya lo sé: estamos a mediados de agosto y estáis sudando a mares. Las compras de Navidad es lo último en lo que se os ocurriría pensar. ¿Pero por qué nosotros sí las tenemos en cuenta?*

*Nos gusta empezar a preparar las fiestas lo antes posible dando a nuestras clientas la oportunidad de acumular descuentos para las compras que hagan del Catálogo de Regalos. Cuanto antes empecemos, más podrás conseguir y más dará de sí tu presupuesto para las compras navideñas. En la página 6 encontrarás información detallada.*

*Carole*

*P.D. No dejes de ver en la contraportada nuestro Muestrario para los Amantes de los Albaricoques. Encontrarás una manera más de ahorrar con diez deliciosos productos.*

## $ Gran Oferta Triple $

**Albaricoques - Ciruelas - Pasas**

¡A mayor compra, mayor ahorro!

Hemos preparado esta oferta para rendir homenaje a nuestros tres productos más vendidos: los albaricoques, las ciruelas y las pasas. Pero aquí el número tres se refiere a más cosas. Significa que hay...

**TRES MANERAS DE AHORRAR**

durante todo el año con la GRAN OFERTA TRIPLE ya compres mucho o poco. Pero, por supuesto, cuanto más compres más te ahorrarás, sobre todo si compras en unidades de 1,5 kg. Éstos son los descuentos que encontrarás en todas las variedades de albaricoques, ciruelas y pasas.

**5% en unidades de 0,5 kg.**
**10% en unidades de 1 kg.**
**15% en unidades de 1,5 kg.**

También se te premiará con precios especiales de venta cuando compres tres unidades del mismo tipo. Busca la oferta en el Muestrario para Amantes de los Albaricoques de la página 8. Comprando dos te ahorras un 5%. **Comprando tres el ahorro es de más del 10%.**

Pero sin duda la mejor opción es nuestro paquete 3 x 3. Cada uno contiene albaricoques, ciruelas y pasas en tres tamaños distintos: de medio kilo, de un kilo y de un kilo y medio. **¡Te puedes ahorrar hasta un 25%!** Tienes más información en la página 6.

*La oferta acaba el 30 de septiembre.*

## Pistachos Gigantes

**Oferta única. Mas del 15% de descuento**

Los pistachos tienen un sabor único y además son divertidos de comer. Sobre todo cuando son tan grandes que al partirlos el fruto salta solo.

Comprueba lo fácil que es abrirlos con sólo apretarlos entre los dedos. Date el raro placer que proporciona la frescura de unos pistachos recién tostados y crujientes. Pero hazlo pronto; nunca volverás a ver unos precios tan bajos.

**Refª 01NPS0,5 kg. a 7,99** $ AHORA SOLO 6,99 $
AHORRATE MAS DE UN 15% **Compra 1 kg. por 13 $**

¡Oferta especial para los primeros pedidos!

**GRATIS**

**Mermelada de Albaricoque**

para todos los pedidos recibidos antes del 1 de septiembre.

Sweet Energy, 4 Avorn Lane, Colchester, VT 05446 (802) 655-4440 FAX: (802) 655-1372

**Figura 10.5.** La relación personal entre Sweet Energy y sus clientes continúa en el boletín que se les envía varias veces al año.

**Figura 10.6.** Sweet Energy conserva la lealtad de sus clientes ofreciéndoles hacerse socios del Club de la Salud, lo que les permite conseguir descuentos especiales, ofertas de productos exclusivos e información sobre temas relacionados con la salud.

No hace mucho, Ziter recibió un pago inesperado por sus felicitaciones. Cuando estaba a punto de cumplir cincuenta años, su marido redactó una nota que –sin que Carole lo supiese– los empleados de Sweet Energy adjuntaban con todos los pedidos. La nota decía: «Me gustaría pedirles un favor. Carole cumple cincuenta años en mayo. Como la considera a usted parte de su familia, para ella significaría mucho recibir una tarjeta de felicitación suya». Desde principios de marzo se enviaron unas 10.000 cartas.

La semana antes de su cumpleaños, Carole y su marido se fueron a Nueva York para celebrarlo. Antes de irse, él llamó a la oficina de Carole y preguntó si se había recibido alguna tarjeta. «Pues sí, tenemos por aquí unas cuantas», le contestaron. Cuando los Ziter volvieron el lunes les esperaban más de 2.000. «No me lo podía creer», dice Ziter. «Esta gente no sólo me mandaba tarjetas; es que la mayor parte de estas cartas se enviaron en marzo, así que tuvieron que marcar la fecha de mi cumpleaños en sus calendarios para acordarse. Ésta es la fuerza del marketing directo, el poder de esa relación personal que estableces con la gente. Es muy importante y muy conmovedor.»

### OTROS PROGRAMAS DE FIDELIZACIÓN QUE FUNCIONARON BIEN

- ★ *El Club de Cumpleaños de Carvel:* cualquier niño puede registrar la fecha de su cumpleaños en los almacenes Carvel. Poco antes de que llegue ese día, le envían una tarjeta de felicitación con un bono para un cucurucho gratis. Esto es algo más que buenas relaciones públicas. También sirve para recordarle a mamá que en Carvel hacen unas deliciosas tartas de cumpleaños heladas.
- ★ *Pase para el Circo de los Hnos. Ringling y Barnum & Bailey:* cuando nace un niño, Barnum y Bailey quieren saberlo. Si se lo avisamos, Kenneth Feld, presidente y productor de «El Mayor Espectáculo del Mundo» (fig. 10.7), nos enviará un pase válido para «CUALQUIER ACTUACIÓN EN CUALQUIER SITIO Y EN CUALQUIER MOMENTO» a nombre de nuestro hijo o hija. Como éste es un programa permanente, pudiera parecer que el circo pierde dinero con tantos pases gratuitos. Pero los niños no van solos. Con un pase gratis para el niño, la mamá, el papá, las

RINGLING BROS. AND BARNUM & BAILEY CIRCUS

Estimada Lois Geller:

Felicidades por el nacimiento de su hijo. Como padre, me gustaría desearle a su familia todo un mundo de alegrías muy especiales, deseando a su hijo una infancia sana y feliz. Le ruego a usted que mantenga viva por siempre la magia y la ilusión de la niñez en ¡El Gran Espectáculo del Mundo!®

Que todos sus días sean días de circo.

Lois Geller
1 Maple St.
Anytown, USA

KENNETH FELD
RINGLING BROS. AND BARNUM & BAILEY
THE GREATEST SHOW ON EARTH
CIRCUS

En honor de Romeo y Julieta,

Los miembros más jóvenes de nuestra familia del circo,

Que sepa todo el mundo y en todos los tiempos que tú,

*Cody B. Geller*
*Nacido el 10 de mayo de 1994*

serás el invitado de honor del Gran Espectáculo del Mundo® en tu fenomenal primera visita al Circo de los Hnos. Ringling y de Barnum & Bailey en cualquier actuación de cualquier día de cualquier año de cualquier ciudad de los Estados Unidos de América, siempre que la ilusión de la infancia siga viva en tu corazón. Sépase que, como Hermano Ringling o Hermana Ringling oficial, tienes derecho a experimentar toda la magia, el misterio y la maravilla del Tesoro Viviente de América por haber ocurrido tu nacimiento en este Año de Celebración.

**¡Que todos tus días sean días de circo!**

ROMEO & JULIETTE

**Kenneeth Feld**
***Presidente y productor***

America's Living National Treasure

**Figura 10.7.** Este pase gratis para el Circo de los Hnos. Ringling y Barnum & Bailey crea familias enteras de fieles clientes.

hermanas, los hermanos y hasta los tíos se convertirán en clientes de pago. Llevar a ese niño al circo por primera vez es un acontecimiento especial para la familia que recibió el pase, y además el niño se convertirá –así lo esperan en Barnum & Bailey– en un cliente que volverá en futuras ocasiones «si la ilusión de la infancia sigue viva en su corazón».

★ *Los cupones personalizados de American Express:* una amiga mía compró hace poco un palo de golf y lo pagó con su tarjeta American Express. La primera liquidación que recibió tras aquella compra incluía un cupón con un 10% de descuento en productos relacionados con el golf. También recibió un cupón para un restaurante local ofreciéndole un 10% de descuento si pagaba con la tarjeta American Express. Esto forma parte de un programa que denominan «La tarjeta para su rincón del mundo» y que permite a los comercios que la aceptan crear publicidad personalizada y campañas de marketing para sectores específicos. Estos cupones personalizados fomentan la fidelidad de sus poseedores hacia American Express y hacia el comercio donde se realiza la compra.

★ *El Club Automovilístico Saturn:* en 1994, Saturn celebró lo que algunos llamaron un acto de fidelidad. La empresa automovilística invitó a los propietarios de un Saturn a pasar un fin de semana en la sede central de la compañía en la localidad de Spring Hill, en el Estado de Tennessee, participando durante tres días en unas jornadas que recibieron el nombre de «La vuelta a casa». Ahora Saturn ha presentado el Club Automovilístico. Por una cuota anual de 30 dólares, los socios pueden utilizar un servicio de planificación de rutas y recibir descuentos para sus viajes, un catálogo especial y un boletín trimestral. La empresa también fomenta la organización de este tipo de encuentros por parte de los concesionarios de la marca.

En los negocios, lo que cuenta son los pequeños toques personalizados. Por eso le va tan bien a Carole Ziter. La combinación de todos los pequeños detalles que hace llegar a sus clientes va incrementando un núcleo de clientes habituales que no dejan de comprarle y que además le traen a sus amigos. Ziter ya empezó a introducir estos toques humanos cuando dirigía una empresa muy pequeña desde la mesa de su cocina, lo que demuestra que se pueden crear clientes fieles con independencia del tamaño del negocio.

He aquí varias sugerencias de programas de fidelización que podemos adaptar a cada uno de nuestros productos o servicios:

- ★ *Programas de certificados de regalo:* los clientes que gastan una determinada cantidad de dinero reciben un certificado para conseguir un regalo al final de un periodo de tiempo limitado. Por ejemplo, cualquiera que compre productos por valor de 500 dólares durante un plazo de un año recibirá un certificado de 50 dólares, válido durante un año desde la fecha de emisión, para canjearlo por un regalo.
- ★ *Programas de puntos:* cada cierta cantidad de dinero gastado los clientes reciben un punto. Cuando acumulan un determinado número de puntos, pueden escoger su recompensa entre unos artículos concretos. Así, por ejemplo, podemos ofrecer un punto por cada 5 dólares gastados en nuestros productos, y podemos presentar varias opciones: un regalo por 20 puntos, otro de un valor un poco más alto por 30 puntos y otro de un valor aún superior por 40 puntos. Lo mejor es que los productos que se ofrecen de premio sean distintos de los que normalmente están a la venta en nuestra empresa. Esto no sólo hace que la oferta sea más exclusiva, sino que le da un valor subjetivo más alto porque los clientes no conocen el precio exacto de los premios, sólo los puntos que necesitan para conseguirlos.
- ★ *Programas de sellos o tarjetas perforables:* se reparten a los clientes tarjetas especiales para el programa. Cada vez que nos compran un producto, reciben un sello que pegan en la tarjeta (o se les hace un agujero en una casilla). Cuando está llena tienen derecho a elegir un regalo. Mi manicura utiliza este tipo de programa de fidelización cuando ofrece un servicio gratis por cada diez agujeros realizados a la tarjeta.
- ★ *Programas de comunicación:* aquí es donde sobresale Carole Ziter. Los clientes reciben noticias suyas muy a menudo y de forma muy personal. No toda la comunicación tiene por qué ir orientada a las ofertas. Podemos escribirles para dar información sobre personas, para darles las gracias por una compra que nos han hecho, para decirles que hace tiempo que no los vemos o simplemente para saludarles. Por supuesto, si queremos añadir una oferta, tampoco está mal. No hace mucho recibí un catálogo con una tarjeta personalizada que decía lo siguiente:

Estimada Lois:

Hemos observado que no nos ha hecho ningún pedido desde julio. No nos gustaría perderla como clienta, así que queremos hacerle una oferta especial: si compra unos pendientes de este catálogo, se puede llevar otros con un descuento del 50%.

Por supuesto, acepté su oferta encantada. Otras formas de programas de comunicación son las siguientes:

- Prospectos
- Boletines
- Material informativo
- Tarjetas de cumpleaños
- Felicitaciones de Navidad
- Notas de agradecimiento
- Cartas personalizadas

### Programas de asociación

Los programas de asociación son un mecanismo por el que dos o más empresas comparten la inversión realizada en marketing directo y los resultados que produce. Son también una manera de fomentar la fidelidad en todas las empresas participantes.

Casi todas las compañías aéreas que tienen programas para pasajeros habituales ya tienen también programas de asociación. Esto significa que cuando hacemos una compra a uno de sus socios acumulamos un número determinado de millas. Gordon Young, de Air Canada, dice que la implicación de los clientes en los programas de asociación refuerza su vínculo con la empresa. Así, por ejemplo, Air Canada está asociada en la actualidad con una empresa telefónica. Cuando los clientes de ésta hacen una llamada, ganan puntos como pasajero habitual. Y, por tanto, cuando hacen sus planes de viaje se encuentran ligados a Air Canada.

«El beneficio para la compañía telefónica es que son más competitivos a la hora de captar clientes y de conservarlos. Éstos se benefician al obtener descuentos en su factura de teléfono y al conseguir millas gratis. Para Air Canada el beneficio es doble: la compañía telefónica nos paga por el privilegio de ser nuestro socio y además vinculamos al cliente a nuestra línea aérea.»

Cualquier tipo de empresa puede asociarse con otras. Las tiendas de una galería comercial, por ejemplo, pueden unirse para atraer clientes. Cada una podría enviar una carta o folleto utilizando su propia lista para anunciar una interesante oferta exclusiva para los clientes de la galería: «Cada vez que usted gaste más de 25 dólares en cualquiera de nuestras tiendas, desde ahora hasta el 1 de enero, le sellaremos la tarjeta adjunta. Cuando haya gastado 500 dólares, deposite la tarjeta en una de las urnas para participar en el sorteo de nuestro gran premio: 5.000 dólares para gastar en nuestra galería». Ésta es una buena manera de incrementar las ventas para todas las tiendas que la componen.

Los programas de fidelización y de asociación como éstos sirven para algo más que aumentar las ventas. Nos acercan a nuestros clientes, que sienten que se les está dando algo adicional, que estamos haciendo algo especial precisamente para ellos. Y entonces, cuando estén preparando la lista de la compra, el nombre de nuestro establecimiento ocupará el primer lugar.

## Lista de control

¿ESTAMOS DANDO VALOR A NUESTRA EMPRESA? ¿OFRECEMOS...?

☑ Productos de alta calidad
☑ Un extraordinario servicio de atención al cliente basado en:
  ✓Entrega puntual
  ✓Credibilidad
  ✓Facturación precisa
  ✓Facilidad en devoluciones y reembolsos
  ✓Flexibilidad
  ✓Interés
☑ Comunicación continua

¿CONOCEMOS EL VALOR A LARGO PLAZO DE NUESTROS CLIENTES? ¿FOMENTAMOS LA FIDELIDAD A LARGO PLAZO?

☑ Conservamos en vigor nuestro programa de fidelización durante mucho tiempo
☑ Lo mantenemos vivo y ameno

¿HEMOS PROBADO ESTAS OPCIONES DE PROGRAMA DE FIDELIZACIÓN?

☑ Programas de certificados de regalo
☑ Programas de puntos
☑ Programas de sellos o tarjetas perforables
☑ Programas de comunicación

✓Prospectos
✓Boletines
✓Materiales informativos
✓Tarjetas de cumpleaños
✓Felicitaciones de Navidad
✓Notas de agradecimiento
✓Cartas personalizadas

☑ Programas de asociación

# 11
# EL MARKETING DIRECTO EN LA GRAN EMPRESA

El número de empresas de Fortune 500 que pertenecen a la Asociación de Marketing Directo aumenta cada año de forma espectacular. Las empresas automovilísticas y petrolíferas se gastan cientos de millones de dólares al año en marketing directo, y la cantidad que destinan a este apartado las empresas informáticas, las editoriales, los fabricantes de electrodomésticos y los de productos cosméticos asciende a decenas de millones. Por si cabe alguna duda de que el marketing directo también es válido en el caso de las grandes empresas, basta con leer el listado de las empresas de Fortune 500 que recurren a su uso en los medios de comunicación. Desde Coca-Cola hasta Seagram's, desde Hasbro hasta Harley Davidson y desde Levi Strauss hasta Sara Lee, todas las empresas incrementan cada año –en cientos de miles de dólares– su presupuesto para marketing directo.

## Las ventajas de las grandes empresas

Aunque los principios del marketing directo son los mismos con independencia del tamaño de la empresa, las más grandes tienen varias ventajas obvias, entre ellas las siguientes:

- *Bases de datos ya existentes.* Muchas grandes empresas tienen una base de datos, o un fichero de clientes, aunque nunca la hayan utilizado para hacer marketing directo. Por ejemplo, cuando hicimos la campaña para Ford Canadá descrita en el capítulo 1, ésa era la primera vez que utilizaban el marketing directo. Sin embargo, ya disponían de una base de datos llamada NAVIS, un archivo que contenía información sobre todas las personas que habían comprado coches de la marca Ford en Estados Unidos durante los últimos años. Así pudimos empezar nuestra campaña con un universo bastante amplio de nombres previamente establecido.

★ *Bases de datos optimizadas.* Las grandes empresas tienen la posibilidad de ir incrementando o mejorando sus bases de datos internas, por lo que pueden segmentar sus propias listas y dirigirse a potenciales clientes con gran probabilidad de que compren su producto o servicio. A algunas empresas que disponen de inmensas bases de datos genéricas les está resultando más rentable segmentar a sus clientes y dirigirse a ellos de manera selectiva para hacerles llegar ofertas específicas. Lillian Vernon, por ejemplo, tenía una gran base de datos de personas que habían comprado artículos de su catálogo económico. Esto no significa que todos sus clientes tuviesen ingresos bajos; también quienes tienen ingresos altos compran productos de un catálogo barato. Por tanto, esta empresa segmentó su lista para identificar a aquellas personas que habían adquirido los artículos más caros y creó un catálogo que les resultaría más atractivo. En una segunda división de la lista seleccionó los nombres de aquellos clientes que habían comprado artículos para niños y elaboró un catálogo llamado *Lillian's Kids* que sólo ofrece productos para niños pequeños.

Los días de los grandes catálogos generales que ofrecían de todo para todo el mundo ya han quedado atrás. No trae cuenta hacer tal gasto de imprenta. Es mucho más rentable segmentar el mercado y enviar un catálogo que sea atractivo para un hueco de mercado concreto. Sears y Montgomery Ward, conocidos en su momento por utilizar el «método de la guía telefónica», han dejado de enviar sus grandes libros prácticamente a todo el mundo para optar por catálogos más pequeños específicamente dirigidos a un sector muy concreto del mercado.

La división de servicios a empresas de Dell Computer Corporation revisó hace poco toda su base de datos porque la información que contenía no era suficiente para realizar una segmentación (y porque incluía muchos nombres inservibles). Así pues, la empresa realizó una gran campaña de telemarketing para depurar los nombres y direcciones y añadir a cada registro más de 150 campos de información. En este proceso, Dell se deshizo de más del 50% de la lista original. Realizar esta limpieza costó más de un millón de dólares, pero el índice de respuesta de los clientes que quedaron se duplicó y la empresa tuvo un ahorro anual en costes de imprenta y correo de alrededor de 4 millones de dólares al reducir el número de envíos estériles.

Una vez que una gran empresa consigue saber más acerca de sus clientes, ya puede comenzar a realizar modelos predictivos o análisis de regresión, consistentes en utilizar la información aportada al optimizar la base datos para predecir los hábitos de compra de segmentos concretos de sus listas y la probabilidad de que respondan a una promoción en particular. Con esto la empresa puede ofrecer a estos segmentos específicos productos de su catálogo y además puede diseñar otros nuevos especialmente dirigidos a ellos.

★ *Evaluación.* Por regla general, una pequeña empresa tiene el obstáculo de su incapacidad para evaluar una cantidad de datos lo suficientemente grande para que tenga validez estadística. Durante muchos años, la muestra mínima fue de 5.000 nombres. Sin embargo, la envergadura de las muestras va en continuo aumento. Hay varias empresas, entre ellas Body Shop y Lillian Vernon, que no creen que una muestra de evaluación de 5.000 nombres pueda arrojar resultados estadísticamente válidos y han aumentado las listas a 10.000 ó 20.000 nombres. Cuando una empresa de Fortune 500 se gasta 50 millones de dólares en marketing directo, tiene presupuesto más que sobrado para emplear 50.000 dólares en una prueba concreta de evaluación. De esta forma consiguen evaluar más variables y tienen mayor probabilidad de obtener un índice de respuesta mayor cuando lancen su campaña.

Las grandes empresas pueden permitirse evaluar muchas cosas distintas. Pueden evaluar la estructura de la oferta, la parte creativa y los niveles de precios. Pueden sacar anuncios alternos en diversas publicaciones. Tienen la posibilidad de evaluar muchos factores de un programa de marketing directo rápidamente, determinar lo que funciona mejor y diseñar la campaña más eficaz posible. Una empresa más pequeña, con un presupuesto limitado, quizá no pueda realizar más de una evaluación por temporada.

La capacidad de evaluar diversos factores y lanzar la campaña basándose en los que mejor resultado den, y todo ello en un periodo reducido de tiempo, aporta a una gran empresa algo más que un incremento en las ventas; le da también ventaja sobre la competencia. Cuando trabajaba en Meredith, publicamos una serie de libros de cocina rápida y fácil. Por desgracia, no escogimos muy bien el momento, pues Time-Life había publicado una serie similar seis meses antes. Consiguieron evaluar sus ofertas y sacar su producto mucho más rápido que nosotros. Ambos íbamos tras el mismo mercado. Time-Life llegó primero y nosotros no logramos igualar su éxito.

★ *Colaboración.* Una de las áreas del marketing directo que está teniendo un mayor auge es la de los programas de asociación, como vimos en el capítulo 10. Fabricantes de coches, bancos, líneas aéreas y compañías telefónicas se están asociando en todo tipo de combinaciones para que los clientes adquieran el hábito de utilizar sus productos y servicios. Muchas organizaciones sin ánimo de lucro se han asociado con servicios de llamadas a larga distancia y con empresas de tarjetas de crédito, por ejemplo, de tal manera que, cuando un cliente utiliza ese servicio telefónico o esa tarjeta, la organización recibe una parte del coste del servicio. Un ejemplo es una empresa llamada Working Assets, que ofrece al mismo tiempo una tarjeta de crédito y un servicio de larga distancia. Cuando sus clientes utilizan uno de los dos, la empresa transfiere una parte del dinero gastado a varias causas benéficas.

La colaboración entre grandes empresas está proliferando porque son situaciones obviamente rentables. Cuando unos grandes almacenes como Marshalls se asocian con American Express, los clientes están tratando con dos entidades fácilmente reconocibles. Ambas empresas se benefician al compartir sus clientes. Seguramente será más difícil que la tienda de la esquina se asocie con una gran empresa de este tipo porque los beneficios no guardan proporción (aunque programas como «La tarjeta para su rincón del mundo», de American Express, pueden estar cambiando esa filosofía).

★ *La unión hace la fuerza.* Algunos grandes minoristas se han mostrado reacios a entrar en el marketing directo porque ven en estos dos métodos de venta una forma de competencia mutua. Pero se están dando cuenta de que en realidad se potencian entre sí. Por ejemplo: no hace mucho recibí un catálogo de Pottery Barn. Lo hojeé, vi unas cuantas cosas que me gustaron, pero no pedí nada. Unas semanas después entré en la tienda de Pottery Barn. Recordé los artículos que había visto en el catálogo. Ahí tenía una segunda oportunidad de realizar la compra; y eso hice. Cuando salía del establecimiento, un empleado me preguntó: «¿Quiere usted un catálogo?». Y me dio uno para que me lo llevase a casa. Ya tenía la tercera oportunidad de examinar los productos de Pottery Barn y quizá de comprar alguna otra cosa.

La unión de ambos métodos también da fuerza a los fabricantes que venden a minoristas y mediante marketing directo. Algunos son reacios a usar el marketing directo porque temen hacer la competencia a los comercios que venden sus productos. Olvidan que, en el mejor de los casos, una campaña de marketing directo puede generar un índice de respuesta del 2%. Pero al otro 98% de personas que recibieron la oferta les ha llegado un mensaje muy concreto y lo llevan en la mente cuando salen de compras. El marketing directo duplica la probabilidad de que un cliente compre ese producto.

Las empresas que utilizan la venta por catálogo y la venta al por menor como complemento recíproco están cosechando un gran éxito en ambas áreas. Saks Fifth Avenue, que cada año envía más de 35 millones de catálogos, sostiene que el contraste de los números de tarjetas de crédito contenidos en distintas bases de datos demuestra que las tres cuartas partes de las personas que adquieren productos de sus catálogos son también compradores habituales de comercios minoristas.

La división estadounidense de The Body Shop ha confeccionado una base de datos de clientes de comercios y tiene previsto utilizarla para incrementar su actividad de venta por correo. La razón es que las 450.000 personas que le compran productos por correo se gastan una media de 32 dólares por pedido, frente a los 15 dólares que gasta por término medio el cliente de sus comercios. No obstante, la empresa siempre incluye con cada catálogo una relación de las tiendas que tiene en la localidad del destinatario, pues las ventas al por menor aumentan cada vez que se envía uno. Y Talbots, empresa de Massachusetts dedicada a la venta de ropa por catálogo y en comercios, utiliza su base de datos de ventas por catálogo para localizar núcleos de clientes y abrir tiendas en esa zona.

★ *Control de inventarios.* Recientemente hemos confeccionado un programa de música de jazz para Polygram Classics. Como era una oferta nueva, no estábamos seguros de cuánto íbamos a vender. Una gran empresa como Polygram controla su propio proceso de fabricación y, por tanto, pudimos fabricar los CDs bajo pedido. Una empresa más pequeña que trabaje con un fabricante independiente, debe comprar una cantidad mínima y confiar en venderlos. Otra ventaja que tienen las grandes empresas es la capacidad de crear promociones especiales y ofrecer grandes descuentos para deshacerse de excedentes. Cuando trabajaba con clubes de lectores, una vez al año se hacía una oferta especial de «restos» que ofrecíamos a precios muy bajos. El gran catálogo que ofrecíamos nos permitía tener un margen menor en estos restos. Una pequeña empresa no siempre puede hacerlo.

## Los retos de la gran empresa

Sin embargo, no todo son ventajas para las grandes empresas. Por muchos datos que recoja, una empresa que mueva miles de millones de dólares no puede establecer el tipo de relación íntima que puede mantener con sus clientes un pequeño comercio. Lo intentan; a veces buscando portavoces amables, cariñosos y divertidos, como es el caso de Frank Purdue o Dave Thomas de Wendy's. Pero ni los pollos de Purdue ni la comida rápida de Wendy's pueden establecer relaciones tan intensas como las que crean los boletines de la consulta de quiromasaje del doctor Teitelbaum o las cartas de Carole Ziter, de Sweet Energy.

Aunque los productos y los servicios de las grandes empresas tienen aceptación entre los clientes, éstos siguen deseando ese contacto con el pequeño comercio. Y eso sólo se puede conseguir con una persona real. No todos los clientes de Sweet Energy conocen en persona a Carole Ziter, pero se sienten como si la conocieran. Y, por supuesto, los clientes de Wendy's no conocen a Dave Thomas personalmente, pero lo conocen tan bien por sus anuncios de televisión, y es tan simpático, que sienten que pueden confiar en su producto.

Un portavoz a veces puede ayudar a una gran empresa a crear una relación con sus clientes. Quienes se identifican con Candice Bergen (o con Murphy Brown) tienen más probabilidades de contratar los servicios de la compañía telefónica Sprint. Los devotos de *Live with Regis and Kathie Lee* piensan que si a Kathie Lee le gusta Carnival Cruise Line también a ellos les va a gustar. Las grandes empresas que no disponen de un individuo con quien los clientes puedan identificarse nunca pueden establecer esa conexión inmediata.

Pero el principal reto al que se enfrentan las grandes empresas es que el marketing directo es un proceso a largo plazo y necesita un compromiso también a largo plazo por parte de los altos directivos, pues no siempre produce resultados de la noche a la mañana. Suele tener un efecto acumulativo. Sin un compromiso a largo plazo, las campañas pueden quedar interrumpidas antes de que les haya dado tiempo de afianzarse.

En las grandes empresas, los cambios en los altos niveles de la dirección son frecuentes. Siempre que llega gente nueva quieren dejar su huella y suelen empezar por desmantelar todos los programas que están en marcha y partir de cero. Una administración puede firmar un contrato con Direct Marketing, pagar la creación de la base de datos y recoger información vital. Cuando se marchan en busca de pastos más verdes, llegan los nuevos administradores, no comprenden el proceso de marketing directo y cancelan el programa antes de que pueda despegar.

Esto lo padecí en primera persona hace varios años cuando diseñábamos una campaña de marketing directo para una cadena de grandes almacenes. Habíamos confeccionado una gran base de datos y empezábamos a segmentarla. Estábamos creando un programa de fidelización y hasta considerábamos la posibilidad de emitir una tarjeta de crédito propia. Y en ese momento se produjo un cambio en la dirección. El presidente del consejo de administración y otros altos cargos se marcharon de la empresa. Contrataron a una jefa de publicidad que no entendía la finalidad y el impacto del marketing directo. Decidió eliminar por completo la campaña y dedicar más tiempo y más dinero a anuncios en televisión y en prensa. No se daba cuenta de que la campaña de marketing directo habría cimentado la relación del establecimiento con sus clientes y habría hecho daño a la competencia (que aún no se había iniciado en el marketing directo).

Unos años después, la jefa de publicidad se fue a otra empresa. Los grandes almacenes, viendo el éxito de otros establecimientos que cada vez habían prestado mayor atención al marketing directo, quisieron volver a intentarlo, y ahora están tratando de recuperar su anterior posición.

Otro reto al que se enfrentan las grandes empresas es que muchas de ellas se componen de varias divisiones y cada una dispone de su propio presupuesto para publicidad. En muchos casos, los jefes de departamento o los de producto encargados de distribuir este dinero se ocupan de un producto durante dos o tres años y después pasan a otro puesto o incluso se marchan a otra empresa. No se dedican al producto el tiempo suficiente para asumir grandes compromisos sobre su crecimiento, y tampoco tienen en cuenta el de la empresa en general.

Es frecuente que a estos jefes de producto se les asigne un presupuesto anual, con el que es muy difícil iniciar un programa de marketing directo debido a lo que cuesta confeccionar la base de datos. Y entonces se ven obligados a actuar como una pequeña empresa: el primer año crean la base de datos, el segundo año evalúan un factor y el tercer año extienden el programa dependiendo de los resultados de la prueba. Para entonces, este jefe de producto ha iniciado el camino hacia el éxito y está a punto de cambiar de empleo. Es la empresa la que debe asumir un compromiso estable y asignar fondos para crear una base de datos general, recomendando a cada departamento la mejor manera de desarrollar sus propios programas de marketing directo a largo plazo.

Otro factor que a menudo aumenta la división dentro de las empresas es la existencia de una cantidad de dinero limitada que se reparte de manera desigual entre publicidad, marketing directo, promoción y relaciones públicas. El presupuesto de un departamento sólo sube si baja el de otro. Por supuesto, cada uno piensa que su trabajo es el más importante y es normal que discutan entre sí en detrimento del producto y de la empresa.

## En busca de soluciones

Los retos a los que se enfrenta la gran empresa en lo que a marketing directo se refiere se pueden afrontar y vencer. He aquí algunas posibles soluciones:

- ★ *Contratar a visionarios.* La realización de cambios y la toma de nuevas direcciones en una empresa requiere personas con visión y con un fuerte sentido de la seguridad. Embarcarse en una campaña de marketing directo puede ser arriesgado, como cualquier otra aventura empresarial. Al contrario que otras formas de publicidad, cualquier observador puede medir con absoluta transparencia y ver con total nitidez los resultados del marketing directo. Si publicamos en una revista un anuncio con imágenes (que no sea de respuesta directa), nadie sabe a ciencia cierta cuántas personas compran un producto a resultas del anuncio. Sin embargo, si insertamos en una revista un anuncio de respuesta directa, el número de personas que respondan se puede medir inmediatamente y quedar registrado. Esto hace que la campaña, y el ejecutivo que la realizó, sea tan vulnerable como visible. Por consiguiente, hace falta alguien que crea firmemente en el poder del marketing directo y que tenga la precaución necesaria para llevarlo a cabo.

★ *Aprovechamiento de la base de datos propia.* Las ventajas de una gran empresa que tenga su propia base de datos pesan más que los riesgos de elaborar una campaña de marketing directo. Si todos los comercios de una zona concreta cerrasen, o si una crisis económica azotase al sector minorista, una empresa que tuviese una buena base de datos dispondría de un método de distribución alternativo que podría utilizar para determinar científicamente quién seguiría comprándoles. Esto permite a la empresa depender más de sus propios recursos y menos de los altibajos del mercado en general.

**CONSEJO:** Otra ventaja de una gran empresa es su capacidad para intercambiar listas. Si encontramos una empresa cuya lista sea apropiada para nuestro producto, quizá estén dispuestos a cambiar un número determinado de nombres de su base de datos por una cantidad similar de la nuestra.

★ *Empezar poco a poco.* Por lo general, las grandes empresas piensan que todo lo que hagan han de hacerlo a lo grande. Cuando Time Warner lanzó su catálogo *Sound Exchange*, contrataron a un numeroso equipo, incluyeron productos ajenos y empezaron con un gran envío masivo. Cuando, después de un año, se vio que el catálogo no iba tan bien como esperaban (lo que sucede a menudo en el marketing directo), los decepcionantes resultados de los ejecutivos de Time Warner quedaron bien patentes. Y no sólo los estaba observando su propia organización; todo el sector del ocio tenía la vista puesta en ellos. Varias empresas que se estaban planteando realizar campañas similares dijeron: «Si ellos no lo han conseguido, ¿cómo vamos a poder nosotros?».

No hay motivo para tener que empezar una campaña de marketing directo con un catálogo en el que ofrezcamos toda nuestra gama de productos. No hay por qué empezar con un envío dirigido a cantidades ingentes de personas. El primer programa de marketing directo ha de ser una experiencia de aprendizaje en la que cometamos todos los errores posibles. Una vez evaluada una pequeña cantidad, podemos lanzar una campaña mucho mayor.

★ *Planificación a largo plazo.* Hasta en empresas en las que existe un compromiso con el marketing directo se suele seguir la filosofía de «tocar de oído». Una comisión diseñará una prueba de evaluación y esperará a ver cuáles son los resultados antes de fijar otra reunión para preguntarse: «¿Qué hacemos ahora?». Un plan de marketing se tiene que fijar previendo las diversas contingencias que se pueden presentar a lo largo de una serie de años, y con el compromiso de respetarlo y atenerse a él.

★ *Publicidad de los resultados.* Cuando una campaña de marketing directo haya tenido éxito, hay que ponerlo en conocimiento de toda la organización, por ejemplo, publicando los resultados en el boletín o en la revista de la empresa. Puede haber en otra división un jefe de producto que no estuviese al tanto de la campaña y quiera sumarse a ella. Cuando los resultados sean buenos encontraremos más aliados en la empresa y quizá podamos conseguir los apoyos necesarios para incrementar nuestro presupuesto para marketing directo. También hay que alertar a los medios de comunicación. No hemos de preocuparnos por dar información a la competencia, pues no estamos desvelando nuestros secretos empresariales; lo que hacemos es dar a conocer resultados, no revelar nuestras tácticas. Lo que queremos es que se sepa que estamos ahí. Cuanto más apoyo consigamos para nuestros esfuerzos, más consumidores buscarán nuestros envíos y anuncios de venta directa y más responderán a ellos.

★ *Uso de profesionales.* Muchas veces, una gran empresa se pone en contacto con una agencia como la mía buscando una orientación profesional y al final deciden ocuparse ellos mismos del programa de marketing directo. Con excesiva frecuencia, eso significa que se lo van a asignar a una determinada persona que se ocupará de él cuando termine de supervisar los otros cuatro programas en los que ya estaba trabajando. «Nunca ha trabajado en marketing directo, pero estamos seguros de que puede encargarse de confeccionar la base de datos», dicen. «No hay por qué gastarse el dinero en contratar servicios externos.»

Esa misma historia la escuché hace poco mientras trataba de ayudar a una importante empresa a montar una campaña de marketing directo. «Hace unos meses ofrecimos un producto por correo», me dijeron. «Vaya al despacho de ahí detrás a ver a Bobbie. Ella fue la que se encargó de introducir en el ordenador los datos con los que enviamos las cartas.» Cuando bajé al despacho de allí detrás a hablar con Bobbie, me enteré de que había contratado a tres trabajadores temporales para introducir los datos. Alguien cometió un error que provocó la pérdida de unos 12.000 nombres. Y no sólo eso: la empresa pagó casi 18.000 dólares por las horas extraordinarias que necesitaron para culminar el proyecto. Se habrían gastado mucho menos en un servicio de tratamiento informático que se ocupase de esta tarea, y tendrían una base de datos con un formato correcto y disponible para futuras campañas.

Las grandes empresas se sienten tentadas con frecuencia a usar a sus propios diseñadores, sus sistemas informáticos y sus servicios postales para hacer por sí mismos su marketing directo. Estas personas, por regla general, no tienen ninguna experiencia en este campo. Pueden ser muy buenos en su trabajo habitual, pero eso no significa que conozcan los pormenores del marketing directo. Hay demasiados detalles, muchas cosas que pueden dar problemas. A la larga, sale mucho más barato acudir a un servicio de tratamiento postal externo que tiene automatizados todos los pasos del proceso de envío (plegado, ensobrado, etiquetado, personalización, franqueado y sellado).

Las empresas han de tomar en consideración el valor a largo plazo de sus clientes cuando decidan lo que se van a gastar en una campaña. Es temerario ahorrarse unos céntimos en un momento dado, cuando el valor que los clientes tienen para nosotros a la larga se mide por millares.

El marketing directo presenta importantes oportunidades para la gran empresa. Las que tomaron tempranamente la decisión de probar y refinar sus programas ya están cosechando los frutos. Grandes empresas como Columbia House y BMG, por ejemplo, que fueron las primeras en entrar en la venta de música por correo, son más grandes que nunca y dominan un sector en el que resulta muy difícil introducirse. Las empresas que aún no usan el marketing directo están dejando pasar la oportunidad de forjar relaciones estables y duraderas con sus clientes.

## HISTORIAS FELICES DE GRANDES EMPRESAS

★ *IBM vuelve al marketing directo.* En 1979, IBM lanzó por primera vez *IBM Direct* para distribuir suministros informáticos por catálogo. No obstante, su éxito se vio socavado por una guerra entre la división de marketing directo y los concesionarios de IBM, lo que dio como resultado el cierre de la división. En 1992,

IBM inició una operación revisada de marketing directo por valor de 500 millones de dólares dirigida a las empresas, con el objetivo de crear un canal rentable de distribución internacional de programas informáticos, grandes sistemas y equipos informáticos de tamaño medio. En 1994, las ventas superaban en un 200% los objetivos originales de la empresa, siendo IBM Direct una de las divisiones más prósperas del gigante azul.

★ *GEICO emprende una campaña de respuesta directa en televisión.* La empresa de seguros para automóviles Geico Corporation, que se apoya casi por completo en el marketing directo para vender pólizas, lanzó en 1994 una campaña televisiva de respuesta directa. Los resultados fueron tan inmediatos –10.000 nuevos clientes en una semana, según el productor del anuncio– que Geico tuvo que recortar su previsión inicial de contratación de espacios publicitarios para que los operadores pudiesen atender todas las llamadas.

★ *MCI + MCA = 1-800 Music Now.* La empresa MCI Communications Corporation y el sello discográfico MCA se unieron para crear el primer servicio de venta de discos mediante llamadas telefónicas gratuitas que existe en Estados Unidos. MCI, usando la tecnología telefónica existente, montó un avanzado sistema que permite a los clientes encargar cintas y discos compactos de 14 categorías musicales diferentes. A las personas que llaman se las dirige hacia su emisora de radio preferida, donde oyen una lista de grandes éxitos confeccionada por la propia emisora o la lista de los 20 discos más vendidos de la revista *Billboard*. Entonces pueden escuchar las canciones y encargar las que les gusten. Con su primera compra los clientes reciben su carné de socio y un número de identificación personal, código que pueden utilizar la siguiente vez que llamen para hacer un pedido sin hablar con ningún operador. El servicio 1-800 Music Now se anuncia en radio y televisión, en las facturas de millones de clientes de MCI y en Internet.

LISTA DE CONTROL

VENTAJAS DE LA GRAN EMPRESA

☑ Bases de datos ya creadas
☑ Bases de datos optimizadas
☑ Evaluación de grandes cantidades y de más variables

☑ Establecimiento de acuerdos de asociación
☑ La unión hace la fuerza
☑ Control de inventarios

EL RETO DE LA GRAN EMPRESA
☑ Establecimiento de relaciones con los clientes
☑ Compromisos a largo plazo por parte de la dirección
☑ Relación entre las distintas divisiones, los jefes de departamento y los de producto
☑ Dispersión del presupuesto publicitario

SOLUCIONES PARA LA GRAN EMPRESA
☑ Contratar a visionarios
☑ Aprovechar la propia base de datos
☑ Empezar poco a poco
☑ Elaborar una planificación a largo plazo
☑ Dar a conocer los resultados
☑ Contratar a profesionales

# 12
# EL MARKETING DIRECTO EN LA PEQUEÑA Y MEDIANA EMPRESA

## ESTUDIO DE CASOS: INFLUENCIA DE LA INVESTIGACIÓN EN EL ÉXITO DE LA PEQUEÑA EMPRESA

Cuando nació la primogénita de Geoff y Lynn Wolf en 1985, Geoff quiso hacerle un regalo especial. La familia vivía en Durango, en el Estado de Colorado; un día se fue de compras al centro, y como pudo comprobar que no había ninguna tienda para niños, se volvió a casa sin regalo pero con una idea. En 1986, los Wolf celebraron la apertura de su nueva tienda, A Unicorn's Garden, ubicada en el centro de Durango y especializada en regalos, juguetes y ropa infantil.

Seis años después, el negocio marchaba muy bien y Geoff, que hasta entonces trabajaba en un restaurante, dejó su empleo y empezó a concentrarse en la expansión del establecimiento. Una de las opciones que se le ocurrieron fue crear un catálogo.

«En cuanto vimos los catálogos de artículos infantiles, en seguida nos dimos cuenta de que íbamos a tener mucha competencia», dice Geoff. «Aunque nuestro concepto era único, nos dio la sensación de que no se trataba de hacer un catálogo más.»

Entonces se conjugaron dos factores que orientaron a los Wolf en una nueva dirección. Al analizar su propia empresa, observaron que muchos de los productos que se vendían bien en el establecimiento tenían que ver con los caballos y con la equitación. Al mismo tiempo, Lynn, que de joven había montado a caballo, retomó su antigua afición. Y a los Wolf se les ocurrió la idea de elaborar un catálogo ecuestre centrado en productos para niños que tuviesen relación con el mundo del caballo.

Pero antes de empezar a planificar el catálogo, Geoff se embarcó en un estudio en profundidad del mercado. «Analicé todos los catálogos ecuestres que estaban en circulación y los diversos mercados a los que se dirigían», dice. «Entonces hice un estudio demográfico sobre propietarios de caballos: quiénes eran y cuántos había. Dediqué unos meses a investigar el mercado ecuestre y la industria del catálogo. Pasé horas en la biblioteca buscando información y también llamé a las asociaciones relacionadas con el mundo del caballo para que me enviasen datos sobre sus actividades. Con toda esta información trazamos un retrato de un cliente y de un hueco de mercado en el que no había mucha competencia.»

Cuando llegó el momento de diseñar el catálogo propiamente dicho, los Wolf se pusieron a estudiar otra vez. Leyeron mucho y hablaron con profesionales del sector que les explicaron qué es lo que hace que un catálogo funcione. Estudiaron cientos de catálogos, cogieron aquellos elementos de diseño y de texto que les parecieron más eficaces y los combinaron entre sí para crear su nuevo catálogo, *Back in the Saddle*. Entonces contrataron a un diseñador gráfico y a un fotógrafo para que hiciesen realidad sus ideas.

El plan original era realizar una evaluación inicial con un envío de 5.000 o 10.000 catálogos. «Cuando estábamos a punto de hacer el envío, otro catálogo ecuestre quebró y se puso a la venta su lista», dice Geoff. «Así que la compramos entera, aunque esto nos supuso un incremento notable de costes. Pero decidimos que había que aprovechar la oportunidad.» El envío inicial aumentó hasta los 50.000 catálogos.

El primer catálogo, que tenía 24 páginas, tuvo un éxito clamoroso. El segundo, no. «Cometimos muchos errores al principio», dice Geoff. «Uno de ellos fue que deberíamos haber recurrido a la orientación de un profesional antes de lo que lo hicimos. Esa primavera habíamos programado la entrega de nuestro segundo catálogo en los hogares de los destinatarios para el 15 de diciembre, día de pago de impuestos. Lo sabíamos, claro, pero no se nos ocurrió establecer esa conexión. Nadie quiere gastar más dinero el día que acaba de liquidar sus impuestos. Ese catálogo era una bomba.»

En el otoño de 1995, sólo tres años después de su nacimiento, *Back in the Saddle* ya llegaba a 300.000 hogares de todo el país. Algunos de los productos del catálogo son de los mismos proveedores que los de la tienda. Otros, como «el pelele del potrillo recién nacido» de la figura 12.1, donde se reproduce una página de su catálogo de primavera de 1995, son creaciones exclusivas para *Back in the Saddle*.

El consejo que dan los Wolf a cualquiera que se vaya a introducir en el marketing directo es muy simple: «Dediquen un tiempo a saber quiénes van a ser sus clientes y cómo quieren llegar a ellos. Una vez que empiecen, lleven un estrecho control de los clientes. No traten de

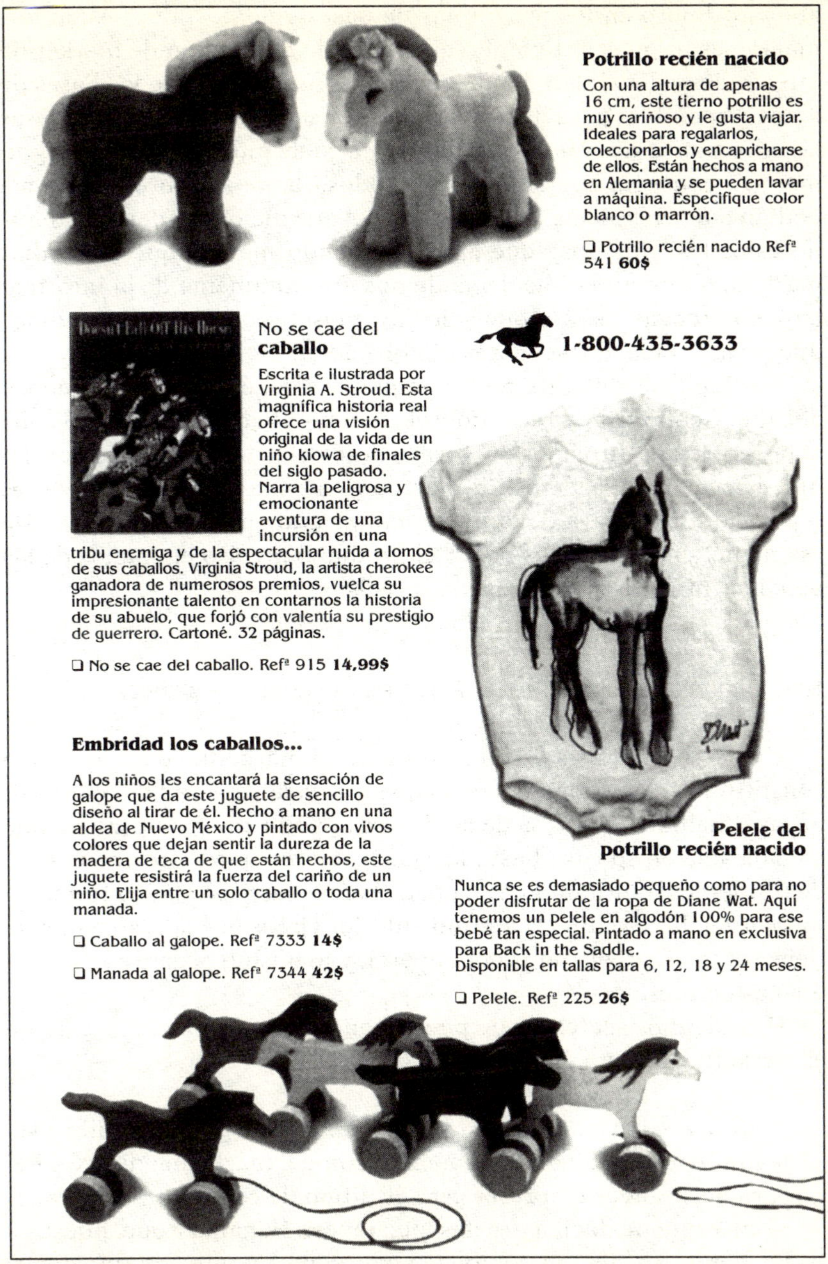

**Potrillo recién nacido**

Con una altura de apenas 16 cm, este tierno potrillo es muy cariñoso y le gusta viajar. Ideales para regalarlos, coleccionarlos y encapricharse de ellos. Están hechos a mano en Alemania y se pueden lavar a máquina. Especifique color blanco o marrón.

❑ Potrillo recién nacido Refª 541 **60$**

No se cae del **caballo**

Escrita e ilustrada por Virginia A. Stroud. Esta magnífica historia real ofrece una visión original de la vida de un niño kiowa de finales del siglo pasado. Narra la peligrosa y emocionante aventura de una incursión en una tribu enemiga y de la espectacular huida a lomos de sus caballos. Virginia Stroud, la artista cherokee ganadora de numerosos premios, vuelca su impresionante talento en contarnos la historia de su abuelo, que forjó con valentía su prestigio de guerrero. Cartoné. 32 páginas.

❑ No se cae del caballo. Refª 915 **14,99$**

**1-800-435-3633**

**Embridad los caballos...**

A los niños les encantará la sensación de galope que da este juguete de sencillo diseño al tirar de él. Hecho a mano en una aldea de Nuevo México y pintado con vivos colores que dejan sentir la dureza de la madera de teca de que están hechos, este juguete resistirá la fuerza del cariño de un niño. Elija entre un solo caballo o toda una manada.

❑ Caballo al galope. Refª 7333 **14$**

❑ Manada al galope. Refª 7344 **42$**

**Pelele del potrillo recién nacido**

Nunca se es demasiado pequeño como para no poder disfrutar de la ropa de Diane Wat. Aquí tenemos un pelele en algodón 100% para ese bebé tan especial. Pintado a mano en exclusiva para Back in the Saddle.
Disponible en tallas para 6, 12, 18 y 24 meses.

❑ Pelele. Refª 225 **26$**

**Figura 12.1.** En el catálogo *Back in the Saddle* se incluyen artículos fabricados en exclusiva para ellos, como el pelele del potrillo recién nacido de la diseñadora Diane Wat.

ahorrar dinero en los programas de bases de datos, pues esa información es imprescindible. Pregunten en la asociación de marketing directo de su localidad dónde pueden informarse sobre las bases de datos disponibles para distintos niveles de negocio. Muchas empresas de informática nos pueden enviar un disco de muestra de sus programas. Yo conseguí cinco, los probé todos, llamé a empresas que me podían dar referencias de ellos y elegí el que mejor se adaptaba a mis necesidades. Una cosa que aprendí cuando me dediqué a estudiar marketing directo es que dependemos absolutamente de la información que tengamos. Aunque sólo vayamos a recibir 10 ó 20 pedidos diarios es crucial conseguir esa información».

Los Wolf tienen entre 6 y 12 empleados dependiendo de la época del año. Geoff atribuye el éxito y el crecimiento de *Back in the Saddle* al hecho de que «tuvimos muy claro desde el principio lo que queríamos hacer. Identificamos un mercado antes de empezar y tuvimos una visión muy clara de quién creíamos que nos iba a comprar. De esa manera conseguimos poner el producto preciso en manos de las personas precisas en el momento preciso».

## Diez secretos para lograr el éxito en la pequeña empresa

Una de las razones de mi pasión por el marketing directo es que constituye una herramienta en la que prima la igualdad de oportunidades. Cualquier empresa de cualquier tamaño, desde la persona que trabaja sola en su casa hasta la multinacional que tiene una cuenta de resultados multimillonaria, puede beneficiarse de alguna forma de marketing directo. En el capítulo anterior vimos que la gran empresa tiene ventajas y tiene retos por superar, y lo mismo ocurre con las pequeñas empresas.

Hay algunos secretos que pueden encaminarlas hacia el éxito en el marketing directo. He aquí diez de ellos:

★ *Aprovechémonos de nuestro tamaño.* A lo largo de este libro venimos hablando de la humanización del marketing directo. Para las grandes empresas esto es difícil de conseguir, pero es relativamente fácil para las pequeñas. Hagamos que nuestros clientes se sientan como si estuviesen tratando con un comerciante del barrio, aunque estemos a miles de kilómetros. Digámosle a los clientes que somos una pequeña empresa. Tracemos un retrato claro, gráfico y memorizable de las características que nos hacen únicos a nosotros mismos y a nuestra empresa. Expliquémosles por qué la nuestra es la empresa perfecta para que ellos sean sus clientes y cómo hemos conseguido la licencia para vender nuestro producto concreto o para prestar nuestro servicio especial.

Tomemos como ejemplo el concepto de los joyeros cuando labran la piedra. Cogen una piedra tosca y vulgar y la cortan, la tallan y la pulen hasta que se convierte en un objeto bello de gran atractivo para los potenciales compradores. Por vulgar que pueda parecer nuestro producto o servicio, busquemos una manera de labrarlo hasta convertirlo en un bien del que nuestros clientes no puedan prescindir. Facilitémosles una manera de compartir nuestra pasión por lo que hacemos.

★ *Empecemos poco a poco pero teniendo grandes planes.* Haciendo pequeñas pruebas y gastando el mínimo presupuesto podemos empezar a construir nuestra empresa paso a paso. De esa manera no se es tan vulnerable como cuando se malgasta todo el presupuesto en una sola campaña. Tener grandes planes significa pensar a largo plazo. Se puede diseñar un plan de marketing directo que empiece con un envío de 5.000 ejemplares, por ejemplo, y un anuncio. Si funciona, podemos pensar en enviar otros 10.000 o 15.000 y unos cuantos anuncios más. Habrá que tener previstos planes de contingencia por si el primer envío no sale bien.

Nuestro plan de marketing debería abrirnos un camino por el que poder seguir a medida que crezca nuestro negocio. Pensemos en añadir unas cuantas listas más cada vez que hagamos un nuevo envío. Seamos flexibles en nuestros objetivos y planes. Cuando Geoff Wolf tuvo la oportunidad de comprar una lista de 50.000 nombres, tuvo que ajustar su plan original para hacer un envío mucho más grande. Pero como había diseñado un plan de marketing claro, con la vista puesta en el crecimiento de la empresa, consiguió reunir el dinero que le faltaba y aprovecharse de una ganga inesperada.

★ *Forjemos relaciones duraderas con nuestros clientes.* Imaginemos la siguiente situación: es nuestra primera cita con una persona que nos gusta. Nos lo hemos pasado bien, pero al separarnos simplemente decimos «Buenas noches» y nos marchamos. ¿Nos diríamos a nosotros mismos: «Como acabamos de salir juntos, mejor me espero seis meses para pedírselo otra vez»? Claro que no. Lo que nos interesa es cimentar la relación diciendo: «Me lo he pasado fenomenal. ¿Quieres que quedemos otro día?». Una pequeña empresa debe hacer lo mismo. Sin embargo, sus propietarios piensan a veces de la siguiente manera: «La señora Smith nos compró un libro la semana pasada. Volveré a ponerme en contacto con ella dentro de seis meses para ver si piensa hacer otra compra». Tenemos que pedirle al cliente una segunda cita nada más acabar la primera. Es en ese momento cuando más predispuesto está a continuar la relación y comprar algo más. Tengamos siempre algo nuevo que ofrecer. Proyectemos la ampliación de los servicios que prestamos o del número de productos que tenemos en el catálogo.

★ *Hagamos hincapié en nuestra garantía.* A veces los clientes prefieren comprar a las grandes empresas porque hay un nombre comercial familiar en el que confían. Quizá sean reacios a comprar en una pequeña empresa, especialmente si no han oído nunca hablar de ella. Nuestra garantía da a los clientes una cierta confianza en que van a recibir la mercancía en buen estado y que les queda algún recurso si están insatisfechos con su compra.

★ *Mantengamos nuestra base de datos en orden desde el principio.* Las grandes empresas gastan miles de dólares en actualizar y optimizar sus bases de datos, a menudo porque sus listas originales de clientes no contienen suficiente información. Es imprescindible poder sacar información sobre las compras y las transacciones de nuestros clientes (lo que nos compran, lo que nos compraron y el número de veces que nos compraron), así como cualquier otro dato psicográfico y demográfico que podamos obtener.

Ésta es una lección que Geoff Wolf aprendió cuando abrió su empresa de venta por catálogo y que le hizo revisar las técnicas de marketing que venía utilizando en su establecimiento. Se dio cuenta de que también allí podía usar técnicas de marketing directo para aumentar las ventas. «Lo primero que hice fue mejorar mi base de datos de clientes», dice. «En cuanto empezamos con la venta por correo enseñamos a nuestros vendedores a conseguir esa información directamente de los clientes.» Los Wolf empezaron utilizando la venta directa de diversas maneras: cartas personalizadas, programas de fidelización y boletines especializados. Una sección del establecimiento que marchaba bien, además de los artículos ecuestres, era la de los trenes. Lanzaron un Club de Maquinistas para niños que coleccionan trenes de juguete y empezaron a enviar boletines sobre trenes que incluían ofertas especiales. Los resultados se hicieron notar de inmediato: cada vez que hacían un envío, las ventas aumentaban.

Su presupuesto para publicidad en el apartado de venta directa pasó del 15% al 70%. Una sugerencia que hace Wolf a las pequeñas empresas es que hagan un envío de tarjetas postales para depurar su lista de correo. La figura 12.2 muestra una que él utilizó para anunciar unas rebajas de verano en A Unicorn's Garden. «Por 20 centavos se puede enviar una tarjeta por correo de primera clase que se devuelve al remitente si no se encuentra al destinatario. Cuesta menos que enviar una carta de primera clase y además podemos eliminar los nombres de la lista que ya no son válidos. Pienso que todo comercio debería hacer esto una vez al año.»

★ *Demos a nuestras iniciativas de marketing la posibilidad de demostrar que funcionan.* No toda campaña o boletín va a dar resultados inmediatos. Las pequeñas empresas no se dan cuenta a veces de que en el marketing directo quizá no se gane dinero durante un tiempo. Esta píldora les resulta difícil de tragar, pero es necesaria. Todos hemos oído historias de éxitos repentinos por valor de millones de dólares, pero éstas son la excepción de la regla.

**CONSEJO:** En el marketing directo, a menudo se da el caso de que al principio se pierde dinero. Pero no veamos esto como una pérdida de dinero, sino como una adquisición de experiencia. Somos detectives que vamos buscando un lugar en el mercado. Tenemos que seguir todas las pistas, aunque el final no den resultados positivos. Si perseveramos tendremos nuestra recompensa.

Tampoco las grandes empresas tienen resultados millonarios de golpe. Cuando yo trabajaba en Meredith Corporation, quisimos lanzar un libro de cocina titulado *Better Homes and Gardens*. Durante tres temporadas probamos con distintos métodos de marketing y ninguno funcionó. La cuarta vez conseguimos encontrar la oferta y los destinatarios apropiados. Pero la fórmula sufrió muchos cambios antes de tenerla a punto. Y cuando la tuvimos fue un gran éxito y resultó muy rentable.

★ *Usemos con sensatez los presupuestos bajos.* El inconveniente más obvio que tiene una pequeña empresa cuando entra en el marketing directo es el bajo presupuesto. Al empezar una campaña es necesario hacer un análisis minucioso de los recursos disponibles. A veces puede ser mejor aplazar un plan hasta que tengamos más dinero para llevarlo adelante. Si sólo nos llega para hacer una prueba y ésta no tiene éxito, ¿qué hacemos entonces? En tal caso, quizá fuese mejor esperar o buscar inversores que aporten capital.

**Figura 12.2.** Los dueños del establecimiento A Unicorn's Garden envían postales para anunciar las rebajas y como un método para limpiar sus bases de datos.

Estudiemos todas las posibilidades. Si somos fabricantes, quizá sea viable probar nuestro producto en el catálogo de otra empresa o dentro de un paquete de publicidad directa. Si, por ejemplo, fabricamos un artículo relacionado con las manualidades podemos ponernos en contacto con un editor de libros de trabajos manuales para que al servir los pedidos incluya nuestra publicidad en el paquete. A cambio le pagaríamos una cierta cantidad por millar, pero esto puede darnos la oportunidad de evaluar nuestro producto por poco dinero en un envío ajeno.

Por regla general, la manera más económica de empezar es probando con un anuncio de respuesta directa, quizá en la sección de anuncios clasificados de una publicación apropiada. Ésta puede ser una buena forma de introducir nuestro producto. Si lo que ofrecemos es un servicio, seguramente utilizaremos el método de las dos etapas, donde la primera sería una oferta de información relacionada con nuestro producto u oficio, por ejemplo, enviando a quien la solicite una guía sobre nuestra actividad concreta, y la segunda la conversión de esa solicitud de información en una venta.

*Estimados amigos de*
**A Unicorn's Garden**,

A Unicorn's Garden
120 W. 8th St.
Durango, CO 81301
(970) 247-3947

Sé que parece increíble, pero la nueva ropa de otoño estará aquí dentro de unas semanas. Ofrezco a nuestros estimados clientes un **35%** de descuento en artículos selectos de verano de firmas como Gramicci, Jeannie Mac, Guess y Mousefeathers.

Éste es el momento de hacerse con pantalones cortos y camisetas ahorrándose una considerable cantidad de dinero. También tenemos pantalones para montañismo, trajes de playa y bañadores. Pásense pronto por aquí porque ya saben que estas cosas vuelan.

**Novedades**
*de* **Garden**

Prueben el increíble «¡Saltador de aire!» Para viajes tenemos el «Parchís magnético». Si hace mucho que no vienen por aquí hay montones de juguetes para el verano, para viajes y para cumpleaños. Entra en nuestro Club de Cumpleaños y conseguirás helados y un regalo gratis.

**P.D.** *Ven con esta tarjeta y tendrás un 20% de descuento en todos los zapatos y sandalias.*

*Oferta válida hasta el 30 de julio de 1995. Abrimos todos los días.*

**Figura 12.2.** (Continuación.)

No obstante, si disponemos de presupuesto, la venta por correo suele ser la mejor manera de gastarlo, pues es el medio más selectivo y da los mejores índices de respuesta.

★ *Hagamos ofertas lo más interesantes posible.* Reconozcámoslo: Cuesta mucho trabajo conseguir que la gente cambie sus hábitos de compra. Muchos pequeños empresarios dicen: «No puedo permitirme rebajar o regalar mis productos». Si no queremos regalarlos, ofrezcamos un artículo ajeno como regalo por la compra de uno de los nuestros a su precio normal. Pero cerciorémonos de que incluimos algún tipo de oferta, algo que haga difícil que nuestro posible cliente se resista a comprar.

★ *Forjemos relaciones con nuestros proveedores.* Una de las cosas más importantes que podemos hacer cuando entramos en el marketing directo es establecer relaciones con nuestros proveedores como las que establecemos con los clientes. Pongámonos manos a la obra. Busquemos varias imprentas en nuestra zona; contactemos con diseñadores, publicistas, agentes de listas, servicios de tratamiento postal, con todo aquel profesional que podamos necesitar para nuestra campaña de marketing. Aprovechemos nuestra situación de pequeña empresa. Si buscamos, podemos encontrar algún proveedor que esté dispuesto a dar una oportunidad a un principiante. A veces un agente de listas puede conseguir un descuento la primera vez que se prueba una lista. Nos sorprendería descubrir cuántos proveedores están dispuestos a ayudarnos a despegar. Quizá nos pidan una suma elevada en concepto de fianza, o incluso el pago completo por adelantado si no hemos aportado referencias; pero, por lo general, también están deseosos de compartir su saber y su experiencia con alguien que está empezando.

★ *Pidamos consejo profesional.* Si vamos a sacar un anuncio en distintas publicaciones, preguntemos a los directores de publicidad si creen que dará buen resultado y si podemos hacer algo para que resalte en su periódico o revista. Si vamos a hacer un catálogo, busquemos a personas con experiencia en sectores que no supongan competencia para nosotros y pidámosles consejo. A casi todo el mundo le halaga que le pregunten y le gusta compartir lo que saben. Cuando estemos diseñando un boletín de pedido, mostrémoslo a las personas que van a introducir los datos en el ordenador, ya sean de nuestra propia empresa o de un servicio externo. Preguntémosles si hemos incluido toda la información necesaria y si el diseño les facilita la labor. Y antes de hacer un envío, consultemos siempre en la oficina de correos si disponemos de todos los permisos necesarios (para correo masivo) y si todo lo que hemos diseñado se atiene a sus normas.

### No perdamos de vista nuestra idea inicial

Y ahora viene un consejo que aparentemente se contradice con lo que acabamos de decir. A saber: pidamos consejo profesional, pero no perdamos de vista nuestra idea inicial. No dejemos que nadie nos venda su mercancía porque digan que saben «todo lo que hay que saber del marketing directo». En este negocio no hay normas estrictas. Algo que no le ha funcionado a noventa y nueve personas puede ser un éxito arrollador con la que hace cien.

Una manera de evitar problemas es que un diseñador nos haga un borrador completo (también se le llama maqueta) de nuestro anuncio, catálogo o folleto, que nos dará una idea muy aproximada de cómo quedará una vez terminado. A veces el diseñador o la agencia nos dirá: «Así es básicamente como va a quedar. Con esto se puede hacer una idea general». Pero si no tenemos demasiada experiencia, quizá no baste con una idea general. El diseñador puede tener una visión muy distinta de lo que queremos, y una vez hechas las fotografías y la composición es muy difícil cambiarlo. Pero las maquetas siempre se pueden revisar. Si queremos que se hagan cambios, discutámoslos con los diseñadores y confirmémoslos por escrito para que no haya malentendidos.

El marketing directo refleja nuestras ideas y nuestra personalidad. Nadie sabe mejor que nosotros mismos cómo hemos de vender nuestro producto; ni una agencia de marketing directo ni un publicitario. Aceptemos los consejos que mejoren nuestra idea. Pero lo más normal es que si nos dejamos guiar por el instinto nuestro producto será un éxito.

### Lista de control

#### DIEZ SECRETOS PARA LOGRAR EL ÉXITO EN LA PEQUEÑA EMPRESA

- ☑ Aprovechemos el hecho de ser pequeños
- ☑ Empecemos poco a poco pero teniendo grandes planes
- ☑ Forjemos relaciones duraderas con nuestros clientes

- ☑ Hagamos hincapié en nuestra garantía
- ☑ Mantengamos nuestra base de datos en orden desde el principio
- ☑ Demos a nuestras iniciativas de marketing la posibilidad de demostrar que funcionan
- ☑ Usemos con sensatez los presupuestos bajos
- ☑ Hagamos ofertas lo más interesantes posible
- ☑ Forjemos relaciones con nuestros proveedores
- ☑ Pidamos consejo profesional

# 13
# EL MARKETING DIRECTO EN EL SIGLO XXI

Los avances tecnológicos del siglo XX han influido en todas las áreas de la vida actual, y el marketing directo no es ninguna excepción. A principios de siglo, la única forma de marketing directo que existía era el catálogo, que constituía una bendición para los habitantes de zonas rurales. Podían tardar meses en recibir uno por correo, y aún les podía llevar varios meses más recibir la mercancía que habían pedido, pero les permitía acceder a productos que no podían fabricar por sí mismos ni comprar en los alrededores.

El marketing directo ha ido evolucionando de forma constante durante los cien últimos años. En el siglo XXI seguirá evolucionando, y con mayor rapidez que en el actual gracias a las nuevas tecnologías informáticas, la televisión por cable y los sistemas de comunicación telefónica. Estas tecnologías nos están acercando más que nunca al auténtico objetivo del marketing directo: la capacidad de establecer relaciones con cada cliente individualmente y de generar una respuesta rentable inmediata.

## Construcción individualizada de relaciones futuras

Cuando, hace años, trabajaba en Meredith Corporation, la estrategia para vender libros de cocina, de jardinería y de manualidades era realizar envíos masivos de publicidad a «las mujeres estadounidenses». No teníamos la más remota idea de quiénes eran en realidad estas mujeres, y en nuestra mente se representaban como una gran masa de clientas. Con este método de marketing masivo vendíamos libros, pero hacíamos perder a la empresa ingentes cantidades de tiempo, dinero y energía.

A medida que mejoraban las tecnologías informáticas y conseguíamos refinar y mejorar nuestra base de datos, comenzamos a enterarnos de quiénes eran en realidad nuestras clientas. Descubrimos quién compraba libros de cocina, quién compraba libros de jardinería y quién compraba libros de manualidades. Ya no le vendíamos a «las mujeres estadounidenses», sino a clientas concretas. Es mucho más fácil atender a nuestros clientes, darles lo que quieren y necesitan, cuando conseguimos verlos como individuos. Y, por idealista que pueda parecer, es mucho más fácil preocuparse por los clientes cuando se sabe quiénes son en realidad.

Las relaciones con los clientes que se construyen de manera individualizada son el futuro del marketing directo. Cuando se pregunta por el futuro a los profesionales del sector, la mayor parte de ellos suelen empezar a hablar de tecnología. Sin embargo, el futuro del marketing directo está condicionado por programas fundamentales de bajas exigencias tecnológicas que hay que atender antes de sacar provecho de lo que las nuevas tecnologías pueden ofrecernos. Estos programas son los servicios de atención al cliente, los programas de fidelización y los servicios posventa.

### Regreso al futuro: mejora del servicio de atención al cliente

Hay en mi barrio un restaurante chino que nunca he visitado personalmente y del que, sin embargo, soy clienta asidua. Cuando lo inauguraron enviaron una carta a todos los vecinos de la zona. Decidí probar su servicio de entrega a domicilio e hice un pedido. La comida era buena, así que volví a llamar pocas semanas después. Cuando les dije mi nombre, tenían todos mis datos metidos en el ordenador. No sólo tenían mi nombre y dirección; sabían lo que había pedido la última vez y me preguntaron si quería otra vez Pollo del General Tso o cualquier otro plato igual de delicioso. Hay muchos más restaurantes chinos en mi barrio, algunos con mejor comida que éste. Pero ninguno de ellos hace que me sienta tan especial ni me tratan de forma tan personalizada como en éste, y es el que más frecuento por su magnífica atención al cliente.

El resultado del continuo crecimiento del marketing directo es que nuestras opciones de compra están aumentando rápidamente. Los mismos productos se pueden encontrar en un número de sitios cada vez mayor. Probablemente no será la superioridad de sus productos lo que determine qué empresas van a sobrevivir y prosperar en el próximo siglo, sino más bien su capacidad para detectar y satisfacer las necesidades de clientes concretos.

Recientemente, uno de los canales de venta por televisión presentó un programa informático completamente nuevo en el mercado. El presentador invitó a los espectadores a enviarle por fax cualquier pregunta que tuviesen sobre el programa, y las fue respondiendo en directo a medida que le llegaban. Esto es el no va más en atención al cliente: dar respuesta a los intereses de cada cliente *antes* de que compren nuestro producto.

Ahora los consumidores compramos de forma más inteligente que nunca. Y, también más que nunca, compramos motivados por la comodidad. Un producto no tiene por qué ser necesariamente el mejor de su clase si podemos comprarlo con facilidad y recibirlo con rapidez. No hace demasiado tiempo, los sociólogos pronosticaban que la llegada de las nuevas tecnologías nos dejaría más tiempo libre, pero esto aún no se ha producido. La vida es más fácil en muchos sentidos, pero no es en absoluto más sencilla. Es como si cuantos más instrumentos tengamos para ahorrar tiempo, más tiempo necesitásemos. Un buen servicio significa mucho para los clientes, y significará todavía más cuanto más ajetreada sea nuestra vida. A largo plazo, dependeremos de las empresas que contribuyan a que ésta discurra con normalidad.

## PROGRAMAS DE FIDELIZACIÓN: LA «TIENDA DE LA ESQUINA» DEL SIGLO XXI

Muchas empresas piensan que los programas de fidelización, como los descritos en el capítulo 10, son instrumentos de venta eficaces, pero nada más. Están equivocadas. A medida que crece el marketing directo, empresas, marcas y productos concretos van a tener que utilizarlos más que nunca. Si no conseguimos que les merezca la pena, no hay grandes razones para que los clientes que compran a través del marketing directo sigan siéndonos fieles. No nos conocen. No les importa si estamos cerca de ellos o no (de hecho, desde la llegada de las líneas de llamada gratuita casi nadie sabe dónde estamos ubicados). Y los clientes saben que si no tenemos exactamente lo que ellos quieren, es muy probable que en breve les llegue al buzón un producto o un servicio similar.

Para vender inteligentemente en el futuro, tendremos que encontrar formas de hacer de la lealtad algo todavía más atractivo y gratificante. Los buenos programas de fidelización crean un vínculo entre nuestra empresa y el cliente individual que crece continuamente y cada vez es más difícil de romper. Estos programas crean una base de clientes con un interés personal en nuestro éxito. Nuestros clientes quieren seguir teniendo trato con nosotros para poder recoger la recompensa que se les ha prometido, ya sean viajes gratis en avión, descuentos en los productos que compren o un boletín repleto de información.

En el futuro, las empresas van a tener que aprovecharse de la alta tecnología para mantener relaciones personales, por contradictorio que esto pueda parecer. Las nuevas tecnologías nos permiten forjar relaciones más íntimas con nuestros clientes porque sabemos más sobre ellos. Una de las razones de que los clientes sigan siendo fieles a «la tienda de la esquina» es porque los tenderos saben cómo se llaman, conocen a sus hijos y conocen sus hábitos de compra. Los tenderos les saludan personalmente y les tratan bien. Los clientes responden a ese tipo de relación independientemente de lo grande que sea la empresa.

Por tanto, las empresas tendrán que usar sus recursos tecnológicos para crearse una «personalidad». La publicidad general utilizó a Frank Purdue, a Tom Carvel y a Orville Redenbacher. Los canales de televenta dependen de sus presentadores para establecer relaciones con los espectadores. Quienes venden a través del marketing directo van a tener que buscar métodos similares para que el público identifique su producto o su empresa con una persona real. Es mucho más difícil cortar una relación con una persona real que con una gran empresa; baste pensar en la ansiedad que nos produce cambiar de dentista o ir a un peluquero nuevo.

### Servicio posventa

El concepto de servicio posventa no es nuevo, pero, aunque lleva utilizándose desde hace años, no todo el mundo ha sabido aprovechar su potencial. Prestar un servicio posventa significa ofrecer a nuestros clientes un servicio continuado y nuevos productos una vez que han hecho una primera compra. Una oferta a vuelta de correo es un ejemplo básico de servicio posventa. Los camareros y las camareras lo utilizan continuamente. Cuando terminamos la comida, se acercan a la mesa y nos preguntan: «¿Desean algo más? ¿Café? ¿Postre?». La pregunta «¿Desean algo más?» es la clave del servicio posventa, y es una pregunta que demasiadas empresas no consiguen responder.

Ofrecer un servicio posventa significa seguir vendiendo. No tiene sentido crear una base de datos a menos que vayamos a seguir vendiendo continuamente al mismo cliente. Significa no dejar de hacerse esta pregunta: «¿Cuál es el siguiente producto o servicio que puedo ofrecer a mis clientes?». Con frecuencia, estos clientes quieren tener noticias nuestras y se sienten decepcionados cuando no las reciben. El año pasado respondí a una oferta que vi en el reverso de una caja de bolsas de té. La oferta consistía en que por tres pruebas de compra del producto y 3,95 dólares podía conseguir una lata de té decorada. Salí a propósito para comprar otros dos paquetes de esa marca de té (marca que no uso habitualmente), envié el dinero y recibí la lata. Pero jamás volví a saber nada de ellos. Una vez que pedí la lata se hicieron con mi nombre y dirección. Les habría traído cuenta enviarme más ofertas, cupones para comprar más té o anuncios de nuevos productos. Pero ellos no aprovecharon una oportunidad perfecta para establecer una relación duradera y yo me pasé a una marca de té menos cara.

El futuro del marketing directo radica en gran medida en las iniciativas de marketing continuas. En un artículo titulado «The End of Mass Marketing», los autores Don Peppers y Martha Rogers (*Marketing Tools*, marzo-abril de 1995) sostienen que el marketing individualizado es el futuro del marketing directo, y que el «principal objetivo del marketing en ese futuro individualizado no es encontrar clientes para nuestros productos, sino encontrar más productos y servicios para nuestros clientes».

Las tecnologías informáticas y las bases de datos ya nos permiten saber mucho sobre nuestros clientes. El futuro del marketing directo está en el uso de esos datos para crear productos y servicios a medida que satisfagan las necesidades de cada cliente. En el sector editorial hay ya ejemplos de esto con un proceso llamado edición selectiva. *Sports Illustrated*, de Times Inc., publica varias versiones para sus suscriptores. La revista les envió cuestionarios de respuesta directa preguntándoles sobre sus preferencias de lectura. Basándose en sus respuestas, 800.000 de sus más de tres millones de suscriptores comenzaron a recibir ediciones de *Sports Illustrated* que incluyen el «N.F.L. Plus», un cuadernillo central de dos páginas que se incluye en la revista durante la temporada de fútbol. Y otros 400.000 reciben ejemplares que contienen el suplemento «Golf Plus» todas las semanas de enero a septiembre. La revista *Child* pregunta a sus suscriptores la fecha de nacimiento de sus hijos, y utilizando esa información les envía mensualmente suplementos específicos para niños de la edad de los suyos.

**CONSEJO:** El servicio individualizado es la clave del futuro del marketing directo. Es lo que hace que los clientes vuelvan por más. Las empresas ya no pueden permitirse vendernos un producto y abandonarnos. Hay demasiadas oportunidades de irse a otro sitio en busca de lo que queremos.

### La respuesta directa en la radio

A medida que los medios de radiodifusión han ido creciendo y cambiando, también ha cambiado su relación con el marketing directo. La respuesta directa en la radio es una de las áreas de mayor auge en este sector. La radio es una de las formas más rentables de vender nuestro producto. Mientras que los costes cada vez mayores de producción y del papel han supuesto un gran daño para la difusión de periódicos y revistas, los costes de la radio se han mantenido en torno a los tres dólares por millar de oyentes durante los diez últimos años. Producir un anuncio de televisión puede costar cientos de miles de dólares, mientras que en la radio uno de la misma duración suele costar menos de 1.000 dólares.

Una de las razones de la eficacia de la radio es que la programación se ha diversificado cada vez más para poder dirigirse a distintos grupos de oyentes con intereses especiales. Entre las actuales fórmulas de emisoras de todo el país se encuentran las dedicadas al rock duro, a la música comercial, a la música *new age*, a la tercera edad, a la música *country*, a la clásica, al jazz, las que emiten sólo noticias, sólo deportes o sólo debates. Algunas emisoras se dirigen a grupos étnicos específicos. Las emisoras de radio, y a veces programas concretos de las mismas, llegan a grupos de personas con rasgos demográficos y psicológicos muy específicos. Si nuestro servicio o producto va dirigido a consumidores que tienen esos rasgos, el tiempo de emisión que contratemos puede ser muy rentable.

La idea es escoger la emisora que se ocupe del tipo de público al que dirigimos nuestro producto. Si vendemos patines de ruedas en línea, podemos optar por anunciarnos en la emisora que sólo emite deportes, pero lo más probable es que el público más receptivo a nuestro artículo esté escuchando rock duro. Si vendemos pintura, lo más probable es que acudamos a una emisora de música clásica en busca de una mejor respuesta.

En la radio, cuando más audiencia hay (y cuando más caro resulta anunciarse) es de las seis a las diez de la mañana y de tres a siete de la tarde, intervalos conocidos como horario de desplazamiento. Son horas en las que muchas personas van y vienen del trabajo escuchando la radio en el coche. Antes la publicidad de respuesta directa no daba buen resultado durante esas horas, pues la gente no tenía manera de responder desde sus vehículos. La aparición del teléfono móvil ha cambiado esta situación; de hecho, da a la gente algo en qué ocupar el tiempo que pasan al volante.

Otra ventaja de la radio es el respaldo implícito que da al producto. En algunos programas, será el propio presentador quien lea nuestro anuncio en lugar de reproducir una grabación. El efecto que se consigue es el de un apoyo expreso por parte de éste, independientemente de que haya probado o no el producto. Podemos ponernos en contacto con las emisoras de radio para negociar nosotros mismos los precios o recurrir a un servicio de contratación publicitaria.

### La respuesta directa en la televisión

La respuesta directa en televisión ha experimentado un espectacular crecimiento en los años noventa y seguirá creciendo durante el próximo siglo. Según la revista *Response TV* (marzo de 1995), en 1980 una persona pasaba diez horas mensuales en los centros comerciales. En 1990, esa cantidad había descendido a cuatro horas al mes. ¿Adónde han ido a parar las seis horas que faltan de tiempo dedicado a las compras? Aparentemente, ese tiempo, y aún más, se ha desplazado a la compra directa por televisión. Los estudios demuestran que más de un tercio de los estadounidenses ven la televisión todas las noches. Diez millones de ellos son clientes de QVC y de Home Shopping Network. Sólo QVC tiene 100.000 nuevos clientes cada mes.

La respuesta directa no es nueva en televisión. Según Fred Schwartzfarb, director de publicidad de respuesta directa nacional de la cadena de televisión por cable CNBC, cuando la televisión daba sus primeros pasos la programación no estaba estructurada con tanta rigidez como en la actualidad. «Un programa que empezaba a las 7.00 podía acabar a las 8.17 y el siguiente tenía previsto su inicio para las 8.30», dice Schwartzfarb. «Para llenar el tiempo, las emisoras locales a lo mejor emitían una demostración en directo de un producto en el que se daba un número de teléfono de la localidad o una dirección donde uno podía enviar su cheque o su giro postal.»

En los años setenta, los satélites multiplicaron el crecimiento de la televisión por cable. En la década siguiente, los sectores de la publicidad y del marketing directo empezaron a ver el potencial del mercado del cable y nació el publirreportaje. Los estadounidenses los ven y responden a ellos en cantidades que no tienen parangón. «Hoy en día, algunas de las cadenas de televisión por cable más importantes deben el 30% o 40% de sus ingresos a los publirreportajes», dice Schwartzfarb. «La proliferación de este tipo de televisiones ha hecho que muchas más empresas puedan acceder a este tipo de publicidad. Mientras que un anuncio de 30 segundos en un programa como *Larry King Live* puede llegar a costar 30.000 dólares, y la misma cantidad de tiempo durante un partido de liga de la Superbowl puede ascender a 900.000, un minuto en horario nocturno en una emisora por cable como la CNBC puede costar apenas 300.»

**CONSEJO:** Aunque el tiempo de emisión pueda ser barato, los publirreportajes requieren grandes inversiones de dinero. Los costes de producción de un anuncio de formato breve de 60 segundos pueden ir de los 10.000 a los 90.000 dólares, mientras que un espacio de formato largo de media hora puede subir a los 100.000, 400.000 o 500.000 dólares.

La siguiente fase de desarrollo se va a centrar en la mejora y expansión de la televisión interactiva. Los profesionales del sector se han visto alentados por éxitos como el de la Arts and Antiques Network, que ideó un sistema para poder realizar subastas interactivas con sus espectadores. Los clientes llaman a un número gratuito para inscribirse en la subasta a la que deseen «asistir». Entonces se les envía por correo el correspondiente catálogo, deciden cuánto dinero les gustaría tener disponible para pujar y, mediante un teléfono de tonos, transfieren fondos de su banco a un banco que trabaja en conjunción con la emisora por cable. Durante la subasta, los clientes llaman cuando desean pujar. Si hacen una compra, la cantidad se resta de su cuenta de la subasta. El dinero que quede al finalizar ésta se devuelve a los bancos de los clientes.

Las oportunidades de compra interactiva del futuro aún no están plenamente desarrolladas. El objetivo último es lo que se viene llamando «red de servicios integrados». Esto permitirá a los clientes usar sus televisores para pasear por «comercios virtuales» usando el mando a distancia. Los espectadores pueden entrar a comprar en un establecimiento concreto y pedir que les enseñen todos los abrigos de invierno que hay a la venta, por ejemplo. Entonces pueden pedir información sobre los que les gusten e incluso sacarla por impresoras especiales conectadas a sus aparatos de red de servicios integrados. Sin embargo, el sector en su conjunto está atravesando los típicos altibajos de una tecnología que está en sus inicios. Se han anunciado planes para muchos servicios interactivos y canales de compra desde casa que después se han retrasado y finalmente han quedado suspendidos. Las pruebas realizadas han dado resultados poco brillantes y se han puesto de manifiesto las imperfecciones de la tecnología. Pero es una mera cuestión de tiempo; los sistemas se perfeccionarán y la compra interactiva pasará a formar parte del estilo de vida norteamericano.

## La venta en Internet

Hoy en día Internet es al marketing directo lo que la televisión fue para la publicidad en los años cuarenta. Está abriendo todo un mundo nuevo de posibilidades, con todos sus defectos y todas sus particularidades.

Se calcula que esta red interconectada que empezó en 1969 con cuatro ordenadores conectará a más de 50 millones de personas de 150 países a finales de siglo.

Internet empezó como un instrumento de investigación y comunicaciones y no se diseñó con fines comerciales. Hay muchos usuarios que creen que debería seguir teniendo ese carácter y luchan contra su flagrante mercantilización. Sin embargo, los vendedores y los publicistas más innovadores ya están desarrollando nuevas formas de comunicación con los usuarios de Internet, adaptando las viejas técnicas del marketing a las nuevas tecnologías.

Según Ron Martin, consultor creativo y de marketing, Internet está suscitando el mismo tipo de dilema que creó la televisión en sus inicios. «Los pioneros de la publicidad en televisión no hacían más que reproducir los esquemas de la publicidad radiofónica», dice Martin. «Hasta que empezaron a descubrir cómo funcionaba la televisión, y a comprender el lenguaje que se estaba creando para el medio, siguieron hablando en el idioma que utilizaban antes, que era el de la radio. Ahora, las empresas tratan de venderse a sí mismas y de vender sus productos utilizando las tecnologías tradicionales de respuesta directa. Aún no comprenden el lenguaje y la cultura de Internet.»

Los usuarios de Internet son un nuevo género de consumidores aún por explorar. Todavía no conocemos sus hábitos de compra y sus sensibilidades, y la tecnología está cambiando con tanta rapidez que quizá pasen años antes de que podamos conocer sus intereses. Hace muy poco tiempo había que ser experto en informática para usar Internet. Apenas un pequeño porcentaje de las personas que tenían ordenador disponían del equipo necesario para conectarse con este servicio, y muy pocos de ellos lo comprendían lo suficiente para moverse por el ciberespacio.

Ahora muchos ordenadores vienen ya con el módem instalado y con todas las aplicaciones necesarias para acceder a Internet. La sencillez de uso de una tecnología donde basta con señalar en la pantalla del ratón y pulsar en el sitio deseado facilitará a todo el mundo el uso de Internet y el crecimiento de este mercado será explosivo.

## El salto a la red: pros y contras

¿Es absolutamente necesario para quienes venden a través del marketing directo subirse al tren de Internet? En cualquier tecnología en fase de desarrollo hay ventajas e inconvenientes. Las ventajas de utilizar la red en este preciso instante son:

★ *Salir con ventaja.* «Ciertas empresas se van a beneficiar mucho antes que otras», dice Ron Martin. «La clave no está en cuánto se va a tardar en conseguir beneficios. La clave está en llegar y estar presente en la fase de aprendizaje, de tal manera que a medida que la gente empiece a comprar en la red nosotros vayamos siempre un paso por delante de la competencia.» Si somos de los primeros de nuestro sector en llegar a Internet, podemos crear un hueco de mercado propio en el que a los demás les costará entrar luego.

★ *Coste.* Como pasa con cualquier medio que está empezando, los costes de la publicidad son relativamente bajos. Como el mercado potencial es inmenso, trae cuenta empezar a experimentar ahora que podemos permitirnos cometer errores y aprender de ellos.

★ *Flexibilidad.* Las mayores limitaciones de la venta por correo son los costes de introducir cambios. Si queremos modificar el precio de un artículo, o si queremos cambiar el texto, hemos de volver a imprimir y enviar todo el catálogo. Esto puede costar mucho dinero y mucho tiempo. En Internet se pueden hacer cambios en el momento que queramos; podemos añadir y eliminar artículos, editar el texto y reemplazar los gráficos. Los únicos costes son los del tiempo que se tarda en programar los propios cambios, que quedarán reflejados en la pantalla de forma inmediata.

- ★ *Entorno de valor añadido.* La mayor ventaja de Internet es su capacidad para difundir información. Los usuarios de Internet tienen, por regla general, mayor nivel académico y social que otros consumidores. Aunque quizá no sean del todo receptivos a la publicidad de la red, sí son receptivos a la información. Éste es un sitio magnífico para establecer centros de servicio al cliente que ofrezcan información gratuita, orientación técnica y actualizaciones de los productos.
- ★ *Segmentación.* Muchas de las personas que usan Internet ya se han autosegmentado en grupos de intereses especiales. Hay foros o grupos de noticias para personas interesadas en multitud de temas, desde la paleontología a las telecomedias. Si tenemos un producto o un servicio dirigido a un público especializado, quizá ya tengamos en la red un mercado específico esperándonos.

Los inconvenientes de saltar a la red son:

- ★ *Seguridad.* Debido a la ingente cantidad de personas que están conectadas a la red y a la relativa facilidad de violación de la información, muchos consumidores son reacios a dar los datos de su tarjeta de crédito por vía informática. Las oportunidades de abuso son numerosas. Sin embargo, ya se están elaborando programas que permitirán a los usuarios hacer llegar una versión codificada del número de su tarjeta de crédito al vendedor, quien a su vez la enviará al banco o a la central de tarjetas de crédito donde lo descodificarán y lo procesarán.
- ★ *Visibilidad.* En el mundo real, cuando vamos por una carretera, cuando paseamos por la calle o cuando entramos en una tienda, podemos ver anuncios y escaparates que nos orientan hacia diversos productos. Si ponemos un anuncio de respuesta directa en un periódico o en una revista, podemos estar seguros de que algún suscriptor al menos volverá la página y mirará nuestro anuncio, aunque luego no responda a él. Por la estructuración actual de Internet, este tipo de visibilidad no existe en la red. Los usuarios pueden no llegar a saber nunca que existe nuestro

sitio (nuestro escaparate electrónico). Si queremos vender en Internet, hemos de buscar formas creativas de atraer a la gente hacia él.

★ *Exposición negativa.* Internet es un medio atractivo. Quien entra en la red tiene la posibilidad de comunicarse con millones de usuarios. Por tanto, si alguien no queda satisfecho con nuestro producto o servicio, pueden hacérselo saber de inmediato a millones de consumidores de todo el mundo.

Esta capacidad de comunicarse con millones de personas es motivo de preocupación para muchos usuarios del ciberespacio. Una práctica llamada *spamming*, o envío de publicidad no solicitada por correo electrónico a grandes cantidades de personas, ha cosechado numerosas reacciones negativas. También causa preocupación en círculos gubernamentales. La Comisión Federal de Comercio está tratando de regular las prácticas publicitarias en la red para proteger la intimidad al tiempo que se respetan los derechos recogidos en la Primera Enmienda de la Constitución de Estados Unidos.

## Estudio de casos: éxitos en Internet

Hay muchas empresas que en la actualidad están probando tácticas de marketing en Internet. A continuación figuran algunos ejemplos:

★ *1-800-Flowers.* Presente en la red desde 1994, 1-800-Flowers fue una de las empresas pioneras en probar este tipo de marketing. En 1995 generó 15 millones de dólares, el 10% de su volumen total de ventas, a través de la red. También presta a sus clientes un servicio de valor añadido llamado «Gift Reminder», en el cual los usuarios que se registran dan a 1-800-Flowers una lista con un máximo de 50 fechas importantes que desean recordar y la empresa envía al cliente una tarjeta postal cinco días antes de cada fecha.

★ *Kmart.* Phoenix fue el banco de pruebas para Kmart, un servicio de entrega a domicilio al que se puede acceder a través de America Online. Los clientes pueden ver 8.000 productos, elegir lo que les guste y recibirlos en su casa en el mismo día (con un precio por el servicio de 5,95 dólares).

★ *Federal Express y UPS.* Ambas empresas permiten a los usuarios de Internet consultar la situación de un envío tecleando un código.

- ★ *Ragu.* Esta empresa ya está trabajando en la humanización de la red. Han creado un sitio llamado «Mama's Cucina» que incluye recetas, consejos de cocina, concursos con un viaje a Italia de premio, clases de conversación en italiano e información sobre nutrición y sobre diversos productos.
- ★ *Pizza Hut.* También esta empresa está en la red desde 1994 en áreas concretas, permitiendo a los clientes de esas zonas encargar pizzas a través del ordenador.
- ★ *SmithKline.* Cuando SmithKline Beecham Consumer Healthcare ofreció a los usuarios de Internet una muestra gratuita del dentífrico blanqueador Aqua-Fresh, recibieron más de 500 respuestas en tres semanas. Después la empresa envió una tarjeta con un cuestionario donde se solicitaba la opinión de los receptores de las muestras sobre el producto. Los nombres y las direcciones de quienes respondieron pasaron a formar parte de la base de datos de la empresa para futuras campañas de marketing directo.

Cada día se desarrollan nuevas tecnologías que tendrán su influencia en el marketing directo a través de Internet. Así, por ejemplo, Anderson Consulting ha puesto en marcha recientemente un servicio llamado «Bargain Finder», un buscador electrónico de discos compactos. Los consumidores visitan el sitio de «Bargain Finder» en Internet y escriben el nombre del artista y el álbum que quieren comprar. Entonces el programa busca en todos los sitios de la red que ofrecen ese título concreto y elabora un listado con los distintos precios y con enlaces a los sitios respectivos, lo que permite al cliente conectarse con el que más le convenga y hacer su pedido.

Es imposible saber cuál va a ser el futuro de Internet y el marketing directo. Quizá no todo el mundo pueda dar el salto a la red de inmediato, pero quienes empiecen pronto pueden ganar en competitividad de cara al próximo siglo.

### Lista de control

CONSTRUCCIÓN INDIVIDUALIZADA DE RELACIONES FUTURAS

- ☑ Mejora del servicio de atención al cliente
- ☑ Desarrollo de programas de fidelización
- ☑ Oferta de servicio posventa

RESPUESTA DIRECTA EN RADIO

☑ Elección de una emisora que dirija su programación a nuestra clientela típica

☑ Seleccionar la clientela potencial por horario o por programa

RESPUESTA DIRECTA EN TELEVISIÓN

☑ El horario nocturno en las emisoras de televisión por cable puede ser una alternativa económica para la emisión de publicidad de respuesta directa en formato corto y largo y de publirreportajes

☑ Los televisores pronto serán «videotiendas» interactivas

VENTA EN INTERNET

☑ Ventajas de dar el salto a la red
  ✓Salir con ventaja sobre la competencia
  ✓Los costes aún son relativamente bajos
  ✓Facilidad para realizar cambios en el texto de los anuncios
  ✓Permite una comunicación continua con los clientes
  ✓La segmentación facilita la búsqueda selectiva de clientes

☑ Inconvenientes de dar el salto a la red
  ✓Consideraciones de seguridad e intimidad
  ✓Sólo se llega a los clientes que buscan activamente
  ✓Se puede dar una rápida y extensa exposición negativa

# 14
# EL MARKETING DIRECTO EN EL MUNDO

El marketing directo es, sin lugar a dudas, un fenómeno estadounidense. Fue en este país donde se inició esta actividad y es en él donde se ha producido su espectacular crecimiento. Estados Unidos ha sido un terreno tan fértil para este sector porque se dan dos condiciones básicas: tiene una gran población y un nivel de renta relativamente alto. Aquí hay el suficiente número de personas que ganan el dinero suficiente para acoger la inmensa variedad de productos y servicios que se ofrecen. El marketing directo no ha tenido tanto éxito en países más pequeños porque no tienen un universo de población lo suficientemente amplio que disponga de medios para comprar. Países más grandes, como China, pueden tener un universo ingente de clientes potenciales, pero el porcentaje de personas con la capacidad económica necesaria para poder comprar ha sido muy pequeño.

Todo eso está cambiando con gran rapidez. Los progresos políticos y tecnológicos ya nos permiten vender a poblaciones y economías diversas, expandiendo la búsqueda de posibles nuevos clientes a todo el mundo. En otras palabras, podemos enviar nuestras ofertas a varios países a un mismo tiempo, ensanchando así nuestra base de compradores potenciales. Las fronteras entre muchas zonas de Europa han dejado de existir. Y los nuevos avances en tecnología de la comunicación y en productos informáticos no sólo nos permiten entrar en contacto con clientes de todo el mundo, sino también establecer con ellos relaciones personales duraderas.

Los profesionales del sector llevan muchos años debatiendo sobre el marketing directo a escala internacional, pero son relativamente pocas las empresas que se han aventurado en mercado extranjeros, y todavía menos las que han tenido éxito en sus esfuerzos. Son demasiados los que quieren aprovechar las oportunidades de negocio sin dedicar el tiempo necesario a investigar y evaluar. Si creemos que nuestro producto o servicio es apropiado para el mercado internacional, lo que hay que hacer es estudiar los mercados, hacer visitas exploratorias y aprender lo máximo posible sobre las leyes y normativas de cada país.

Por supuesto, son numerosas las preguntas que hemos de plantearnos antes de contemplar la posibilidad de vender nuestro producto o servicio fuera de nuestras fronteras, entre ellas las siguientes:

- ¿Tiene mi producto un atractivo universal? ¿Va a resultar interesante en todas partes sólo porque se venda bien en Estados Unidos?
- ¿En qué países concretos se va a vender mejor mi producto? ¿Por qué?
- ¿Hay en estos países productos ya establecidos que puedan suponer competencia para el mío? De ser así, ¿los he analizado lo suficiente para saber la suerte que puede correr mi producto frente a ellos?
- ¿Puedo utilizar la lengua inglesa para atraer a los clientes de estos países? En caso contrario, ¿me va a resultar fácil encontrar traductores cuyos servicios pueda pagar?

Un marketing auténticamente mundial, donde un solo envío pueda funcionar bien en cualquier parte del mundo, aún no es una realidad. Quien utilice el marketing directo ha de estar seguro de que sus productos son apropiados para las necesidades y la cultura de un país concreto. Hay varias zonas del mundo que ya ofrecen a los más audaces una oportunidad de entrar en este incipiente sector tan potencialmente lucrativo.

## Zonas con posibilidades

### *Canadá, Inglaterra e Irlanda*

A los clientes que están pensando en introducirse en nuevos mercados a menudo les aconsejo que empiecen por Canadá, pues canadienses y estadounidenses tienen muchas características comunes. De hecho, el 80% de los canadienses viven a dos horas de coche de Estados Unidos. Pero eso no significa que seamos iguales. Los dos países son muy diferentes. En general, los canadienses son más receptivos al marketing directo que los estadounidenses, y además reciben la mitad de ofertas, lo que significa que en sus buzones hay menos competencia.

**CONSEJO:** Algunos datos demográficos sobre Canadá:

Población: 29 millones
Divisa: Dólar canadiense
Composición familiar: 3,1 personas
Ingresos medios: 36.500 dólares USA
Composición étnica: el 43% de la población canadiense es de ascendencia inglesa o francesa. La población asiática registra un crecimiento más rápido que los demás grupos étnicos.

A continuación se incluyen algunos de los principales datos a tener cuenta para vender en Canadá:

★ La mayoría de los canadienses hablan el mismo idioma que nosotros, pero siguen escribiendo en el «inglés del Rey»;[1] no han adaptado la ortografía a la pronunciación y así, por ejemplo, palabras como «labour», «colour» o «flavour» siempre incluirán la *u* aunque no se pronuncie, al contrario que en el inglés de Estados Unidos, y nunca escribirán «check» sino «cheque», aunque la última *e* no suene. Los canadienses pueden distinguir un envío de marketing directo procedente del país vecino sólo con ver las diferencias ortográficas, lo que hace que se fijen más en las palabras que en el mensaje.

  Más del 25% de los canadienses hablan francés, y la inmensa mayoría de ellos viven en Quebec. Aunque éste es uno de los mercados más receptivos de Canadá, el marketing directo está sometido a normas muy estrictas. Una de las más importantes es que los envíos dirigidos a los habitantes francófonos de Quebec han de ir en francés (los agentes de listas pueden facilitar listados de los residentes de habla francesa). La provincia de Quebec prohibe enviar a sus residentes materiales redactados en inglés a menos que el destinatario haya solicitado expresamente que se le envíen en esa lengua. Algunas empresas tratan de sortear esta dificultad enviando textos bilingües, pero sus resultados se han revelado menos eficaces que los redactados sólo en francés.

★ El texto ha de sonar como si fuésemos canadienses. Si vamos a hacer un envío en francés, hemos de cerciorarnos de que es francés canadiense y no una mera traducción del texto norte-

1. El más puro o correcto, el que se atiene a la norma. (*N. del t.*)

americano. La solución es contratar a un canadiense para que lo traduzca o lo escriba. La dirección del remite ha de estar en Canadá y se ha de poder llamar desde allí al teléfono gratuito. No hemos de fingir que somos una empresa canadiense, pero sí hay que facilitarles la realización de pedidos. No debemos pedir a nuestros clientes que paguen más por comprar desde el otro lado de la frontera. Los precios han de ir expresados en dólares canadienses.

★ El texto debe ser conservador y formal. Los canadienses (que estuvieron bajo el dominio inglés 100 años más que nosotros) parecen haber conservado el sentido inglés de la contención en el habla y en la conducta. El texto publicitario ha de ser directo, evitando el uso del lenguaje coloquial y las promesas exageradas.

★ Hay que prever que los clientes nos paguen con cheque. Los canadienses no utilizan tanto como los estadounidenses el pago con tarjeta de crédito. Pagan en efectivo. En Canadá, muchas veces los boletines de pedido ni siquiera incluyen la opción de pago con tarjeta.

★ A los canadienses les gustan mucho los productos estadounidenses. Un estudio reciente publicado en *The Guidebook for Direct Marketing to Canada*, de Data Services Inc., reveló que, en conjunto, los canadienses pagan en su país un 68% más por productos similares y que las posibilidades de elección son menores. En consecuencia, es frecuente que crucen la frontera y se desplacen a ciudades limítrofes del país vecino para realizar compras, o que respondan a ofertas de productos estadounidenses realizadas a través de marketing directo. Además, como ocurre en otros muchos países, poseer productos estadounidenses confiere cierto nivel social. Los canadienses ven cadenas de televisión norteamericanas, leen revistas norteamericanas y quieren poseer productos norteamericanos por muy diversas razones, entre otras la familiaridad, la variedad, la calidad y el precio.

★ No hace falta describir los productos usando medidas métricas. Excepto en contados casos, las tallas de la ropa y de los zapatos canadienses son las mismas que en Estados Unidos.

**CONSEJO:** Por supuesto, si optamos por vender por correo en Canadá, o en cualquier otro país extranjero, hemos de familiarizarnos con la cultura, las costumbres, los sistemas de correo y de teléfono y las leyes que rigen el marketing directo en el país.

Muchas de estas recomendaciones son también válidas para Inglaterra e Irlanda. El marketing directo en estos dos países está creciendo rápidamente. La venta por correo en el Reino Unido creció más del 105% entre 1983 y 1992, y sigue en aumento. Es uno de los países más sofisticados en lo que se refiere a tareas de apoyo al marketing directo, sobre todo en su capacidad para el cruce/depuración y para seleccionar clientes.

En Irlanda, con una población de sólo 4 millones de personas, el marketing directo se ha utilizado con gran éxito en el mercado de servicios a empresas, aunque en la actualidad se está extendiendo en el mercado de consumo. Debido a sus estrechos vínculos históricos con Gran Bretaña, Irlanda realiza casi el 50% de su comercio con ese país. No obstante, recientemente ha comenzado a diversificar sus relaciones comerciales. El marketing directo en Irlanda está todavía en sus inicios. La economía irlandesa está experimentando un lento crecimiento, pero el consumo en sectores como el de los electrodomésticos va en aumento.

Las costumbres y las culturas de Inglaterra y de Irlanda tienen grandes semejanzas y también grandes diferencias con la nuestra y entre sí mismas. Hemos de asegurarnos de que conocemos los estilos de vida y los hábitos de compra de nuestros potenciales clientes antes de diseñar y poner en práctica ningún programa. Si no tenemos un conocimiento de primera mano, contratemos a quien lo tenga.

### *Europa*

Uno de los pioneros del marketing a escala mundial es Alfred M. Goodloe, presidente de Direct International, empresa multinacional del sector editorial y de organización de congresos. Al evaluar el potencial de distintas zonas del mundo en lo que a marketing directo se refiere, Goodloe señala que «colectivamente, la población europea (occidental y oriental) casi duplica la de Estados Unidos. Los índices de crecimiento económico en Europa son, sin embargo, un tanto anémicos. Allí se da una fuerte competencia nacional e internacional –mucho más que en Asia y en Sudamérica–, por lo que no se puede esperar una respuesta tan fuerte como las que se consiguen en otros lugares». En Europa, los países que mejor responderán son los siguientes:

| | |
|---|---|
| España | Bélgica |
| Portugal | Suiza |
| Grecia | Países escandinavos |
| Países Bajos | Países de Europa del Este (Polonia, República Checa, Hungría) |

La experiencia de Goodloe indica que los países pequeños no pueden producir todos los productos que los consumidores quieren comprar, por lo que son terreno abonado para la venta por marketing directo de productos extranjeros. Sin embargo, también hay oportunidades de negocio en los países más grandes para quienes sean capaces de realizar una intensa evaluación y descubrir los huecos de mercado apropiados.

Una de las áreas de mayor crecimiento para el marketing directo es Europa oriental. Según Juri Matousek, director de arte de la agencia BBD&O en Praga, hace sólo unos años ésta era una actividad desconocida en la Europa del Este. Los primeros programas empezaron en Praga allá por 1993. «La mayor parte del marketing directo se realiza entre empresas, pero el marketing de consumo está registrando un importante auge», dice Matousek. «Los bancos y las instituciones financieras, que hasta entonces jamás habían hablado con sus clientes, están comenzando a utilizar el marketing directo.

»Si se hace un envío de publicidad personalizada en Praga, algo jamás visto por la mayoría de los habitantes, se puede tener un índice de respuesta del 30%. Pero venderle a los checos es distinto a venderle a los estadounidenses. Los checos son muy cautelosos. Los han estafado demasiadas veces y además no tienen leyes de protección al consumidor como las que hay en Estados Unidos. Por tanto, el marketing directo ha de concentrarse en la credibilidad de la empresa; hemos de convencer a los clientes de que nuestra empresa va a hacer lo que prometemos y que va a respaldar los productos que vendemos. A los checos también les gusta conocer hasta el último detalle de los productos que compran. Les preocupa más la calidad que el precio.»

Matousek ha observado que el marketing directo está creciendo con rapidez en Europa oriental, y piensa que seguirá creciendo a un ritmo muy rápido. «Aún está en sus comienzos y no hay mucha competencia», dice, «pero esta situación cambia cada día que pasa.»

### *Japón*

En 1995, Japón fue uno de los mercados más fuertes de venta por catálogo de todo el mundo. Este fenómeno se extendió por todo el país como el fuego, y en torno a él se está construyendo toda una nueva cultura. Las mujeres japonesas están formando «círculos de compra» para agrupar sus pedidos y así ahorrar dinero en gastos de envío. Algunos comercios estadounidenses establecidos en Japón ya son poco más que exposiciones de catálogos. Los clientes entran en la tienda, prueban los productos que les gustan y después los piden a través del catálogo, opción ésta que suele ser menos cara que comprar a la manera tradicional. Y se están formando clubes por catálogo que ofrecen rebajas en los precios y ayuda para hacer pedidos a Estados Unidos.

Al Goodloe señala que esta moda se basa en el hecho de que los japoneses pagan casi el doble que los estadounidenses por la mayoría de los productos, especialmente en la ropa. Cuando los consumidores japoneses vienen a Estados Unidos, compran en nuestras tiendas más caras y los precios les parecen auténticas gangas. Como en su país no pueden comprar los mismos productos, los piden por catálogo.

**CONSEJO:** Algunos datos demográficos sobre Japón:

Población: 124 millones
Divisa: yen
Composición familiar: 3,1 personas
Ingresos medios: 28.000 dólares USA
Ventas por marketing directo: 19.000 millones de dólares USA
Preferencias de compra: ropa de mujer, ropa interior, ropa de hombre

A continuación se incluyen algunos de los principales datos a tener en cuenta al vender en Japón:

- ★ Los clientes japoneses no suelen utilizar cheques. Lo más normal es que paguen con tarjeta de crédito y a veces por giro postal.
- ★ Hemos de prever la modificación de las bases de datos para dar cabida a las direcciones japoneses, que pueden ocupar hasta siete líneas.
- ★ Las medidas se han de convertir al sistema métrico.
- ★ Los consumidores se llevarán la primera impresión de nuestra empresa por la contraportada del catálogo, pues los libros y revistas japonesas se abren al revés que los nuestros.
- ★ El texto del catálogo puede ir en inglés, pero hay que explicar muy detalladamente en japonés cómo hay que realizar el pedido, especificando la manera de ponerse en contacto con nuestra empresa.

* ★ Hay que precisar con claridad en japonés las normas de devolución. La mayoría de los consumidores japoneses no están acostumbrados a devolver las cosas. Algunos comercios japoneses ni siquiera lo permiten.
* ★ Se debe establecer un centro de atención telefónica en Japón, una base de servicio al cliente donde los consumidores puedan llamar y hablar en japonés para hacer sus pedidos y realizar consultas. Una empresa radicada en Tokio que se dedica a esta actividad, Prestige International, tiene un sistema telefónico informatizado conectado directamente con sus clientes de Estados Unidos, de tal manera que los compradores japoneses pueden recibir inmediatamente la información sobre productos y precios que les envían desde allí a través del ordenador. La empresa tiene aproximadamente 60 operadores bilingües. El precio de este servicio es elevado. Hay una alta cuota de conexión que depende del tamaño de la empresa y del número de productos que venda, una tasa mensual de gestión y un cargo de entre 2 y 7 dólares por llamada. Si nos planteásemos la posibilidad de contratar un servicio como éste, habría que comparar los costes con la posibilidad de aceptar llamadas internacionales gratuitas, contratar una empresa estadounidense de telemarketing y buscar operadores que hablen japonés.
* ★ Podemos ponernos en contacto con la Casa del Catálogo Estadounidense, dependiente del Departamento de Comercio. Hay dos sedes en Japón donde se exponen catálogos estadounidenses para que el público pueda examinarlos y, si les interesan, comprarlos a un precio simbólico. Si los consumidores desean hacer un pedido de los catálogos, lo pueden enviar por fax a Estados Unidos en el acto. La tasa que han de pagar las empresas por participar es de 600 dólares. Hay que aportar 200 catálogos para cada sede y reponerlos a medida que sea necesario.

Una de las empresas de venta por catálogo que más éxito ha tenido en Japón ha sido L.L. Bean, que hace una media de 9.000 envíos diarios a clientes japoneses. L.L. Bean envía sus catálogos, recibe los pedidos y envía la mercancía desde Estados Unidos, sin tener por tanto una presencia estable en Japón. La empresa consigue la mayor parte de sus clientes a través de anuncios a toda página que publica en periódicos locales; están redactados en japonés y en ellos ofrecen catálogos gratuitos. Los catálogos están en inglés, aunque el boletín de pedido y las instrucciones sobre cómo rellenarlo van en japonés. Parte de la rentabilidad de L.L. Bean se debe al hecho de que no tenga presencia comercial en Japón. Si la tuviese, la empresa tendría que usar el servicio postal japonés, cuyas tarifas son un 50% más caras que las estadounidenses. También habría que pagar un 55% de impuesto de sociedades, el más alto del mundo.

Dick Leslie, vicepresidente para Japón de L.L. Bean, sugiere que para tener éxito en este país con el marketing directo hay que investigar mucho. «Hay que visitar los comercios, ver lo que hace la gente, lo que hay en las tiendas», dice. «Es necesario hablar con las agencias de publicidad para conocer los estilos de vida de los japoneses y los productos que compran. También hay que comprender las infraestructuras, especialmente el sistema postal y el telefónico. Estudiar el sector del catálogo y los mercados del país. ¿Compra la gente el tipo de producto que ofrecemos nosotros? ¿Se ajusta la ropa que vendemos al cuerpo japonés?» Éste es el tipo de preguntas que hay que responder antes de pensar en probar la venta de nuestros productos en Japón.

Leslie advierte que no es fácil encontrar listas en este país, y las que hay son muy generales. No hay listas de compradores de respuesta directa. Muchas empresas son reacias a alquilarlas y, cuando lo hacen, exigen que los catálogos y los envíos postales se etiqueten en sus propios servicios de tratamiento postal.

### *China*

China es un mercado extremadamente difícil, pero el marketing directo ya está comenzando a aflorar. Las revistas estadounidenses están abriendo camino con ediciones en chino. Un producto que se ha vendido muy bien en este país son los libros de patrones de *McCall*, fáciles de confeccionar y con muy poco texto. Por el momento, todos los productos que se quieran vender en China han de ser bastante económicos para que estén al alcance del limitado poder adquisitivo de sus habitantes. Una forma de contener los precios es fabricar el producto allí mismo o en otro mercado asiático con mano de obra barata. China no es un país para empresas con poca experiencia en el sector; no obstante, éste puede ser un buen momento para conseguir experiencia internacional en otros países y empezar a planificar una futura expansión en este mercado.

### *Sureste asiático*

Según Al Goodloe, en el sureste asiático y en las regiones de la costa del Pacífico se encuentran algunos de los países más receptivos del mundo. «El crecimiento económico de Asia es del 8,7%, lo que supone un índice tres o cuatro veces superior al de Estados Unidos. Este elevado índice de crecimiento significa que de repente se está creando mucha nueva riqueza, y quien se dedica al marketing directo tiene la oportunidad de introducirse en la base de estos mercados emergentes.»

Hong Kong y Singapur son mercados en los que resulta difícil entrar. Sus habitantes ya tienen acceso a una inmensa variedad de bienes y servicios a precios económicos, por lo que habría que ofrecer algo muy especial para hacer que estos consumidores compren por correo. Sin embargo, otros países cuyas economías están creciendo, como Malasia y Tailandia, están experimentando una aceptación cada vez mayor del marketing directo.

El crecimiento económico es una de las razones de que UPS haya invertido recientemente 102 millones de dólares para ampliar y reforzar sus operaciones en Malasia, Singapur, Hong Kong, Taiwan, Tailandia y Australia. En los próximos cinco años, UPS tiene previsto invertir otros 130 millones de dólares. Esto supone un importante avance para la zona porque en países como Tailandia, donde hay una clase empresarial adinerada que compra teléfonos móviles, *beepers* y publicaciones sobre negocios en cantidades sin precedentes, el servicio postal está muy atrasado. Allí gran parte del marketing directo se realiza por teléfono.

### *Australia*

Vin Jenkins, perteneciente a una empresa australiana de marketing directo, Clemenger Direct, dice que en los 10 ó 15 últimos años se ha producido un substancial crecimiento en las aplicaciones del marketing directo en este país. Y está relacionado casi en su totalidad con el marketing de base de datos, la publicidad directa, el telemarketing (inverso y directo) y la publicidad de respuesta directa. Esta última ha proliferado en los medios de comunicación escrita (sobre todo en las revistas), pero en televisión ha tenido una débil aceptación.

«Australia va probablemente unos cinco años por detrás de Estados Unidos y el Reino Unido en el desarrollo del marketing directo; no tanto en lo que se refiere a capacidades estratégicas o incluso a tecnología como en la envergadura de las operaciones, sector por sector», dice Jenkins. «El alquiler de listas está subdesarrollado, y creo que seguirá así. Aquí tenemos mucho más éxito con los programas de dos etapas; hacemos una primera aparición en los principales medios de comunicación para confeccionar listas privadas con los datos de quienes se ponen en contacto con nosotros solicitando información, y después iniciamos un proceso de conversión de esas consultas en compras en distintas fases (por lo general correo directo y telemarketing).»

El reto al que se enfrenta el marketing directo en Australia es convencer a los altos niveles directivos de que no todos los clientes son iguales y demostrarles los beneficios que reportan los envíos de publicidad personalizada y los programas de fidelización.

Aunque el crecimiento de la venta por correo ha sido relativamente modesto en los diez últimos años, sí se han producido algunos grandes éxitos, entre ellos el de Myer Direct, empresa de venta por correo subsidiaria de Myer Grace Brothers, el mayor grupo de grandes almacenes de Australia. Myer Direct empezó discretamente en abril de 1989 con un catálogo. Ahora ya envían doce al año, centrándose principalmente en la ropa de mujer, y son la mayor empresa de venta por correo del país con un volumen de cerca de 100 millones de dólares australianos.

### *Sudamérica y México*

Sudamérica puede ser una zona de riesgo para el marketing directo, aunque tiene un gran potencial. La agitación y las inestabilidades políticas le hacen ser un mercado imprevisible. Según Ed Nash, que fue vicepresidente ejecutivo de marketing directo de la empresa Bozell Worldwide, países como Argentina, Brasil y Costa Rica, donde el marketing directo apenas está en sus inicios, requieren una buena dosis de creatividad. Nash manifestó a la publicación *DM News* (21 de agosto de 1995) que el marketing directo «está en el mismo nivel en que estaba en Estados Unidos hace 15 ó 20 años, pero con mucha más energía».

Uno de los problemas de la zona es que no es posible crear un paquete de publicidad directa que sea eficaz en todo un país. Argentina, por ejemplo, tiene una demografía muy variada, que abarca desde opulentas sociedades urbanas hasta zonas rurales paupérrimas. Las dos ciudades más grandes de Brasil, São Paulo y Río de Janeiro, son ricas y urbanas, pero tienen personalidades muy distintas. Quien quiera trabajar con estos países, lo mejor que puede hacer es colaborar con profesionales de la zona que puedan aconsejarle sobre las diferencias culturales.

Otro país con un gran potencial es México. En 1993 el recién aprobado Acuerdo Norteamericano de Libre Comercio (NAFTA), que entraría en vigor el 1 de enero de 1994, hizo que las empresas estadounidenses dedicadas al marketing directo albergasen grandes esperanzas sobre la posibilidad de llevar a cabo lucrativos proyectos al sur de la frontera. Pero en diciembre de 1994, México sufrió una grave crisis financiera y una devaluación del peso. Todos los planes de marketing previstos para ese país quedaron suspendidos.

Aunque el país se está reorganizando, la recuperación es lenta. No obstante, México sigue teniendo un gran potencial. Judith Shapiro, editora de *MexicoFAX*, manifestó a la revista *Target Marketing* (noviembre de 1995) que éste es un buen momento para «investigar el mercado, buscar posibles socios en México y explorar las posibilidades». Sin embargo, Shapiro advierte que no es un buen momento «para que recién llegados sin experiencia del mercado entren en él» por los importantes problemas que hay todavía.

Pero si podemos llevar tecnología al país y encontrar un hueco para nuestro producto o servicio, éste puede ser el momento para establecer una presencia local y que nuestra empresa esté situada cuando el marketing directo empiece otra vez. Shapiro predice que entonces los primeros éxitos se darán en el ámbito de los servicios a empresas y no en el marketing de consumo.

**CONSEJO:** Algunos datos demográficos sobre México:

Población: 89 millones
Divisa: peso
Composición familiar: 5,5 personas
Publicidad directa recibida: 10 envíos al año

## MECANISMOS DE LAS CAMPAÑAS INTERNACIONALES

Muchos expertos sugieren que el futuro del marketing directo está en los mercados extranjeros, y que si no se salta pronto al tren se puede perder una oportunidad de oro. De lo que no se dan cuenta es que el marketing directo internacional es un proceso sumamente complicado que hay que estudiar concienzudamente. Cada país presenta problemas y retos únicos, y las empresas que lleguen sin conocer la cultura, las leyes y normas y el sistema postal y el telefónico se enfrentan a momentos muy duros.

Dicho esto, el marketing directo internacional tiene un gran potencial. He aquí algunas sugerencias para desarrollar campañas exitosas:

*Selección del producto.* Según Al Goodloe, en este momento un 80% de toda la publicidad directa mundial se centra en productos relacionados con la información: periódicos, revistas, boletines, enciclopedias, directorios, productos *on line*, cursos y seminarios. «La información traspasa con facilidad las fronteras nacionales», dice. «Es mucho más complicado, por ejemplo, hacer un envío internacional de un producto de cristalería. Hay muchos más factores implicados.»

Florence Leighton, directora de la división internacional de agentes de listas de Direct Media, empresa radicada en la localidad de Greenwich del Estado de Connecticut, coincide con este juicio. Según manifestó a *Target Marketing* (noviembre de 1995), «los libros y las revistas son fáciles de enviar y cruzan las fronteras sin tasas de importación». Y cita publicaciones de tanto éxito como *The Economist, Business Week, Byte* y *Time*.

Sin embargo, muchos países de todo el mundo están interesados en todo lo procedente de Estados Unidos y, gracias a que empresas como UPS se están expandiendo hacia zonas antes subdesarrolladas, el transporte cada vez es menos problemático.

*Listas.* Una vez que hemos identificado una zona y una cultura aptas para nuestro producto o servicio, hemos de localizar listas apropiadas de posibles futuros clientes. Lo mejor es empezar por los agentes internacionales para que nos faciliten listas de respuesta pagada multinacional. Se trata de relaciones de personas de todo el mundo que han respondido a ofertas de marketing directo en lengua inglesa. Son compradores internacionales garantizados. La mayoría de los nombres de estas listas corresponden a varones y contienen muchas direcciones de empresas. Pero muchos de estos hombres se llevan los envíos a casa, por lo que llegan a familias completas.

Un 90% de estas listas multinacionales proceden de editoriales y publicaciones como McGraw-Hill, *Business Week, Harvard Business Review, Time* y *Newsweek*. Otras listas interesantes son las siguientes:

- La International Airline Passenger Association [IATA, Asociación Internacional de Pasajeros de Líneas Aéreas].
- La del Alexander Hamilton Institute, editor de boletines y manuales de dirección empresarial en inglés, español, francés y árabe.

- La de Collins Street Bakery, empresa radicada en Tejas que vende pasteles de fruta a través del marketing directo a todo el mundo, principalmente como regalos de empresa.
- La de Shop the World by Mail, un catálogo internacional de catálogos. Los clientes pagan una tasa simbólica por pedir catálogos a través de este servicio.

Podemos optar por dirigirnos a muchos países o centrarnos en uno concreto. Cuando hagamos envíos multinacionales, observaremos que algunos países dan resultados mucho mejores que otros. Al hacer el siguiente, podemos mejorarlo concentrándonos en ellos. Quienes hacen marketing directo internacional se encuentran a menudo con que cuanto más lejanos son los países mayores son los índices de respuesta, aun cuando su población sea reducida. Al Goodloe lo explica de la siguiente manera: «Si cogemos una lista con sólo 100 nombres de Brunei o Papúa-Nueva Guinea, por ejemplo, podemos tener una respuesta que supere en dos o tres veces nuestros gastos de correo, al contrario que pasa con Alemania, donde los índices de respuesta son significativamente más bajos. En Arabia Saudí, Dubai y Abu Dhabi, podemos tener en total 4.000 nombres, pero menudos nombres. Se trata de países ricos con poca producción nacional que importan la mayor parte de los productos que consumen».

*Redacción del texto.* Al utilizar listas multinacionales, nos estamos dirigiendo sobre todo a personas que hablan inglés como segundo idioma. Al escribir un texto para mercados extranjeros hemos de utilizar el sentido común. Hay que tener cuidado con los modismos. Los extranjeros suelen hablar un inglés más formal que el que utilizarían los norteamericanos en un texto de este tipo. Los redactores estadounidenses a veces eliminan los verbos y podrían escribir, por ejemplo: «¡Gran oportunidad!». Para el marketing internacional, un manera mejor de decirlo sería: «¡Tenemos una gran oportunidad para usted!». Quizá no tenga el mismo gancho, pero al menos se entenderá.

Hay que tratar de escribir usando la fórmula «sujeto, verbo, objeto». Hay que evitar las oraciones compuestas complejas, usar el menor número posible de adjetivos y reducir la longitud de las oraciones. Las oraciones simples y cortas no tienen por qué ser infantiles. Por el contrario, este tipo de oraciones pueden ser convincentes y a los clientes les resultará fácil comprenderlas. Pensemos en la majestad de esta frase del Génesis: «En el principio Dios creó los cielos y la tierra».

Si nuestra empresa, producto o servicio no es muy conocido, hemos de ofrecer garantías a nuestros futuros clientes de que van a recibir lo que pagan. Presentemos nuestras credenciales, resaltemos la calidad del producto e incluyamos una garantía redactada de forma convincente.

*Envío.* Algunas empresas hacen sus envíos directamente desde Estados Unidos, y otras establecen centros de envío en cada país. No parece que haya una forma buena y otra mala de hacer esto. L.L. Bean, por ejemplo, lo hace todo desde Estados Unidos, mientras que Lands' End tiene centros en Inglaterra y Japón.

Una cuestión que hay que recordar es que si realizamos los envíos desde dentro de un país, estamos sometidos a las leyes y normas de ese país. Así, en Alemania no se permite ofrecer obsequios ni vender productos con descuento. No obstante, si hacemos el envío desde Estados Unidos, estas leyes no nos afectan, por lo que nuestros regalos o nuestros descuentos pueden ser muy atractivos para los consumidores alemanes.

Una manera de ahorrar algo de dinero en los envíos internacionales es usar una modalidad del servicio postal estadounidense llamado International Surface Airlift (ISAL). Otras administraciones postales –Gran Bretaña, los Países Bajos y Dinamarca– ofrecen servicios similares muy competitivos. Hay también una serie de empresas privadas especializadas en reexpedición que ofrecen diversas opciones de correo internacional. No estaría de más consultar esta posibilidad.

Los envíos aéreos realizados con el servicio ISAL llegan a la capital de más de 125 países y desde allí son distribuidos por vía terrestre dentro del territorio de ese país. El franqueo necesario para un paquete promocional de 20 gramos es en la actualidad de 31 centavos a Europa, 20 a Sudamérica, 21 a los países de la costa del Pacífico y 25 para el resto de países de Asia, África y Oriente Medio. El peso del paquete es crucial. El correo internacional depende del peso en gramos del objeto postal, y cada gramo es importante (no como en el correo nacional estadounidense, que cuesta una determinada cantidad por la primera onza de peso y cantidades menores por cada onza adicional). Si reducimos aunque sea uno o dos gramos el peso de los envíos internacionales, podemos cosechar importantes ahorros postales. Se espera que las tarifas internacionales suban en un futuro próximo, por lo que hay que estar atento a los cambios.

*Cobros.* Cuando se vende en el extranjero hay que decidir cómo se van a tramitar los pagos que hagan los clientes. ¿Vamos a depositar los cheques en el país de origen o los vamos a traer a Estados Unidos?

Podemos optar por utilizar los servicios de un banco del país al que vendemos y dejar el dinero allí para hacer frente a futuros gastos de promoción.

En muchos países europeos, hay gran variedad de formas de pago, muchas de ellas relacionadas con las transferencias electrónicas de una cuenta a otra. En Alemania, muchas personas utilizan el sistema de giro, mediante el cual depositan dinero en un banco postal y el dinero se transfiere a través de la oficina de correos a distintas cuentas. Otros países utilizan tarjetas de débito, que se están introduciendo lentamente en Estados Unidos. Con este sistema, el dinero se deposita en una cuenta bancaria y, cuando se hace una compra utilizando la tarjeta de débito, el dinero se detrae automáticamente de ella. Es similar al pago con cheque, sólo que el cargo se hace de manera inmediata y por medios electrónicos.

Estas modalidades de pago se suelen utilizar dentro del propio país y por lo general no admiten cambio de divisas. Por tanto, no es normal utilizarlas para pagos internacionales. Si sólo vendemos dentro de un país, habrá que estudiar las opciones de pago locales para ofrecer a nuestros clientes las opciones apropiadas. Pero si se hace un envío multinacional, no sería práctico incluir los sistemas de pago de cada país.

En tal caso, como hace Al Goodloe, se puede optar por centralizar todas las operaciones bancarias en Estados Unidos. «En mi pequeña empresa», dice Goodloe, «aceptamos 23 divisas diferentes utilizando una cámara de compensación de cheques. Nos cobran unos 2,5 dólares por cada uno.» Goodloe aconseja no implicar al cliente en los problemas que nosotros podamos tener por vender a escala mundial. Él, por ejemplo, ofrecía varias opciones de envío de la mercancía. Pero eso le traía muchas dificultades, pues los clientes tenían que hacer demasiados cálculos. Ahora sólo ofrece un medio de transporte, el avión, a un precio único.

Goodloe fija sus precios en dólares estadounidenses. Los clientes tienen tres opciones de pago. Lo pueden hacer con tarjeta de crédito, con un cheque en dólares o en su propia moneda. En el reverso del boletín de pedido incluye una tabla de conversión de divisas con unos tipos de cambio que fija él mismo. «De tanto viajar por el mundo y de estar en tantos hoteles, sé por experiencia que los tipos de cambio fluctúan todos los días», dice Goodloe. «Los hoteles fijan sus propios tipos, que son más altos que los de los bancos locales. Así que yo los pongo un 8% o un 10% por encima del tipo que veo en los periódicos. No sé cómo va a estar el cambio cuando los clientes reciban mi oferta. Tengo que protegerme contra las fluctuaciones con dos o tres meses de antelación.

»Esto significa que los clientes suelen pagar un sobreprecio si optan por enviar un cheque en moneda extranjera. Si yo vendo mi producto a 225 dólares estadounidenses, utilizando mi tipo de cambio puede que acaben pagando 240. Pero los clientes entienden que éste es el coste de hacer negocios. Nunca he recibido una queja. Y yo estoy asumiendo un riesgo. Si hay una devaluación puedo perder dinero. Por eso hay un sobreprecio.»

Si los clientes pagan con tarjeta de crédito, es la empresa titular la que fija el tipo de cambio. El cliente asume el riesgo del cambio por la comodidad que supone cargar el pago en la tarjeta. Más de la mitad de todo el marketing directo internacional se hace mediante tarjeta de crédito.

*Aduanas.* Hay muchas normas aduaneras distintas. Lo primero que hay que hacer es consultar en el Departamento de Comercio estadounidense las leyes de cada país. En muchos casos, lo más normal es que las tasas de aduana corran por cuenta del receptor y que las recaude la empresa de transportes al entregar el producto. Éste es el método preferido si vamos a hacer un envío a muchos países a la vez, pues sería difícil calcular lo que se cobra en cada uno. Otro método, sobre todo en Europa occidental, es pagar las tasas de aduana en un punto de la Unión Europea. La mercancía se exporta a un almacén de Amsterdam o de Gran Bretaña, por ejemplo, y se pagan las tasas por todo el cargamento.

*Mantenimiento de relaciones a larga distancia y servicio de atención al cliente.* Cuesta más trabajo conseguir clientes en el extranjero que en Estados Unidos, pero el valor de sus pedidos suele ser mucho más alto, lo que significa que cada cliente extranjero que conseguimos es de gran valor para nuestro negocio.

Una vez que los tenemos, no hay que dejar que se vayan. El servicio de atención al cliente es muy importante. La gente con la que tratamos busca una relación con nosotros. Un producto de calidad, una buena oferta o un precio atractivo nos van a traer clientes. Pero es la relación lo que va a hacer que sigan comprando.

Muchas empresas están montando servicios telefónicos locales, como Prestige International en Japón, para atender las consultas de los clientes, que así pueden hablar en su propia lengua con representantes de la empresa y recibir la ayuda que necesitan con rapidez y facilidad. Cuando llega un pedido, se debe enviar una nota de agradecimiento donde se diga además la fecha en que se servirá. Esto es especialmente necesario cuando nos pagan con cheque. En muchos países, el banco no devuelve los cheques a los clientes como sucede en Estados Unidos, donde se pueden usar como recibo; por tanto, habrá que enviar una confirmación de la llegada del cheque como prueba del pago.

Cuesta mucho trabajo tener éxito con el marketing directo internacional. Muchas personas intentarán hacernos desistir de intentarlo porque es un proceso complicado. Pero podemos optar por quedarnos con las palabras de Florence Leighton, de Direct Media. Como manifestó a *Target Marketing*: «¿Y si te dicen: "Aquí nunca hemos hecho nada de eso. Va contra nuestra cultura"? Pues adelante. Seguramente ganarás una fortuna».

LISTA DE CONTROL

PREGUNTAS QUE HAY QUE HACERSE ANTES DE VENDER EN EL EXTRANJERO

☑ ¿Tiene mi producto un atractivo universal?
☑ ¿En qué países concretos se va a vender mejor mi producto?
☑ ¿Hay en estos países productos ya establecidos que puedan suponer competencia para el mío?
☑ ¿Puedo utilizar el inglés para atraer a los clientes de estos países o he de contratar traductores?

ZONAS CON POSIBILIDADES

☑ Canadá, Inglaterra e Irlanda
☑ Europa
☑ Japón
☑ China
☑ Sureste asiático
☑ Australia
☑ Sudamérica y México

MECANISMOS DE LAS CAMPAÑAS INTERNACIONALES

☑ Selección del producto
  ✓¿Qué servicios de transporte hay para nuestros productos en los países en los que queremos vender?
☑ Listas. Proveedores de listas de respuesta pagada multinacional:
  ✓McGraw-Hill
  ✓*Business Week*

✓*Harvard Business Review*
✓*Time*
✓*Newsweek*
✓Asociación Internacional de Pasajeros de Líneas Aéreas
✓The Alexander Hamilton Institute
✓Collins Street Bakery
✓Shop the World by Mail

☑ Redacción del texto:
✓Cuidado con los modismos
✓Uso de la fórmula «sujeto, verbo, objeto»
✓Uso de oraciones cortas
✓Presentación de credenciales
✓Énfasis en la calidad del producto
✓Inclusión de una garantía convincente

☑ Opciones de envío:
✓Envío directo desde Estados Unidos
✓Uso del ISAL o de las administraciones postales internacionales en Gran Bretaña, los Países Bajos o Dinamarca
✓Uso de reexpedidores privados
✓Atención al peso del paquete; cada gramo cuenta

☑ Opciones de pago:
✓Tarjetas de crédito
✓Cheques en dólares estadounidenses
✓Cheques en la propia moneda de los clientes

☑ Opciones aduaneras:
✓Cobro de las tasas aduaneras al receptor por parte del transportista
✓Envío de la mercancía a una central y pago de las tasas aduaneras de todo el cargamento

☑ Mantenimiento de relaciones a larga distancia:
✓Establecimiento de servicios telefónicos para atender las consultas de los clientes
✓Agradecimiento por el pedido y notificación de su recepción al cliente

# 15
# TRIUNFADORES DEL MARKETING DIRECTO

## CELEBRACIÓN DEL ÉXITO DEL MARKETING DIRECTO

Imaginemos este escenario: es nuestro aniversario de boda, o la fiesta nacional del 4 de julio, o nuestro 40 cumpleaños. Suena el timbre de la puerta. Un servicio de transporte aéreo nocturno nos trae un paquete especial. Tiene una forma rara, pesa bastante y no podemos esperar a abrirlo. Cuando lo hacemos, nos encontramos... langostas vivas, almejas, mejillones, maíz y patatas nuevas, todo envuelto entre algas frescas ya dentro de la cazuela, listo para prepararlo y disfrutarlo en la intimidad de nuestro propio hogar. Estamos en el paraíso del marisco, y todo gracias a Clambake Celebrations, una empresa de Cabo Cod que envía marisco de alta calidad a todo el país.

Clambake Celebrations es, sin lugar a dudas, todo un éxito en el campo del marketing directo. En 1989, Jo-Von Tucker era asesora internacional de venta por catálogo y vivía en Nueva York. Viajaba continuamente, «saltando» de avión en avión. Pero Tucker padece enfisema y depende del oxígeno. Los viajes eran cada vez más difíciles. Los médicos le dijeron que se fuese a vivir fuera de la ciudad y que cambiase de estilo de vida.

Como experta acreditada en el sector del marketing directo, Tucker empezó a buscar una empresa que tuviese posibilidades de éxito en la venta por correo. Se tropezó con un comerciante que envasaba y vendía *clambake*[1] a vecinos de Cabo Cod. «Me entusiasmé con esta empresa porque era un concepto absolutamente único. No tenía que manipular el producto», dice Tucker. «Y pensé que venderlo directamente a los consumidores podía funcionar muy bien.» Así que com-

1. Plato compuesto de almejas, langosta, pollo y maíz, entre otros ingredientes, que se cocinaba originalmente a la orilla del mar disponiendo algas sobre una base de piedras calientes y cociéndolo al vapor. (*N. del t.*)

pró la empresa, y a los cinco años el marketing directo representaba el 90% de las ventas.

Tucker comenzó alquilando listas a empresas con compradores de productos por correo que pensaba que podían encajar en el perfil del cliente de Clambake. Probó con envíos de 5.000 unidades y, cuando encontró una lista que funcionó, los amplió a un segmento más amplio de ella. En la actualidad, Clambake Celebrations tiene una lista propia de más de 70.000 nombres.

Clambake capta a muchos de sus clientes nuevos a través de anuncios de respuesta directa en revistas como *American Way* (publicación que American Airlines reparte entre sus pasajeros), *Saveur* (exclusiva revista gastronómica) y *Food & Wine*.

«He probado con anuncios pequeños y con grandes», dice Tucker. «El que mejor funciona parece ser uno de un sexto de página en blanco y negro con el encabezamiento: "10 razones para pensar en LOBSTER-CLAMBAKES-TO-GO!".»

«Un número de *Food & Wine* puede dar lugar a 200 ó 300 consultas, de las que alrededor del 28% se convierten en ventas», dice Tucker. «Por eso nos aferramos a este anuncio. Porque funciona.»

En la figura 15.1 podemos ver el anuncio en cuestión. Lleva un encabezamiento, una lista de 10 razones y el número de teléfono de llamada gratuita donde los clientes pueden llamar para solicitar un folleto gratis o para hacer un pedido. Cuando un cliente llama, se le envía un tríptico a color (fig. 15.2). La portada de este folleto lleva una fotografía de un suculento *clambake* de langosta y una cita de la revista *Redbook* con un testimonio de la actriz Angelica Huston, que en una ocasión recibió una cena de Clambake Celebrations como regalo de Navidad y dijo que era «uno de los obsequios más imaginativos» que le habían hecho jamás.

Clambake tiene alrededor de un 64% de clientes que repiten. Tucker piensa que su experiencia con el marketing directo le ayudó a que su empresa funcionase tan bien, pero hay otro factor aún más importante. «Es nuestro excepcional servicio de atención al cliente», dice. «Hacemos lo imposible por ellos, y damos las vueltas que haga falta para atenderlos lo mejor que sabemos.» Una anciana clienta que había dejado su Nueva Inglaterra natal para irse a vivir a California llamó una vez a Tucker para hacerle un pedido poco común. Quería hacer mermelada para su familia, pero no encontraba los arándanos frescos que necesitaba. Y llamaba a Tucker para ver si se los podían conseguir. «Yo personalmente cogí mi coche, me fui al pueblo de al lado, compré los arándanos en el mercado y se los

**Figura 15.1.** Este anuncio en blanco y negro de un sexto de página resultó ser el diseño perfecto para atraer clientes.

mandé. Estuvimos haciéndolo varios años hasta que esta señora falleció.

»Mi filosofía de la venta por correo es que se trata de una transacción muy empírica para un cliente», dice Tucker. «Todo en esa experiencia tiene que ser positivo, motivador y grato. Así que nos volcamos para que eso sea así. Nos dedicamos a vender a distancia un producto que es una de las cosas más perecederas que podíamos ha-

**Figura 15.2.** Los clientes que llaman o escriben para solicitar un folleto reciben un tríptico en cuya portada se puede leer el testimonio de la actriz Angelica Huston.

ber elegido. Pero llevamos el control de nuestros pedidos por ordenador desde el momento que salen de Cabo Cod hasta que llegan a la puerta del cliente. Siempre les llamamos por teléfono para preguntarles si recibieron el paquete y para interesarnos por si tienen alguna duda sobre su preparación. No paramos de recibir cartas de agradecimiento de los clientes diciéndonos cuánto agradecen la llamada y el servicio.»

Los cuatro empleados de Clambake Celebrations se turnan para hacer lo que haga falta. La propia Tucker, que es la presidenta de la empresa, a menudo pega las etiquetas de envíos de publicidad de hasta 10.000 ejemplares. Para envíos más grandes, de 25.000 a 100.000 cartas, utiliza los servicios de un servicio de tratamiento postal de la localidad.

Tucker tuvo que hacer frente a diversos obstáculos en su camino hacia el éxito. «Para empezar», explica, «no teníamos suficiente dinero, y es casi imposible que los bancos te lo presten para montar una empresa. Si te dedicas a la venta por correo, ni se molestan en hablar contigo. Y yo además tengo otras dos cosas en contra: soy mujer y tengo enfisema. Pero nos hemos apañado para salir adelante nosotros solos.

»La venta por correo es una negocio maravilloso para personas que tienen algún incentivo especial. Es muy apropiado para personas con discapacidades. Es el tipo de empresa que se puede sacar adelante sin tener una posición ventajosa de partida, siempre y cuando se tenga un ordenador para mantener la base de datos y llevar el control de los pedidos y se pueda supervisar la calidad de la operación. Sí, tengo enfisema. Sí, dependo del oxígeno. Pero mis clientes no lo saben. Trabajo con ahínco todos los días para que mi empresa vaya bien.»

## Características del éxito

Jo-Von Tucker es un ejemplo perfecto del tipo de persona que triunfa en el marketing directo. Y también lo son las otras personas que hemos presentado en este libro, gente como el doctor Jan Teitelbaum, de Smith-Teitelbaum Chiropractic; Steve y Lori Leveen, de Levenger; Carole Ziter, de Sweet Energy; y Geoff y Lynn Wolf, de Back in the Saddle. Yo observo que el éxito del marketing directo crece día a día. La calurosa tarde de julio que vine a mi despacho para trabajar en este capítulo dediqué unos minutos a abrir el correo...

Había un catálogo de Dell Computer. Michael Dell es uno de los mejores representantes del profesional del marketing directo que triunfa hoy en día en este sector. Compró su primer ordenador a los quince años. Recién llegado a la universidad en 1983, Dell empezó a comprar excedentes de ordenadores a precio de coste y a añadirles características como más memoria o más unidades de disco. Entonces insertó minúsculos anuncios en una columna en el periódico local ofreciéndolos con un descuento del 10% o el 15% sobre el precio de venta al público. A finales del segundo trimestre, las ventas de ordenadores personales ascendían a casi 50.000 dólares mensuales, valiéndose únicamente del maletero de su coche. En 1995, su empresa tuvo un volumen de negocio de 3.500 millones de dólares. El lema de Michael Dell es: «Si crees que tienes una buena idea, ¡pruébala!».

Ya en la universidad, Dell usaba el marketing directo para ganar un dinero extra. Contratado por el *Houston Post* para vender suscripciones, Dell pensó que los recién casados podían ser buenos clientes, así que pagó a unos amigos para que fuesen al ayuntamiento a copiar los nombres y direcciones de las partidas de matrimonio. Las metió en su ordenador y envió cartas personalizadas ofreciéndoles una suscripción gratuita de dos semanas. Dell ganó 18.000 dólares y se compró un BMW a los diecisiete años.

Cuando Dell abrió su empresa de informática, utilizó el servicio de atención al cliente como rasgo distintivo. Al contrario que otros fabricantes de ordenadores, Dell ofrecía una garantía de devolución del dinero y además asistencia técnica a domicilio en el plazo de un día desde la recepción del aviso. También instaló una línea telefónica gratuita para que los clientes pudieran hablar directamente con los técnicos de Dell las veinticuatro horas del día. Esta línea la utilizó para mantener una estrecha conexión con sus clientes; los técnicos, además de resolver problemas, también detectaban lo que les agradaba de los diversos productos y lo que no. Como dijo Dell en 1994 a la revista *Reader's Digest*: «La competencia se dedicaba a sacar productos y decirle a los clientes lo que tenían que comprar, en lugar de estudiar primero lo que el mercado realmente quería y después desarrollar los productos».

Es este tipo de mentalidad la que ayuda a triunfar a los profesionales del sector y la que hace que éste se desarrolle y prospere. Cuando seguí abriendo el correo me encontré un catálogo de Lillian Vernon con el siguiente reclamo en portada: «¡Rebajas de verano! ¡153 artículos nuevos!». Había una carta de Charles Schwab hablando sobre la inversión internacional (e invitándome a llamar a su teléfono gratuito si tenía alguna duda); otra de la revista *American Health* diciéndome que tenía la oportunidad de ganar cinco millones de dólares con sus quinielas hípicas; una revista de un club de compras desde casa; un folleto de un restaurante local anunciando su menú especial a 19,95 dólares; un envío conjunto con muchas ofertas comerciales distintas; y la lista sigue.

Todos los días recibo un montón de correo con estas características, y siempre consigue dibujar una sonrisa en mi rostro. ¿Por qué? Porque toda esta correspondencia significa que nuestro sector está en plena expansión. En cada remesa que me entregan siempre hay un catálogo nuevo, un paquete de correo directo nuevo o un sobre autoplegable. Unos son de empresas importantes y otros de la tienda que acaban de abrir en la esquina.

Lo interesante de este negocio es que no se puede decir por el aspecto del paquete o por la envergadura de la empresa a quién le va a ir bien y a quién no. He visto cómo grandes empresas se aventuraban en el marketing directo y se retiraban de inmediato al no lograr los niveles de éxito que esperaban. Y he visto a pequeños empresarios con poco tiempo y poco dinero hacer grandes fortunas en esta apasionante industria.

Y por eso he dedicado parte de mi tiempo a estudiar cientos de casos para tratar de esbozar en estas páginas cuáles son los auténticos secretos que permiten tener éxito en el marketing directo. Muchas de estas características le permitirían a cualquiera triunfar en el negocio que fuese. Lo he visto en innumerables ocasiones. Hay personas que asisten a mis cursos de la Universidad de Nueva York, o a los que imparto clases directamente a las empresas, y que consiguen captar muy bien los principios pero que no siempre son los que sobresalen cuando acaban el curso. Quienes triunfan van en busca de conocimientos pero tienen también un espíritu emprendedor.

Hace poco asistió a mi curso una mujer joven que aparentemente tenía todo lo que necesitaba para triunfar en el marketing directo. El curso se le dio bien. Tenía un buen concepto de producto. Disponía de la financiación necesaria. Pero le faltaba ánimo; no tenía la fe necesaria para hacer realidad los planes que tenía sobre el papel. Ese mismo semestre tuve de alumno a un trabajador de la construcción, una persona que nunca sobresalió en los estudios y que acabó dejándolos, pero que cogió los conocimientos que adquirió sobre el marketing directo, los aplicó al negocio que conocía y le va estupendamente.

Tras estudiar cientos de historias de triunfos, mi experiencia me dice que las personas que acaban por tener una empresa propia que no deja de crecer, o que ascienden rápidamente en el organigrama de una gran empresa, tienen varias características en común:

★ *Quienes triunfan en el marketing directo son constantes.* Esta actividad ha tenido siempre una reputación de enriquecimiento rápido. Todos los días vemos anuncios que nos hacen pensar que podemos ganar millones de dólares en dos semanas vendiendo llaveros a 1,98 dólares. Pero la única forma de hacer que el marketing directo funcione es tener un plan y atenerse a él. Ésta no es una actividad para quien tenga una capacidad de dedicación limitada. Es un negocio que se construye por ensayo y error; si no estamos dispuestos a volver a empezar cuando una idea no sale bien, lo mejor sería dejarlo antes de empezar. Las personas que establecen un compromiso a largo plazo con la venta de sus productos o servicios mediante marketing directo casi siempre salen adelante.

Los medios de comunicación siempre se fijan en triunfos súbitos como el de Victoria Jackson, que ha vendido productos cosméticos por valor de millones de dólares mediante publirreportajes y apariciones en QVC. Lo cierto es que Jackson ya llevaba muchos años de experiencia en su campo cuando se lanzó al marketing directo, lo que constituyó una sólida base para su negocio. Su producto –el maquillaje– no es único, pero tiene un «punto de diferencia»: se vende como el maquillaje «para no ir maquillada». Jackson lanzó sus primeros anuncios en 1989, pero cada vez que la vemos en televisión está probando algo nuevo: un nuevo creador, un nuevo club del color (con envíos automáticos cada tres meses), o una alianza con el catálogo de Spiegel. En 1995 ganó 500.000 ó 600.000 dólares en una sola hora en QVC. Lo importante de su éxito es que es constante. Dolly Parton, Estée Lauder y otros también han probado a hacer publirreportajes, pero con poco éxito. Victoria Jackson llegó al marketing directo con intención de perseverar en él, y eso le ha dado fabulosos dividendos.

Por supuesto, hay quien sí se hace rico rápidamente con el marketing directo. Hace unos años, alguien inventó un sencillo artilugio de plástico para ayudar a las mujeres a hacerse con el pelo atractivas colas de caballo y otros adornos. Se vendieron cientos de miles mediante marketing directo. Es uno de esos grandes éxitos ocasionales de los que todos hemos oído hablar alguna vez. Pero el producto fue una moda pasajera; no había un plan para el crecimiento de la empresa ni para su desarrollo a largo plazo. En cuanto pasó la moda no hubo más fuentes de ingreso.

Hay cientos de historias como ésta. La razón de que no las haya incluido en este libro es que pienso que esos cuentos de «gane un millón de dólares en un año con la publicidad directa» sólo atraen a quien quiere hacerse rico de la noche a la mañana, y por lo general estas personas se desesperan si su buzón no se llena inmediatamente de pedidos. De hecho, son el tipo de gente que va y viene de un negocio a otro en busca de dinero fácil.

Para la mayoría de nosotros, el dinero fácil no existe (a menos que hayamos tenido la suerte de heredarlo de un tío rico). Y en esta actividad quien triunfa está comprometido con su empresa, o con sus productos, o con hacer crecer su propio negocio con la constancia suficiente para que adquiera grandes proporciones. Para esto hacen falta grandes dosis de paciencia, pues el marketing directo puede ser una actividad complicada. Los índices de respuesta de un mes puede irse por las nubes y el siguiente envío puede ser una catástrofe. Esos altibajos no deben desalentarnos; hemos de ser capaces de analizar los triunfos y aprender de los fracasos, pues así el siguiente programa tendrá un éxito más uniforme y dará los resultados que deseamos.

El marketing directo es una actividad gradual en la que hay que controlar innumerables detalles. Para que salga adelante sólo hay que tener un compromiso estable. Hemos de atenernos a nuestro plan. Aunque los primeros resultados no sean demasiado estimulantes, hay que ir en busca de la mejor oportunidad: encontrar esa lista que dio tan buena respuesta, probar con ofertas más tentadoras la próxima vez, dar algo más de color al próximo catálogo. Y seguro que al final nos veremos recompensados.

★ *Quienes triunfan en el marketing directo tienen muy en cuenta el presupuesto.* A mí el marketing me resulta divertido. Es apasionante elaborar un paquete publicitario atractivo, un anuncio que llame la atención o un titular sugestivo. Pero el marketing directo es también una ciencia rigurosa. Todos los años intervengo en un acto que organiza la Universidad de Nueva York llamado «La noche de los profesionales». No hace mucho, una mujer del público levantó la mano y preguntó si a una mujer como ella, una contable oficial de Wall Street, le sería posible cambiar de actividad y triunfar en el marketing directo. La respuesta fue un rotundo «¡SÍ!». Las personas que han trabajado en temas relacionados con la contabilidad, que saben controlar el dinero y que saben que las finanzas han de estar en línea con los costes de promoción y los beneficios, son el tipo de personas que mejor funcionan en este negocio.

Si no se tienen estas características, hay que trabajar con alguien que sí las tenga, pues hay que mirar cómo se gasta cada dólar y qué resultados nos da ese gasto. Hemos de empezar poniendo sobre el papel nuestros objetivos, nuestras estrategias y nuestras tácticas. Hemos de crear un plan de marketing como si fuésemos a enseñárselo a alguien que se estuviese planteando invertir en nuestra empresa. Antes de comenzar hay que detallar cada paso del proceso y calcular los costes. Es necesario darse cuenta de que no nos vamos a hacer ricos rápidamente; de hecho, hasta es posible que perdamos dinero al principio para recuperarlo al final.

★ *Quienes triunfan en el marketing directo tienen algo único que vender.* Cuando digo esto en el curso que imparto, miro a los asistentes y veo un mar de caras asustadas. Si éste es el caso del lector en este preciso instante, le ruego que tenga paciencia conmigo. Muchas de las empresas a las que asesoro se sienten igual. Suelen decirme (con espíritu de derrota) que su producto es básicamente igual que el de la competencia. Y yo les digo: «Vale. Eso sólo significa que tenéis que ser creativos».

Nuestro producto tiene que ser único aunque sea casi idéntico al de los demás. ¿Cómo es eso posible? Pensemos en las compañías telefónicas, todas rivalizando por vendernos sus servicios. El servicio es en esencia el mismo: una llamada siempre es una llamada. Pero observemos lo hábiles que han sido estas empresas para diferenciarse unas de otras. MCI creó el servicio «Amigos y familiares», donde el cliente elabora una lista de las personas a las que suele llamar y siempre que habla con ellas por teléfono tiene un descuento. Esta genial estrategia también implicaba que el propio cliente tenía que reclutar a las personas de esa lista. Sprint utilizó la técnica de rebajar el precio de todas las llamadas y creó un programa de fidelización en el que los puntos podían canjearse por aparatos de radio, entradas para el cine y otros productos. AT&T ofrecía descuentos cada vez mayores dependiendo de cuánto gastase el cliente en llamadas de larga distancia. También se presentaban como el proveedor en el que se podía confiar.

¿A qué llamamos entonces producto único? Un producto es único cuando satisface la necesidad o el deseo de un sector concreto del mercado. Hace algún tiempo fui a visitar la agencia de contratación publicitaria Stephen L. Geller, Inc. Estuvimos hablando sobre un producto que se estaba vendiendo muy bien, un palo de golf plegable. Y lo compraban sobre todo un tipo de personas muy concreto: aquellos golfistas principiantes que querían practicar en el despacho o en casa. A ningún experto en ese deporte le iba a interesar un producto así. Tenía un mercado específico y funcionaba muy bien en él.

Si nuestro producto no satisface una necesidad, quizá sí tenga características exclusivas. El catálogo de Lillian Vernon no contiene en realidad muchos productos únicos. Podemos encontrar los mismos artículos en otros catálogos o en establecimientos comerciales; con una GRAN excepción. Vernon aprendió muy tempranamente que personalizar los productos –permitir que los clientes pongan sus nombres o iniciales en ellos– aumentaba las ventas. La bata de felpa que ofrece puede ser similar a la que puedo encontrar en otra docena de sitios. Pero, pónganle mis iniciales –una L, una K y una G bien grandes– y habrán hecho una venta. Por esa razón, desde hace años vengo comprándole todo tipo de regalos, desde lápices personalizados para mi hijo hasta un maletín de tela con las iniciales grabadas para regalárselo a amigos y clientes por Navidad. Lillian Vernon es una experta en coger un producto del montón y añadirle una característica exclusiva. Cuando busquemos un artículo para venderlo mediante marketing directo, busquemos este tipo de características.

¿Dónde buscamos un producto nuevo que vender si aún no lo tenemos? Lo más normal es empezar teniendo uno concreto en mente. Pero esto no siempre es así. Hay quien primero decide que quiere entrar en el marketing directo y luego empieza a buscar el producto que va a ofrecer. Éste se puede encontrar en muchos sitios, empezando por las páginas amarillas, concretamente en los apartados de mayoristas o importadores.

En el diario *The New York Times* hay una sección de ofertas de productos donde las empresas anuncian todo tipo de artículos, desde restos de serie hasta artículos de importación a precios de mayorista. Casi todos los principales periódicos tienen secciones similares. Sería una buena idea llamar a uno de estos proveedores para ver lo que ofrecen. También se puede ir a la biblioteca a consultar el *Thomas' Register of Manufacturers*, donde podríamos encontrar una empresa que haga algo que nos interese ofrecer por correo.

La asistencia a ferias de muestras nos puede ayudar a encontrar lo que necesitamos. Si no vemos nada que nos llame la atención, al menos saldremos de ellas con docenas de ideas que nos servirán de inspiración.

Otra alternativa es desarrollar nuestro propio producto. Quizá seamos expertos en un determinado oficio, o unos magníficos oradores, o coleccionemos un tipo concreto de trenes en miniatura. Esa experiencia podríamos aprovecharla para elaborar cursos de formación específicos en cintas de casete o de vídeo con la ayuda de productores profesionales (que podemos encontrar en las emisoras de radio o televisión locales). También podríamos compartir nuestra experiencia en un libro o un folleto. Un comienzo modesto puede ayudarnos a ver cómo está el terreno para lanzarnos a nuestra primera aventura de venta por correo.

Hemos de buscar un producto que se preste a que los clientes tengan que comprar repuestos y accesorios o renovarlo cada cierto tiempo. Financieramente no tiene sentido ofrecer un solo producto y esperar sacarle rentabilidad durante mucho tiempo. Una vez que la gente nos lo ha comprado, ya hemos construido una base de datos. No la desaprovechemos por no tener nada más que ofrecer.

★ *Quienes triunfan en el marketing directo confían en su producto.* Es muy importante que el producto que escojamos nos parezca fabuloso. Es mucho más fácil vender un producto que nos gusta que uno que no. Mostrémoslo a amigos, familiares y compañeros de profesión para ver si también les complace. Este grupo de personas de confianza alabará todas las virtudes del producto (y nos alertará sobre sus defectos) y nos ayudará a venderlo correctamente.

Creer en nuestro producto también nos ayudará a seguir nuestro programa cuando los resultados de la prueba inicial no sean buenos. Esto es exactamente lo que ocurrió en Boardroom, una empresa de Connecticut que publica boletines y libros.

Mel Martin, uno de los mejores redactores de textos publicitarios, recibió un encargo de la empresa Boardroom para un paquete de publicidad directa cuyo objetivo era vender *El libro de las soluciones*, un volumen lleno de ideas para consumidores inteligentes, para viajeros expertos y para toda aquella persona que quisiese sacar el máximo partido a su tiempo libre. Martin hizo un trabajo estupendo, pero no se consiguieron los resultados que esperaban en Boardroom. Cuando Martin analizó el paquete, se dio cuenta de que el título del libro no era el mejor posible. La palabra «soluciones» suponía un obstáculo para los lectores, que podían pensar que se trataba de una especie de libro de ejercicios. Así pues, Boardroom le cambió el título (dejando intactos los contenidos) y pasó a llamarse *El gran libro del conocimiento interior*, lo que transmite la idea de que los lectores van a recibir una valiosa información (como en efecto ocurre).

Esto hizo que la respuesta aumentase, pero no lo suficiente para que las ventas se mantuviesen durante mucho tiempo. Y volvieron a cambiarle el título. Esta vez en Boardroom hicieron que la información contenida en él pareciese todavía más valiosa llamándolo *El libro de los secretos* (fig. 15.3), con lo que obtuvieron un gran éxito. Aprovechando la guerra de tarifas que las compañías aéreas mantenían por aquel entonces, Mel Martin creó el texto que actuaba como gancho en la publicidad del libro: «Cómo conseguir que nos devuelvan el dinero de un pasaje de avión sin derecho a devolución. Página 105» (fig. 15.4). Este titular iba seguido por otras aseveraciones también llamativas del tipo de «Quítese los dolores de cabeza presionando un punto secreto de la muñeca. Página 204», o «Usted ya sabía que la vitamina E es buena para su vida sexual, ¿verdad? Pues no es cierto. Página 188». El cambio de título y estas sugestivas revelaciones hacían del libro en cuestión una oferta irresistible.

Si Martin y el personal de marketing de Boardroom hubiesen abandonado el producto al principio habrían dejado pasar un gran éxito. La moraleja de la historia es: «No renunciemos nunca a un producto en el que creemos. Analicemos todas las facetas de un programa cuando lo estemos evaluando. Probemos a cambiar la estrategia publicitaria; hagamos una oferta nueva; pongamos en el sobre un texto llamativo. Cuando hayamos mejorado la parte creativa, volvamos a contemplar el producto. Quizá podamos introducir en él pequeños ajustes –tan pequeños como el título del libro– que conviertan un fracaso en

**Figura 15.3.** Estos dos libros contienen la misma información. Cuando se cambió el título original de *El gran libro del conocimiento interior* por *El libro de los secretos*, las ventas aumentaron de forma espectacular.

un éxito. Si tenemos la suficiente fe en él, podemos hacer que funcione».

Cuando trabajaba para Meredith Corporation, hicimos la promoción de unas tarjetas coleccionables llamadas «Mejore su casa y su jardín». En el paquete de publicidad directa incluimos unas tarjetas de muestra. Al principio dábamos una que llevaba las recetas de una comida completa, pensando que los posibles clientes lo valorarían más así. Pero el auténtico éxito llegó cuando cambiamos el paquete e incluimos en él una sola receta de una torta de fresas.

★ *Quienes triunfan en el marketing directo se salen de lo común.* Hagamos algo especial. Seamos más que creativos; las personas

**Figura 15.4.** El gran publicista Mel Martin redactó llamativos titulares con los que consigue intrigar tanto a los clientes que casi no pueden resistirse a comprar el producto.

que han tenido éxito en el marketing directo lo han conseguido pensando de manera innovadora, empleando lo inusual, lo extraño, lo extraordinario. Nuestro producto no tiene por qué ser el único de su especie, pero nuestras ideas para venderlo han de ser excepcionales. Busquemos un hueco de mercado para nuestra empresa y para nuestras ideas. Estrujémonos el cerebro hasta encontrar la manera de hacer que nuestra empresa sea también extraordinaria.

★ *Quienes triunfan en el marketing directo son unos optimistas redomados.* La única manera de que el marketing directo funcione bien es que creamos de verdad en lo que estamos vendiendo. Si no somos perseverantes, el marketing directo no está hecho para nosotros. Hemos de estar convencidos de que mientras evaluamos una y otra vez nuestro producto vamos a encontrar la fórmula que hará que se venda. Eso supone preocuparse por lo que uno hace hasta llegar al convencimiento de que no cabe mejora en el producto, de que el envoltorio es fiel reflejo nuestro y de nuestra empresa y de que tratamos a nuestros clientes con atención y respeto.

## NO ESTÁN SOLOS

Espero que mis lectores hayan llegado a la conclusión de que me apasiona el marketing directo. Mi meta no es sólo transmitirles los principios de este negocio, sino procurar que lleguen a entusiasmarse con él tanto como yo lo estoy. No obstante, soy consciente de que si están empezando, y tanto si son una gran empresa como si se trata de una persona que trabaja sola, la perspectiva puede ser aterradora. Quisiera que usasen este libro como guía de referencia. Yo creo en esta profesión, y estoy convencida de que si en ustedes se dan los factores y las características necesarias para el éxito que acabamos de ver –si están dispuestos a comprometerse, a arriesgarse, a trabajar con ahínco y a entusiasmarse con lo que hacen–, también podrán triunfar en el marketing directo. Quiero que esta industria prospere, y deseo que ustedes prosperen con ella.

# GLOSARIO

**Agente de listas.** Especialista que busca las listas más apropiadas para un envío, recomienda listas, las lleva al centro de tratamiento postal a tiempo para el envío y, una vez realizado éste, hace una evaluación del resultado que han dado.

**Alimentador de hojas sueltas.** Mecanismo de impresión mediante el cual el papel se introduce en la prensa hoja por hoja y no en rollos. Se suele utilizar para pequeñas tiradas.

**Alquiler de listas.** Acuerdo, por lo general gestionado por un agente, entre el propietario de una lista y un usuario por el que el primero proporciona a éste nombres y direcciones a los que habrá de dar un solo uso. El usuario paga al propietario una cantidad previamente acordada por cada millar de nombres. Lo más normal es que las listas se entreguen al centro de tratamiento postal del usuario en cinta magnética o en etiquetas *cheshire*.

**Análisis de códigos postales.** Método para calcular la cantidad de pedidos procedentes de una determinada zona; gracias a él las empresas de marketing directo puede saber dónde tienen mejores perspectivas de venta.

**Anexo.** Muestra de un producto, boletín de respuesta o cupón que va pegada a un anuncio.

**Anuncio en espera.** Modalidad de contratación de publicidad en un medio impreso. La revista o el periódico publicará el anuncio en cuanto disponga de espacio (dentro de un límite de tiempo previamente acordado).

**Anuncio modular.** Anuncio en un medio impreso, como por ejemplo en un periódico o en una revista. El precio que se cobra por este espacio a los anunciantes depende del tamaño y posición del anuncio y de la difusión de la publicación.

**Anuncios alternos.** Técnica utilizada para medir la eficacia de dos anuncios del mismo producto insertándolos en diferentes ejemplares de la misma publicación. No todas las publicaciones ofrecen esta posibilidad.

**Base de datos.** Conjunto de información, almacenada en un ordenador, a la que se puede acceder fácilmente según sea necesario. El tipo de información que nos puede interesar recuperar (además del nombre y la dirección) incluye nuestros clientes más recientes, los que nos compran con mayor frecuencia, los que tienen hijos, los que tienen vivienda propia, etc.

**Beneficios.** Todas las razones que puede tener una persona para comprar un producto que va a mejorar su vida privada, su vida profesional o su bienestar general.
**Boletín de pedido.** Documento que contiene toda la información necesaria para llevar a cabo la transacción. Este impreso suele llevar un código para poder determinar el origen del pedido.
**Características.** Atributos de un producto que lo hacen interesante para los posibles compradores, como tamaño, color, forma.
**Carta de impulso.** Conocida en su momento como carta del editor, este componente de un paquete de publicidad directa tiene como finalidad aumentar el número de respuestas captando a aquellos clientes potenciales que quizá necesiten un poco más de estímulo para adquirir el producto. Normalmente hace hincapié en uno de los principales argumentos de venta. Va plegada y en el exterior suele llevar un texto que diga algo así como «Abra esta carta si aún no se ha decidido a comprar este producto». Por lo general es un componente rentable de un envío, pues es relativamente barato y lo más normal es que aumente el índice de respuestas.
**Carta del editor.** Véase Carta de impulso.
**Cebo.** Un nombre y una dirección que los propietarios de una lista suelen incluir en ella para asegurarse de que quien la alquila sólo la utiliza una vez y le da el uso para el que se contrató.
**Centro de tratamiento informático.** Empresa que facilita distintos servicios relacionados con el envío de publicidad, como mantenimiento de listas, cruce/depuración, alquiler de listas, atención de suscripciones y manipulación de bases de datos. Como estos servicios están especializados en este tipo de trabajo y se dedican a él en exclusiva, por regla general pueden hacerlo a un precio más bajo del que le costaría a la empresa de marketing directo hacerlo con sus propios recursos.
**Centro de tratamiento postal.** Su función es realizar todos los preparativos necesarios para llevar los envíos de publicidad directa a la oficina de correos y a los hogares de los destinatarios. Sus actividades principales son preparar las listas y etiquetas, personalizar las cartas, ensobrar el material, poner las direcciones y clasificar los sobres.
**Clave.** Véase Código de origen.
**Cliente cualificado.** Cliente potencial que cumple ciertos criterios que lo hacen candidato a convertirse en comprador en un futuro. Esta persona puede haberse mostrado interesado por el producto o servicio (respondiendo a un anuncio o a una campaña de venta por correo), puede tener el nivel de ingresos necesario para poder pagar el producto, o puede tener la autoridad necesaria para tomar la decisión de comprar.
**Código de origen.** Serie de números o código alfanumérico impreso en un boletín o cupón de respuesta. Cada oferta tiene un código distinto para poder comparar las respuestas y clasificarlas según su origen.
**Código postal.** Convención que sirve para identificar a dónde va dirigido un objeto postal. Se creó para facilitar las labores de clasificación y entrega. En Estados Unidos ha pasado de cinco a nueve números.

**Códigos SIC.** Las siglas corresponden a Standard Industrial Classification (norma de clasificación industrial) y es un código de cuatro dígitos que utiliza la administración estadounidense para clasificar las distintas industrias. Las empresas de marketing directo utilizan estos códigos para identificar a los clientes del sector industrial.

**Composición.** Prueba de imprenta en la que se muestra la ubicación de las fotografías y el texto, en proporciones correctas, y que permite realizar cambios antes de hacer las planchas y los fotolitos definitivos, elementos muy costosos que encarecerían sobremanera el trabajo final en caso de tener que modificarlos. Este proceso se puede realizar con paquetes de publicidad directa, con catálogos o con anuncios.

**Comprador activo.** El que ha adquirido algo a una empresa de venta por correo durante el último año.

**Comprador múltiple.** Persona de una lista interna que ha comprado algo a la empresa propietaria en dos o más ocasiones.

**Comprador por correo.** Persona que compra un producto o servicio a través de un anuncio de respuesta directa en televisión o radio, un anuncio impreso de respuesta directa o un paquete de publicidad personalizada.

**Compradores recientes.** Clientes que han comprado algo últimamente o que se han interesado por un servicio, normalmente en los tres últimos meses.

**Consulta.** Es por lo general una solicitud de información, y a veces es un método que utilizan quienes venden mediante marketing directo para conseguir nombres de personas que pueden acabar convirtiéndose en clientes. Estas consultas son la base para posteriores envíos de seguimiento o para llamadas comerciales.

**Correo blanco.** Es el que llega a una empresa de marketing directo remitido por un cliente sin usar los formularios ni el sobre que se le enviaron sino los suyos. Por lo general contienen quejas, cambios de dirección, consultas o instrucciones especiales sobre un pedido.

**Correo masivo.** Publicidad directa (paquetes, catálogos, sobres autoplegables) que se entrega clasificada en la oficina de correos en grandes cantidades. El correo masivo tiene un descuento sobre la tarifa postal normal.

**Coste por consulta.** Algunas campañas de dos etapas requieren que los clientes primero se informen sobre un producto y después se realice la venta. Una vez sumados los costes totales y divididos por el número de consultas recibidas, hay que calcular cuántas de éstas acabaron convirtiéndose en ventas. Es importante conocer el coste por consulta para poder comparar el gasto realizado en los diversos medios de comunicación que se han empleado.

**Coste por pedido.** Suma de todos los costes de producción (composición, imprenta, servicio de tratamiento postal, franqueo, etc.) dividido por el número total de pedidos que se han recibido. Esta proporción permite evaluar la rentabilidad de una promoción comparando el coste por pedido de distintas campañas de marketing.

**Cruce/depuración.** Proceso informático que combina dos o más listas para eliminar los nombres duplicados o no deseables con el fin de conseguir la lista más apropiada para una promoción.

**Demografía.** Datos estadísticos sobre los clientes que se refieren a patrones personales externos, como edad, sexo, nivel de ingresos, estudios o tamaño de la familia.

**Depuración.** Proceso por el que un ordenador elimina los nombres y direcciones duplicados o no deseados presentes en varias listas.

**Desplegable.** Folleto de grandes dimensiones plegado muchas veces para que quepa en un sobre de venta por correo. Se utiliza cuando el producto ofrecido necesita fotografías y letras grandes para transmitir el mensaje. Se podría utilizar un desplegable, por ejemplo, para mostrar los veinte volúmenes de una enciclopedia y la calidad de las fotografías de cada volumen.

**Diseño creativo.** También se utiliza para referirse a la composición de un anuncio, una campaña de publicidad directa o un catálogo.

**Doble página.** Anuncio que se publica en dos páginas contiguas de una revista o periódico. El boletín de pedido suele ir impreso en la parte inferior de la página derecha; también se utilizan tarjetas de respuesta cosidas con la propia publicación.

**Duplicado.** En marketing directo puede referirse a un nombre que aparece en una lista más de una vez.

**El amigo del amigo.** Esta técnica, también conocida como la del socio que presenta a otro socio, ofrece a los clientes actuales un incentivo por traer clientes nuevos a una empresa, un producto o un servicio.

**Encarte en paquete.** Véase Oferta a vuelta de correo.

**Encartes.** Anuncio, folleto, catálogo o prospecto que se inserta en un periódico (por lo general en la edición dominical). El periódico cobra por este servicio, normalmente por cada mil unidades.

**Entrega.** Es el paso final de una campaña de marketing directo, y se compone de todas las actividades que tienen lugar una vez que se recibe el pedido del cliente: abrir los pedidos, meter en el ordenador la información, preparar una etiqueta o una factura (o ambas), seleccionar la mercancía apropiada para servir el pedido y transmitir la información necesaria para analizar el programa.

**Envío conjunto.** El que realizan dos o tres empresas para ofrecer productos con una determinada relación entre sí.

**Envío unitario.** Aquél en el que se promociona un solo producto o servicio y que suele constar de una carta, un folleto y un impreso para respuesta con sobre para devolverlo cumplimentado con el pedido.

**Envoltorio.** Cubierta con la que se reviste un catálogo o publicación y que se utiliza para personalizar un mensaje dirigido a un grupo concreto de clientes.

**Esbozo.** Es una prueba de imprenta que puede consistir simplemente en páginas en blanco que muestran cómo va a quedar el producto una vez construido, plegado y perforado.

**Estacionalidad.** Variaciones de los índices de respuesta de un programa de marketing condicionadas por los cambios de estación. Lo ideal sería evaluar cada producto para ver si hay ciertos meses en los que se vende mejor que otros.

**Etiqueta *cheshire*.** Hoja de papel con direcciones que se imprime con un ordenador y después se recorta (con una máquina Cheshire) en etiquetas individuales. Luego una máquina las pega a los paquetes de publicidad directa en el servicio de tratamiento postal. Estas etiquetas son más baratas que las autoadhesivas.

**Evaluación.** Fase de un programa en la que se presenta uno o más elementos del mismo a un sector relativamente pequeño de posibles clientes. A continuación se analizan todas las facetas del programa y las que dan mejor resultado se extienden a un mayor número de personas. En una evaluación o prueba de publicidad directa, los elementos que se suelen estudiar son el producto, la oferta, la lista y la publicidad propiamente dicha.

**Extensión.** Envío de publicidad a todos los nombres de una lista que ha dado resultado positivo en una prueba de evaluación.

**Fallidos.** Unidades de un envío devueltas al remitente porque llevan nombres o direcciones incorrectas.

**Folleto.** Prospecto, desplegable o impreso cosido que se incluye en un paquete de publicidad directa. En él se suele destacar un producto y una oferta, detallando todos los beneficios o virtudes del mismo.

**Frecuencia.** Promedio de veces que se publica un anuncio en prensa o que una persona o una familia lo ve en televisión durante un período de tiempo concreto (por lo general unas pocas semanas). La frecuencia, junto con la difusión (el número de familias expuestas a nuestro mensaje), determina el porcentaje de personas a las que se llega y la frecuencia con que ven el mensaje. La frecuencia también puede referirse al número de veces que un cliente concreto compra algún producto a nuestra empresa.

**Gancho.** Anuncio o promoción que pretende crear expectación o curiosidad por un producto que se ofrecerá en una campaña posterior. También se denomina así el texto de un programa de publicidad directa que suele ir impreso en el sobre exterior y cuya finalidad es provocar al cliente para que abra el sobre y lea su contenido.

**Gastos iniciales.** Son los que se producen al comienzo de una promoción, entre los que se incluirían los gastos del correo personalizado, los de publicidad, promoción y creación de un anuncio.

**Gastos terminales.** Gastos relacionados con la realización de todos los trabajos necesarios tras la recepción de un pedido (preparación, transporte, franqueo, etc.).

**Gestor de listas.** Persona o empresa que trabaja para los propietarios de las listas y es responsable de su alquiler a los usuarios y agentes. El gestor se ocupa también del mantenimiento de la lista, de todas las modificaciones que sean necesarias antes del envío, del seguimiento de las listas y de la facturación. El gestor de listas también puede ser agente.

**Historial de compras.** Registro de todas las compras realizadas por un cliente durante un período de tiempo.

**Índice de respuesta.** Porcentaje de respuestas recibidas en un programa de marketing directo en relación con el número total de objetos de publicidad directa enviados o número de contactos que se han efectuado con los lectores o los televidentes en el caso de publicidad en los medios de comunicación. Se entiende por respuesta tanto un pedido como una consulta que se puede convertir en pedido.

**Informe de producto.** Es la información que se hace llegar al equipo creativo para ayudarles a elaborar el diseño de la campaña para un mercado concreto. Este informe suele incluir datos sobre el origen del producto, sus características y sus beneficios, una descripción del mercado al que se orienta y los objetivos de la campaña. También puede traer datos sobre la competencia, parámetros presupuestarios y cualquier otro aspecto cuyo conocimiento sea importante para el equipo creativo.

**Limpieza de listas.** Véase Limpieza.

**Limpieza.** La limpieza de listas se refiere a las labores necesarias para mantenerlas lo más actualizadas posible, eliminando los nombres duplicados e incorporando los cambios de dirección.

**Lista compilada.** Listas de nombres y direcciones que se crean específicamente para ser utilizadas en marketing directo. Los nombres se suelen sacar de directorios, censos y registros. Las listas compiladas tienen como objetivo mercados concretos, por ejemplo todos los pediatras, directores de colegios o propietarios de automóviles.

**Lista interna.** Fichero de la propia empresa que incluye información sobre sus clientes. Se le puede dar formato de base de datos para marketing o de una simple lista de clientes y transacciones.

**Lista.** Nombres y direcciones de individuos o empresas que tienen un interés específico o un historial acreditado como compradores. Hay tres tipos de listas: internas, de respuesta directa y compiladas.

**Llamada.** Palabra, frase u oración que se emplea para captar la atención o que explica una parte concreta de una ilustración o fotografía. Va acompañada de una línea recta que apunta directamente a la característica que describe.

**Maqueta final.** Bosquejo del aspecto que tendrá un objeto de marketing una vez impreso. En él se muestra dónde irá el texto y dónde se insertarán las fotografías o ilustraciones, así como los tipos de letra que se van a utilizar. Las maquetas se pueden realizar en distintas fases de un trabajo. Una maqueta de trabajo suele ser un boceto de cómo ve el equipo creativo el trabajo ya acabado. La maqueta previa es más detallada e incluso puede llevar algunas fotografías ya en su lugar. La maqueta final muestra el aspecto exacto que presentará el objeto acabado. Unas veces se realizan por ordenador y otras a mano.

**Modelo.** Sistema informático compuesto de fórmulas matemáticas para ayudar a quienes emplean el marketing directo a localizar a sus mejores clientes o a realizar previsiones de ventas. A veces los programadores analizan los mejores clientes de una empresa, definen criterios y luego construyen un modelo para buscar listas externas similares a ese fichero interno.

**Número de llamada gratuita.** Servicio telefónico que se factura directamente al receptor sin coste alguno para quien realiza la llamada.

**Obsequio.** Regalo o artículo que se ofrece al consumidor a cambio de una cantidad simbólica para aumentar las ventas. Los obsequios suelen ser artículos que sirven de complemento al producto que se pretende vender, como por ejemplo sujetalibros para fomentar la compra de libros.

**Oferta a vuelta de correo.** Una segunda promoción que se incluye al servir un pedido y que da al cliente la posibilidad de comprar otro producto de la misma empresa. Puede consistir en la oferta de un solo producto o de todo un catálogo.

**Oferta adicional.** La que se adjunta con un extracto mensual de movimientos en el mismo sobre. Puede ser publicidad de venta por correo en la que se incluye un boletín de pedido, material informativo o un anuncio de cualquier tipo.

**Oferta anexa.** Objeto de respuesta directa que se adjunta con el extracto de cuenta de un cliente y que suele ofrecer un solo producto. Incluye boletín de pedido.

**Oferta.** Promoción que se hace al consumidor antes de que éste se decida a comprar. Así, un periódico podría ofrecer cinco números a dos dólares cada uno (un dólar menos de su precio de venta). La oferta se convierte en contrato cuando el cliente devuelve el boletín de pedido cumplimentado a quien realiza la oferta.

**Opción negativa.** Véase Programa de continuidad.

**Opción positiva.** Véase Programa de continuidad.

**Pago por consulta.** Acuerdo con una revista o periódico según el cual la empresa anunciante les paga una cantidad previamente fijada por cada consulta que ésta reciba en respuesta al anuncio publicado.

**Pago por pedido.** Acuerdo con una revista o periódico según el cual la empresa anunciante les paga una cantidad previamente fijada por cada pedido que ésta reciba en respuesta al anuncio publicado.

**Panel de evaluación.** Muestra de una lista de personas que se utiliza para evaluar una determinada estrategia publicitaria o una nueva oferta.

**Paquete.** La suma de todos los componentes de una promoción de venta por correo (sobre exterior, sobre de respuesta comercial, carta, encartes, boletín de pedido, carta de impulso, etc.).

**Personalización.** Método por el que se imprime el nombre y/o la dirección de un individuo en el paquete de venta por correo. Puede incluir cualquier componente del paquete, desde el pedido hasta la carta o información específica para un usuario dentro de un catálogo.

**Polietileno.** Material del que están hechas las bolsas transparentes que se utilizan para envolver revistas, paquetes de venta por correo o barajas de cartas.

***Prime time.*** Períodos de transmisión que atraen grandes cantidades de publicidad debido a los altos niveles de audiencia que se registran. En televisión, el horario de máxima audiencia es de 8 de la tarde a 11 de la noche de lunes a sábados.

**Programa de continuidad.** Aquel en el que se venden muchos productos similares a un mismo consumidor en un plazo de tiempo determinado, por ejemplo una serie de libros o de recetas de cocina, o una colección de dedales de porcelana. En los programas de continuidad de opción negativa los clientes van a seguir recibiendo los productos hasta que digan que no quieren continuar con el programa. En los de opción positiva los clientes mandan una tarjeta cuando quieren que se les envíe la siguiente entrega. Normalmente, con los primeros el cliente está ligado al programa durante más tiempo que con los segundos.

**Programa de fidelización.** Programa diseñado para que los clientes opten por los servicios de una determinada empresa con mayor frecuencia de lo que normalmente lo harían. Uno de los programas de fidelización más conocidos es el destinado a los pasajeros habituales de las compañías aéreas.

**Proyección.** Recogida de datos de una muestra de evaluación y posterior extensión a una población total o universo.

**Prueba de oferta.** La que se realiza dentro de una promoción de marketing directo variando un precio o un elemento de la oferta. En una prueba de este tipo es importante cambiar sólo un elemento del paquete, de tal manera que cualquier diferencia que se produzca en el índice de respuesta del paquete experimental pueda ser confrontada con la del paquete de control.

**Psicografía.** Características de personalidad y actitudes específicas que afectan al estilo de vida general de una persona y a sus hábitos de compra.

**Recuadro de Johnson.** Recurso gráfico que se utiliza para destacar un mensaje o una oferta concreta en la carta de un paquete de publicidad directa. Se ubica delante del encabezamiento y suele ir dibujado con asteriscos. Actualmente se tiende a darle aspecto de manuscrito.

**Recurso de implicación.** A veces se denomina mecanismo de acción y a través de él se pide al cliente que marque un casillero del boletín de pedido donde pone «sí», «no» o «quizá», o que despegue un sello o una pegatina del objeto publicitario que ha recibido y lo traslade al boletín de pedido. Este recurso se suele utilizar en marketing directo para que el posible cliente se implique activamente con lo que se le envía.

**Rotativa.** Prensa que se alimenta con un rollo de papel en vez de hojas sueltas. Esta técnica es menos cara y es apropiada para hacer grandes tiradas en poco tiempo.

**Sangrado.** Este término se refiere a la reproducción de una fotografía o ilustración de tal manera que ocupe la página entera sin dejar márgenes. Un anuncio que se sale por uno, dos, tres o los cuatro bordes de la página se denomina anuncio sangrado. La mayoría de las publicaciones cobran más por usarlo, ya que el anuncio es más grande que si tuviese un margen alrededor.

***Sectional center.*** En el sistema postal estadounidense, se llama así a la unidad de clasificación y distribución de correspondencia que da servicio a un grupo de oficinas de correos cuyos códigos postales empiezan con los tres mismos dígitos. También se conoce como SCF (Sectional Center Facility).

**Segunda clase.** En el sistema de tarifas postales, éste es el nivel del servicio de correo que corresponde a las revistas y periódicos publicados a intervalos específicos de tiempo (mensual, bimensual, trimestral) y de forma regular.

**Selección del nombre enésimo.** Proceso para escoger una porción representativa de una gran lista que garantice a quien la alquila que no va a verse limitado a los nombres de una parte del abecedario o a los que tienen un determinado código postal. Para ello se selecciona, por ejemplo, un nombre de cada diez o veinte de la lista.

**Sello impreso.** Indicativo que aparece sobre un objeto de publicidad directa indicando que el remitente ha pagado el franqueo. Se utiliza en sustitución del sello de correos normal. Debe figurar el número de autorización, el nombre de la empresa autorizada y la clase de envío postal. Se suele imprimir en la esquina superior derecha del objeto postal.

**Serie de renovación.** Una serie de cartas en las que se anima a los clientes a renovar sus suscripciones.

**Servicio de preferencia postal.** Servicio que presta la Asociación de Marketing Directo para aquellos consumidores que desean que sus nombres sean excluidos de las listas. Este archivo está a disposición de los usuarios de listas por suscripción y se utiliza para depurar los listados.

**Sobre autoplegable.** Objeto de publicidad directa que suele incluir un boletín de respuesta y que, una vez doblado sobre sí mismo y sellado, se puede enviar sin necesidad de un sobre propiamente dicho.

**Sobre de ventana.** Sobre con una o más aberturas a través de las cuales se puede leer el nombre y la dirección del destinatario, y a veces incluso porciones del texto.

**Socios de promoción.** Dos o más empresas que se unen para promocionarse con una sola oferta.

**Solicitud de cambio de dirección.** Cuando esta frase aparece impresa en la esquina superior izquierda del sobre de publicidad directa, se pide a la oficina de correos que facilite una nueva dirección si la persona ya no vive en la dirección que se indica. Este servicio hay que pagarlo, pero es una buena manera de actualizar la lista de correo.

**Tarifa.** Un folleto o una simple hoja de papel donde se detalla el coste de anunciarse en un medio concreto. La tarifa de una revista, por ejemplo, nos dará el precio de anuncios de distintos tamaños, de anuncios en color y en blanco y negro, las fechas de cierre de las publicaciones, los números especiales y los planes de descuento.

**Tarjeta cosida.** La que va encuadernada junto con una publicación (por lo general una revista) y que contiene una tarjeta de respuesta o un boletín de pedido. Suele ir perforada para que se pueda arrancar con mayor facilidad. Las tarjetas cosidas se diseñan teniendo en cuenta las normas sobre tamaño de los objetos postales para que las personas interesadas puedan enviarlas por correo.

**Tarjeta de oferta.** Instrumento de respuesta, incitando a comprar por correo, que los clientes rellenan y envían para hacer un pedido o solicitar información.

**Telemarketing.** Uso del teléfono como medio interactivo para promocionar un producto (telemarketing directo) o para potenciar las respuestas (telemarketing inverso).

**Televisión pública.** Programación sin publicidad que se emite con apoyo estatal, financiación municipal y donaciones directas del público.

**Tercera clase.** Denominación que se da en el sistema postal estadounidense al correo masivo; en ella se incluyen los paquetes de publicidad directa y los catálogos que pesen menos de una libra. Se pueden hacer descuentos si los envíos vienen clasificados según un determinado criterio y también dependiendo de las cantidades. Para utilizar esta modalidad postal se requiere una autorización.

**Testimonio.** Elemento que se suele incluir en el texto de un anuncio de marketing directo para dar mayor credibilidad a la promoción; un testimonio es una declaración hecha por un cliente expresando su satisfacción con el producto o servicio. Esta declaración pueden hacerla figuras públicas o cualquier cliente satisfecho.

**Tipografía.** Estilo específico de las letras, los números y los símbolos que se utilizan en el diseño de un anuncio y en los paquetes de marketing directo.

**Universo.** Población total o mercado para un determinado producto. En marketing directo, el universo es el número total de nombres de todas las listas disponibles para ese producto.

# CRÉDITOS

Agradecemos la autorización que se nos ha concedido para reimprimir las siguientes ilustraciones.

*Figura*

1.2 Ron Dodds, Ford Cars
1.3 Ron Dodds, Ford Cars
1.4 Brian O'Neil, Lens Express
1.5 Joe England
1.6 Doctor Jan Teitlebaum, Smith-Teitlebaum Chriropractic
1.7 Doctor Jan Teitlebaum, Smith-Teitlebaum Chriropractic
2.1 Peter Canzone, Brylane LP
2.2 Ann Peters, The Statler Brothers
2.3 Brian O'Neil, Lens Express
4.1 Maura Pezzutto: Ontario, Canada Tourism
4.2 Maura Pezzutto: Ontario, Canada Tourism
4.3 Maura Pezzutto: Ontario, Canada Tourism
4.4 Andrea Nemetz: © Copyright 1995 by Girls Incorporated. Todos los derechos reservados. Reimpresión con permiso de Girls Uncorporated, 30 East 33rd Street, New York, NY 10016.
4.5 Scott Lapkoff: Cortesía de Scott E. Lapkoff, Scott Lawrence Direct Response, 14227 Arctic Avenue, Rockville, MD 20853
4.6 Scott Lapkoff: Cortesía de Scott E. Lapkoff, Scott Lawrence Direct Response, 14227 Arctic Avenue, Rockville, MD 20853
4.7 Scott Lapkoff: Cortesía de Scott E. Lapkoff, Scott Lawrence Direct Response, 14227 Arctic Avenue, Rockville, MD 20853
4.8 Scott Lapkoff: Cortesía de Scott E. Lapkoff, Scott Lawrence Direct Response, 14227 Arctic Avenue, Rockville, MD 20853
5.1 Joe England
5.2 Fergus O'Daly: El programa de la moneda conmemorativa olímpica en los Juegos de 1984 fue dirigido por Poppe Tyson Advertising as AOR
5.4 Bernie Lozea, BMG Classics NY
6.1 Steve Keveen , Levenger
6.2 Gail Andres, Red Rose Collection
6.3 John Peterman: The J. Peterman Company, Lexington, KY
6.5 Peter Canzone, Brylane LP
6.6 Rich Harney: Usada con permiso © Land's End, Inc.
10.1 Stuart A. Heinecke: Courtesy of Stu Heinecke Creative Services, Inc., Seattle, WA
10.2 Stuart A. Heinecke: Courtesy of Stu Heinecke Creative Services, Inc., Seattle, WA
10.3 Carole Ziter, Sweet Energy
10.4 Carole Ziter, Sweet Energy
10.5 Carole Ziter, Sweet Energy
10.6 Carole Ziter, Sweet Energy
10.7 Susannah G. Smith: Ringling Bros. y Barnum & Bailey Combined Shows, Inc.
12.1 Geoff Wolf, Back in the Saddle, Inc.: Photography by Paul Ambrose, Design by Paul Ambrose y Lynn Wolf
12.2 Geoff Wolf, Back in the Saddle, Inc.
15.1 Jo Von Tucker: Material de Clambake Celebrations cortesía del direct marketer Jo Von Tucker, propietario

15.2 Jo Von Tucker: Material de Clambake Celebrations cortesía del direct marketer Jo Von Tucker, propietario

15.3 Brian Kurtz: *The Book of Secrets* is published by Boardroom Books, a division of Boardroom, Inc., P. O. Box 2614, Greenwich, CT 06830. Boardroom Books publica la opinión de expertos en muchos campos. Pero el uso de su material no sustituye los servicios de abogados, economistas u otros profesionales.

15.4 Brian Kurtz: *The Book of Secrets is published by Boardroom GBooks*, a division of Boardroom, Inc. P. O. Box 2614, Greenwich, T 06830. Boardroom Bookspublica la opinión de expertos en muchos campos. Pero el uso de su material no sustituye los servicios de abogados, economistas u otros profesionales.

# ÍNDICE ANALÍTICO Y DE NOMBRES